CHASIN' THE TRANE

J. C. Thomas

CHASIN' THE TRANE

Musik und Mystik von John Coltrane

hannibal

Aus dem Amerikanischen übersetzt
von Walter Richard Langer

Titel der Originalausgabe: „Chasin' The Trane"

Published by Doubleday & Company Inc., New York

Musikalische Beratung der deutschen Übersetzung: Willi Quarda
CD-Diskographie 1993: Klaus Schulz
Coverfoto: Hans E. Haehl

Druck: Ebner Graphische Betriebe, D-W-7900 Ulm

2. Auflage
ISBN 3-85445-081-8

Widmung

Für alle Musiker, die Leute im Musikgeschäft und die Musikliebhaber, die mir so großzügig ihre Zeit und ihr Wissen zur Verfügung stellten.

Mein besonderer Dank gilt:

FRANKLIN BROWER, der mehr über Tranes Kindheit weiß als ich über meine eigene;

PAUL JEFFREY, der so gut weiß, was es heißt, sich ein Horn um den Hals zu hängen und zu spielen, Nacht für Nacht;

GERALD „SPLIBY" McKEEVER, dem geheimen Teilhaber von Tranes langen dunklen Nächten — und einigen wirklich schönen Tagen;

JOHN SIGNORELLI, der die Geschichte des Saxophons und seines Schöpfers erforscht hat und mir dadurch eine unschätzbare Hilfe war;

RASHIED ALI, der immer die richtige „time" kennt;

EARL und LUCY GRUBBS, weil sie wunderbare Menschen sind, und ihren Söhnen Earl und Carl, weil sie wunderbare Musiker sind;

NAIMA COLTRANE, ganz einfach, weil es sie gibt.

J. C. Thomas

Vorwort

Als John Coltrane am 17. Juli 1967 starb, erlitt die Jazzwelt einen Schock, noch stärker als zwölf Jahre davor beim Tode Charlie Parkers. Der wesentlichste Grund dafür war, daß nur wenige Menschen um Coltranes schlechten Gesundheitszustand gewußt hatten; für die Mehrheit der Musikfreunde in aller Welt kam sein Tod wie ein Blitz aus heiterem Himmel, der den Musiker mitten aus seiner schöpferischen Arbeit riß, zu einem Zeitpunkt, als die gesamte Jazzwelt ihn als ihren „Guru" betrachtete und immer neue Impulse von ihm erwartete. Drei Jahre danach sagte ein anonym gebliebener schwarzer Musiker: „Als Trane starb, war es, als wenn ein großes Loch entstanden wäre. Und dieses Loch ist immer noch da." Auch heute, beinahe 20 Jahre später, ist dieses Loch noch da...

Er war immer schwer zu erfassen, im Studio und auf dem Bandstand ebenso wie im Privatleben; immer in Bewegung und unaufhörlich sich verändernd wie seine Musik, die nicht nur Jazzmusiker beeinflußte, sondern ebenso Musiker aus den Bereichen des Rock und der Klassik. Und John Coltrane war mehr als nur ein Musiker: von diesem ruhigen zurückhaltenden Mann ging etwas Mystisches aus, das die Zuhörer in seinen Bann zog; selbst jene, die wenig oder gar nichts über Musik wußten, spürten in den Klängen seines Saxophons etwas jenseits aller Musik, das auch den Abgebrühtesten unter die Haut ging. Viele Menschen änderten ihr Leben von Grund auf, nachdem sie Coltrane gehört hatten.

John William Coltranes Leben und Karriere, von seiner Kindheit im amerikanischen Süden über die Lehrjahre bei Dizzy Gillespie, Miles Davis und Thelonious Monk zur eigenen Formation, die mit Erfolg vor immer größeren Zuhörerscharen in Amerika, Europa und Japan auftrat, schildert hier J. C. Thomas in einem Stil, der wie ein poetisches Mosaik mit doppeltem Boden wirkt.

Wesentliche Steinchen in diesem Mosaik sind die Erinnerungen jener, die Coltrane am besten kannten: Jugendfreunde, Kollegen, Clubbesitzer, Producer, Bandmitglieder wie Elvin Jones, spirituelle Mentoren wie Ravi Shankar und nicht zuletzt die Frauen, die ihn liebten.

Und so entstand aus vielen bunten Einzelteilchen das faszinierende Porträt eines Mannes, der die Dämonen Alkohol und Rauschgift erfolgreich überwand, der die Musikkulturen und Philosophien Afrikas und Asiens intensiv studierte, der Albert Einstein bewunderte und die schimmernden Klänge einer Harfe liebte. Sein zeitloses musikalisches Vermächtnis werden vielleicht erst kommende Generationen in vollem Ausmaß würdigen können.

Trotz aller Liebe und Sorgfalt sind J. C. Thomas gelegentlich einige instrumentaltechnische und musiktheoretische Fehler unterlaufen. Ich habe sie für die deutsche Ausgabe richtiggestellt, wobei mir der österreichische Saxophonist und Musikpädagoge Willi Quarda eine unschätzbare Hilfe gewesen ist.

Walter Richard Langer — Wien, im März 1986

In den Negermelodien Amerikas habe ich alles entdeckt, was für die Schaffung einer großen und edlen musikalischen Richtung nötig ist. Diese wunderschönen und abwechslungsreichen Themen sind das Produkt der Erde. Sie sind die Volkslieder Amerikas und eure Komponisten müssen sich an sie halten. Alle großen Musiker haben Anleihen bei den Liedern der einfachen Leute gemacht.

ANTON DVORAK

Wenig an Schönheit hat Amerika der Welt gegeben, außer der rauhen Erhabenheit, deren Siegel Gott selbst ihm auf die Brust gedrückt hat. Der menschliche Geist äußerte sich in dieser neuen Welt mehr durch Vitalität und Erfindungsgabe als durch Schönheit. Und so, durch schicksalhaften Zufall, ist die Negervolksmusik — die rhythmischen Rufe der Sklaven — heute nicht allein die einzige wirklich amerikanische Musik, sondern der schönste Ausdruck menschlicher Erfahrung diesseits des Ozeans. Sie ist vernachlässigt, verwechselt und mißverstanden worden, aber dennoch blieb sie bestehen — als das einzigartige spirituelle Erbe dieser Nation und das größte Geschenk der Neger.

W. E. B. DU BOIS

Der große Mann mit den leuchtenden Augen geht rasch die Straße hinunter, seine Schultern hängen, als ob sie das Gewicht des Saxophonkoffers herunterziehe, den er in der rechten Hand trägt. Er wirft einen raschen Blick auf seine Armbanduhr, runzelt die Stirn und beschleunigt seine Schritte noch mehr, als fürchte er, zu einer wichtigen Verabredung zu spät zu kommen.

Während er die Bleecker Street im New Yorker Greenwich Village entlangeilt, kauern zwei schäbig gekleidete Männer in einer Hauseinfahrt, nur ein paar Schritte vom Village Gate *entfernt; sie quatschen sinnloses Zeug und trinken abwechselnd aus einer Weinflasche. Der eilige Passant und die beiden Trinker entdecken einander gleichzeitig.*

„Hey", sagt der eine, „das ist doch..."

„Glaub ich nicht, Mann", sagt der andere. „Gib die Flasche her!"

Der große Mann mit den leuchtenden Augen starrt die beiden Trunkenbolde sekundenlang an, sein Gesicht verrät Mitgefühl und Betroffenheit. Instinktiv greift er zu seiner Geldbörse und drückt jedem der beiden einen Schein in die Hand. Dann setzt er eilig seinen Weg fort, zum Eingang des Village Gate.

Der eine der Männer in der Tornische blickt auf das Geld in seiner Hand, dann dreht er sich zu seinem Kumpel um und sagt, im Ton tiefster Frustration: „Das war doch *Trane, Mann. Gibt mir zehn Dollar, und dabei hätte ich eine* Million *Fragen an ihn gehabt, über Musik..."*

Hier beginnt der „trane ride":

In einem kleinen Dorf im Süden, einer unberührten Enklave, wo immer noch eine exakte Nachbildung der uralten Dampflokomotive *The Tornado* ausgestellt ist. Idyllisches Weideland mit dunklem Lehmboden, wo Pfirsiche, Baumwolle, Korn und Tabak sprießen, wie Gras nach einem sanften Regen. Der 12 Millionen Dollar-Rangierbahnhof der *Seaboard Airline Railroad,* wo täglich mehr als 3000 Frachtwagen und 600 Personenwaggons durchlaufen. Und ein ruhiges Fleckchen Erde, das einen Meistermusiker hervorbrachte, so vollkommen im Einklang mit den Sensibilitäten der menschlichen Seele, daß er sein Leben lang an einer Melancholie litt, so tief wie jene, die Shakespeare seiner Gestalt gleichen Namens verlieh.

Hamlet.

North Carolina.

Wo John William Coltrane geboren ist.

John Coltrane war drei Jahre alt, als ich ihm das erste Mal begegnete. Sein Großvater Reverend Walter Blair, der Pastor der St. Stephen's African Methodists Episcopal Zion Church, hatte hier in High Point ein Haus. Die Coltranes lebten damals in Hamlet, aber der Reverend war oft in anderen Bezirken unterwegs, und er hatte dieses große zweistöckige Haus; so überredete er Johns Familie, nach High Point zu übersiedeln. Johns Vater richtete hiernin der East High Street eine chemische Reinigungsanstalt und eine Schneiderei ein, gleich neben meinem Bestattungsinstitut. Oft, wenn John seinen Daddy im Geschäft nebenan besuchte, kam er dann nachher zu mir. Wir hatten oft Leichen da, die einbalsamiert wurden, und John betrachtete sie mit derselben Neugierde wie andere Kinder einen streunenden Hund.

WALTER HOOVER

John Coltrane wurde am 23. September 1926 in Hamlet geboren, 100 Meilen von High Point entfernt. Diese Stadt, heute als Zentrum der Möbel- und Wirkwarenerzeugung bekannt, war damals klein, mit 35000 Einwohnern und einer Ausdehnung von 31 Quadratmeilen; der nächste höhere Verwaltungssitz war in Guilford County. Die Vorfahren der Bevölkerung kamen einst von den Britischen Inseln; Kunsttischler aus Schottland, Bergleute aus England und Wales, Weber aus Irland. Darüber existieren genaue Unterlagen, ebenso über die Gewohnheit der Einwanderer im Süden, ihren Sklaven den Namen der Familie zu geben. Wenn also Familienstammbäume wichtig sind, können die Blairs (die Familie von Mrs. Coltrane, deren Vorfahren mit Daniel Boone von Virginia nach North Carolina gewandert sind) und die Coltranes (die in diesem Gebiet bereits ansässig waren) ihre Wurzeln bis in das mittelalterliche England zurück dokumentieren.

Die Stadt als solche wurde erst 1859 gegründet, aber schon im davorliegenden Jahrhundert siedelten sich Quäker hier an und errichteten ein Versammlungshaus; das war etwa 1750. Die erste Kirche der Methodisten wurde erst 1858 erbaut und beide Konfessionen übten später wesentlichen Einfluß auf John Coltrane aus — nicht nur auf ihn, sondern auf alle schwarzen Einwohner von High Point, die etwa ein Drittel der Gesamtbevölkerung ausmachten.

Die Geschichte der Neger von High Point beginnt fast zur Zeit der Stadtgründung mit einem gewissen Willis Hinton, der 1868 in der Stadt auftauchte und 1883 auf der South Main Street ein Cafe und fünf Jahre danach auf der East Washington Street unter seinem eigenen Namen ein Hotel eröffnete. In den Jahren 1870—85 kauften Schwarze viele Grundstücke im Bereich Wrenn, Perry, High und Commerce Street; 1898 eröffnete der erste schwarze Arzt Dr. Gerran seine Praxis. In der Zeit zwischen dem Ende des ersten Weltkrieges und dem großen Börsenkrach 1929 strömten die Neger zu Tausenden aus den ärmeren Gebieten in South Carolina und Georgia nach High Point.

„Im gesamtamerikanischen Dreiklang“ (aus einer Anzeige der Handelskammer).

Und John Coltrane erforschte den Dreiklang und die traditionellen Akkorde wie kein anderer Musiker vor ihm und wenige, wenn überhaupt, danach.

Ich wohnte in der Hoover Street, nur ein paar Blocks von John entfernt. Seine Familie und meine waren eng miteinander befreundet. Jeden Montagabend aßen wir alle zusammen, entweder in ihrem Haus oder in unserem, und das war jedes Mal ein Fest: Maisgrütze, Reis, Haferbrei, Brathuhn, Pfannkuchen, Kohlgemüse und meine Lieblingsspeise, Süßkartoffelkuchen.

BETTY LEACH

In High Point gab es nicht nur einen, sondern zwei ausschließlich von Negern bewohnte Distrikte. Sie unterschieden sich voneinander durch das, was auch weiße Wohnviertel voneinander unterscheidet: das Geld. An der South Side lebten die ärmeren Neger; an der East Side, etwa zwei oder drei Meilen entfernt, ihre wohlhabenderen Brüder, von den noch wohlhabenderen Weißen nur durch eine Straße getrennt. Einige Straßen der East Side waren gepflastert, ein Vorzug, den keine einzige Straße der South Side aufweisen konnte.

Die meisten Häuser an der East Side waren in den 20er Jahren erbaut worden und daher noch ziemlich neu, als John Coltrane dort auf Nr. 118, Underhill, wohnte, einer Straße, die beinahe exakt im Zentrum dieser schwarzen Gemeinde lag. Ein zweigeschoßiges Holzhaus mit einer offenen Veranda, die von hölzernen Säulen getragen war; es lag fast am höchsten Punkt eines sanft geschwungenen Hügels. Der Vorgarten war klein, der Hinterhof noch kleiner, jedoch ein angrenzender Wagenpark mit kiesbestreuter Zufahrt und die gepflasterte Straße selbst unterstrichen den gehobenen Status des Hauseigentümers und der Bewohner.

Das war das Haus von Walter Blair, in dem die Blairs und die Coltranes wohnten.

Der Reverend war in Edenton geboren und John Coltranes Vater, John Robert Coltrane, kam aus Sanford. Er wurde J. R. genannt; Alice Blair hatte er noch in Hamlet geheiratet. Er war von mittlerer Größe, schlank und beweglich, mit knabenhaft offenem Gesicht und spielte Ukulele und Violine, wenn er nicht gerade in seiner Schneiderwerkstatt beschäftigt war. Seine Frau war mindestens zwei Zoll größer als er, langgliedrig, mit einem hübschen spitzzulaufenden Gesicht und langem glattem Haar.

John besuchte die Schule in der Nachbarschaft und wurde dort auf einen Jungen namens James Kinzer aufmerksam, der in der gleichen Straße wohnte, Underhill 305, ein paar Blocks entfernt von Franklin Brower, der auf Nummer 218 zu Hause war. John, Franklin und James wuchsen zusammen als Freunde auf und sahen einander erstaunlich ähnlich. John war zuerst mit Franklin befreundet und lernte erst durch ihn James näher kennen. Die beiden teilten eine Leidenschaft für Baseball und verschlangen auswärtige Zeitungen mit Berichten und Ergebnissen aus der Oberliga. Schließlich begann auch John, sich für Baseball zu interessieren.

An Sonntagen fand man die drei zusammen mit vielen anderen in der Kirche von Reverend Blair, einem zweigeschoßigen Gebäude mit Giebeldach und einem spitzen Turm, wo sie zunächst im Keller die Sonntagsschule besuchten. Später zogen John und seine Kumpels mit den anderen die Treppe hinauf in den Hauptraum der Kirche mit den hölzernen Bankreihen und getünchten Wänden, um die Predigt des Reverend zu hören, eines charismatischen Mannes, der seine biblische Rhetorik oft mit konkreten Beispielen aus dem Leben prominenter Gemeindemitglieder auszuschmücken pflegte.

Während der Woche verbrachten John, Franklin und James täglich sechs Stunden in der Leonard Street Elementary School, die an die Kirche angrenzte und 1921 durch die Bemühungen verschiedener Persönlichkeiten, nicht zuletzt des Reverend selbst, erbaut worden war. Sie war gleichfalls ein Ziegelbau und die erste öffentliche Schule High Points für schwarze Kinder. Aber sie wirkte eher wie ein einräumiges Gebäude, das durch verschiedenste Hilfsmittel in kleinere Räume unterteilt war. Platz war Mangelware für die 500 Schüler und ihre 16 Lehrer. Die Schüler wurden in die Gruppen A und B eingeteilt; die erste Gruppe war nur für diejenigen mit den besten Noten reserviert. John gehörte immer der A-Gruppe an; erst in der High School sollte sich das ändern. Da hatte er andere Interessen und seine Noten wurden schlechter.

Ich habe einmal eine Untersuchung über das Grundeigentum in den Städten von North Carolina gesehen, die eine Gruppe der WPA in den 30er Jahren erstellt hat. Sie untersuchten jedes Haus in den Negerbezirken von High Point und fanden heraus, daß 81 Prozent der Bewohner ihre Häuser gemietet hatten und weniger als 10 Prozent der Häuser zwei Geschoße aufwiesen. So betrachtet war das Heim der Coltranes in beiden Kategorien eine Ausnahme.

FRANKLIN BROWER

Als die Depression nach High Point kam, brachte sie eine Arbeitslosenrate von 20 Prozent mit sich, die unter der schwarzen Bevölkerung doppelt so hoch war.

Die Stadt jedoch reagierte wie eine Familie; die Einwohner schlossen sich enger zusammen und teilten sich das Vorhandene so fair wie möglich. Die Verwaltung in Guilford County gab eine Art Notgeld heraus, das die meisten Läden akzeptierten, WPA und CCC riefen Projekte ins Leben, durch die ein wenig Regierungsgeld in die Stadt floß. Und eine überraschend hohe Zahl kleiner Hintergärten wurde besät und brachte reichliche Ernte — in diesem Teil des Staates dauert die warme Saison acht Monate.

Wie Betty Leach sagte: „Mein Daddy verdiente nur eineinhalb Dollar in der Woche, aber dennoch kaufte er ein Haus, schickte zwei von uns aufs College und sorgte immer für warmes Essen auf dem Tisch und warmes Wasser in der Badewanne.“

John Coltrane hatte eine Cousine namens Mary. Die Leser der liner notes auf den Plattencovers sollten später von ihrer Existenz erfahren; das Lied gleichen

Namens in dem Album *Giant Steps* ist eine musikalische Widmung an sie. Mary übersiedelte mit ihren Eltern Golar und Betty Lyerly in das Haus der Coltranes, als John die Volksschule besuchte. Mit Reverend Blair, seiner Frau und den drei Coltranes ergab das acht Bewohner in dem Drei-Schlafzimmer-Haus. Aber schließlich waren sie alle von einer Familie, also richteten sie sich ein. Nur für John, der schon in jungen Jahren seine Ruhe und Zurückgezogenheit liebte, bedeutete es, selten, wenn überhaupt jemals, ein Zimmer für sich allein haben zu können.

Mary war ein keckes fröhliches lebhaftes Mädchen, in fast allem das genaue Gegenteil von John, aber Ehrgeiz und Wissensdurst hatten die beiden gemeinsam und in der Volksschule gehörten sie zu den Besten.

J. R. Coltrane pflegte lange in seiner Schneiderwerkstätte zu arbeiten, dadurch verbrachte John die Zeit zu Hause meist mit seiner Mutter. Sie war streng und legte großen Wert darauf, daß er stets ordentlich gekleidet war und gute Manieren zeigte.

Der Vater war geselliger und extrovertierter, galt in der Gemeinde als guter Familienvater und spielte gerne den großzügigen Gastgeber, wenn am Abend das Geschäft nachließ. Freunde kamen vorbei, J. R. reichte eine Flasche Bourbon herum, dann setzte er sich auf seinen Arbeitstisch, ließ die Beine baumeln und nahm eine Ukulele zur Hand — die Violine war für besondere Gelegenheiten reserviert. Er zupfte einige begleitende Akkorde und sang mit seiner angenehmen Baritonstimme sein Lieblingslied, *The Sweetheart of Sigma Chi.* Wenn John dazukam, war er herzlich willkommen, bekam aber natürlich keinen Alkohol. Ruhig stand er neben seinem Vater und blickte scheu um sich, die Augen gesenkt. Langsam hob er den Blick, bis Kopf und Schultern seines Vaters sein Gesichtsfeld ausfüllten wie den Sucher einer Kamera. Schon damals, mit zehn oder zwölf Jahren, besaßen seine Augen eine solche Leuchtkraft und Intensität, daß manche sich fragten, ob er wohl im Dunkeln sehen könne wie eine Eule. Seine Augen, wenn er sie auf jemand richtete, widmeten dieser Person vollkommene und konzentrierte Aufmerksamkeit und verlangten das Gleiche vom Partner, ja, diese großen neugierigen braunen Augen mit ihrer Ruhe und unschuldigen Süße erzwangen es beinahe.

„John sagte immer, er wolle so spielen wie sein Vater", erinnert sich Walter Hoover. „Das Lieblingslied seines Vaters gefiel ihm, weil es ein Walzer war, und Walzer waren damals sehr populär."

John Coltrane? Wayne King? Eine etwas unwahrscheinliche Kombination, aber das war lange vor *Greensleeves* und *My Favorite Things.*

Und dieses Lied, *The Sweetheart of Sigma Chi,* hat auch eine angedeutete Traurigkeit, eine Spur von unfreiwilliger Melancholie, einen beziehungsvollen, vielleicht sogar beschwörenden Refrain, der sich in Johns Psyche senkte und, vielleicht, der Anfang war... der Anfang jener Traurigkeit weit jenseits des Blues...

Dann starb sein Vater.

John war 12, als es geschah, und eben den Pfadfindern beigetreten. J. R. ging ins Krankenhaus, einer nicht näher bezeichneten und möglicherweise gar nicht diagnostizierten Krankheit wegen, und ein paar Tage später war er tot. Im gleichen Jahr starben auch Reverend Blairs Frau und Cousine Marys Vater. James Kinzer erinnert sich, daß auch noch einige enge Freunde der Coltrane-Familie innerhalb der folgenden zwei oder drei Jahre starben. James Gates, ein Freund

und Schulkollege von John und Mary, berichtet, Mary sei nach J. R. Coltranes Tod tagelang emotionell durcheinander gewesen und habe sich dann in verschiedene Aktivitäten gestürzt, wie etwa Schulaufführungen von Theaterstücken; John hingegen habe ruhig, gefaßt und unerschüttert wie immer gewirkt, als wolle er seine Gefühle niemandem offenbaren, sondern in seinem Herzen verschließen und für sich behalten.

John Coltrane hatte keinen Spitznamen in High Point, er wurde einfach John genannt; Brower und Kinzer hingegen waren als „Snookie“ und „Poche“ bekannt. Mit James diskutierte Franklin über Baseball und Kino, aber John war es, den er an seiner Leidenschaft für eine Sammlung von Doc Savage-Comics teilhaben ließ.

Brower beschreibt Doc Savage als „großen blonden nordischen Typen, Leiter einer Organisation zur Lösung von Kriminalfällen, die die Polizei nicht lösen konnte oder wollte, und so sehr seiner Aufgabe als Nemesis der Übeltäter hingegeben, daß es in seinem Leben keinen Platz für Frauen gab.“ Die zweite Hauptfigur neben Doc war Monk, ein rauher Neandertaler-Typ, der dem strahlenden Helden beim Vernichten seiner Feinde assistierte.
Für Kinder in einer kleinen Stadt in Carolina war das eine berauschende Lektüre, die zu mehr als nur den üblichen Phantasien vor dem Einschlafen inspirierte. John und Franklin steckten oft buchstäblich Tag und Nacht ihre Köpfe in diese harmlosen Heftchen. Sie lasen sie auf dem Weg zur und von der Schule, selbst in der Schule, versteckt hinter Notizblöcken oder Lehrbüchern, während der Mittagspause in der Cafeteria und sogar am Samstagnachmittag während der Kinovorstellung. Es mag seltsam erscheinen, daß sich zwei schwarze Knaben gerade mit dieser Art Helden identifizierten, aber schließlich, wie viele Neger von Format gab es damals, von deren Existenz sie überhaupt erfuhren? Auch das Radio füllte ihre jungen Ohren viel eher mit den Darbietungen von Amos & Andy als mit dem erdhaften Blues der Count Basie Band.

Als sportliche Betätigung gab es Fußball in den Straßen und Baseball auf den sandigen unbebauten Grundstücken. Walter Williams, ein Nachbar und Schulkollege Johns, erzählt vom Rollschuhlaufen auf den Hügeln von Underhill, Betty Leach erinnert sich an Fangen- und Versteckspielen. Einmal versteckte sich John so gut, daß niemand ihn finden konnte. Alle Mitspieler riefen laut nach ihm, er sollte sich endlich zeigen, er habe ohnehin gewonnen. Dann wurde plötzlich ein Auto gestartet und John schoß wie der Blitz und hustend darunter hervor, er hatte die Auspuffgase ins Gesicht gekriegt.

Autos interessierten John und Franklin auch sehr, weil sie so selten in ihrer Nachbarschaft waren. Sie überredeten ihre Eltern, populäre Magazine wie *Time* oder *Newsweek,* ja sogar *True Story* und *Good Housekeeping* zu kaufen, damit sie sich die Autoinserate ansehen konnten. Sie lungerten in Büchereien und Drugstores herum, blätterten, prüften hier einen Ford Modell A und dort einen Chevrolet Sedan, bis sie von zimperlichen Bibliothekarinnen oder zornigen Ladenbesitzern verjagt wurden.

Die Jungen sprachen nicht viel, wenn sie die abgebildeten Autos betrachteten, sie zeigten meist nur mit den Fingern auf verschiedene Details und nickten oder schüttelten die Köpfe, je nachdem, ob sie Zustimmung oder Ablehnung bekunden wollten.

Sie zeichneten auch selbst Autos. Manchmal schenkte ihnen jemand ein Magazin oder sie legten ihre Pennies zusammen und kauften eins, dann nahmen sie es mit nach Hause und zeichneten die Automodelle ab, wobei sie ihre eigenen Ideen hinzufügten und versuchten, den Vehikeln ein möglichst modernistisches und schnittiges Aussehen zu geben. Franklin konnte es besser; John hingegen stand schon damals mit der Feder auf Kriegsfuß. Seit High Point malte er fast alles sorgfältig in Druckbuchstaben, alles bis auf seinen Namen, aber auch den schrieb er nur, wenn es sein mußte.

,,John las damals kaum", sagt Franklin, ,,ihn interessierten vor allem Comics. Das war wirklich eine Schande, denn Reverend Blair besaß eine exzellente Bibliothek, die in einem eingebauten Schrank im Wohnzimmer des Coltrane-Hauses untergebracht war. Ich erinnere mich noch an eine wundervolle Geschichte des Südens, veröffentlicht von der Duke University."

In späteren Jahren, als wolle er das Versäumte nachholen oder vielleicht aus der intuitiven Ahnung heraus, daß ihm nicht mehr viel Zeit bleiben sollte, trat John mehreren Buchclubs bei, und in den kostbaren und seltenen Zeiträumen, wo er nicht mit musikalischen Dingen beschäftigt war, las er ununterbrochen; je schwieriger die Themen, desto besser.

Für weitere harmlose Zerstreuungen existierte in High Point noch Mrs. Drakes Süßwarengeschäft.

Es war im Henley Hotel untergebracht, Ecke Underhill und Washington Street, täglich bis 10 Uhr abends geöffnet und von großer Anziehungskraft auf die schwarze Jugend von der dritten Schulstufe aufwärts. Diejenigen, die kein Geld hatten, standen an der Ecke oder vor dem Fenstersims, unterhielten sich, blickten durch das Fenster und riefen oft besserbemittelten Freunden Grüße zu, die drinnensaßen und zu knickerig waren, sie einzuladen. Wer ein paar Münzen in der Tasche hatte, leistete sich ein ,,Baby Ruth" oder ,,Powerhouse" für 2 Cents oder Eiscréme für einen Nickel. Die gutherzige Mrs. Drake warf nie jemanden hinaus; alle waren willkommen, egal ob sie Geld hatten oder nicht. Für John hegte sie eine besondere Vorliebe und gab ihm während seiner letzten beiden High School-Jahre einen Job als Eisbarmixer.

Mrs. Coltrane mußte nach dem Tode ihres Gatten die Familie erhalten; sie fand zunächst Arbeit als Dienstbote in weißen Haushalten, später erhielt sie einen guten Job im Country Club und konnte damit den Haushalt finanziell bestreiten. So lernte John niemals wirklich die seelenzermürbende Armut kennen, die in guten und schlechten Zeiten das Schicksal so vieler schwarzer Kinder war.

Baseball wurde Johns Lieblingssport; auch später als Musiker hielt er in den Clubs immer Ausschau nach jemandem mit einem tragbaren Radiogerät, um die Ergebnisse zu erfahren. In High Point fand er sich mit Franklin und James zusammen. Sie steckten sich auf jedem verfügbaren Platz, den sie finden konnten, ihr Spielfeld ab; von den Wiesen hinter dem Schulhaus bis zu einem unbenützten Grundstück gegenüber dem Haus der Browers.

Hier gruben sie ihre Buster Brown-Schuhe in den Boden und kratzten sich ihre ,,base" aus. Tennisbälle kamen zum Vorschein, sie waren wesentlich billiger als Originalbälle, und Jugendmodelle von Schlaghölzern, die nur 50 Cents kosteten. James spielte gerne im Außenfeld, Franklin war am liebsten Pitcher, John hingegen war es egal, ihm machte das Spiel in jeder Position Spaß.

Gelegentlich durchbrachen sie für kurze Zeit High Points subtile Barrieren der Segregation, schlenderten in eine weiße Wohngegend, üblicherweise auf Einladung, und spielten gegen ihre Gastgeber. Das war niemals vorher geplant; es ergab sich meist so, daß die weißen Burschen in die East Side kamen und einfach sagten, „hey, wollt ihr gegen uns spielen?"

Franklin machte das Kino im Gegensatz zu John mehr Freude als Baseball, und weil es damals nicht gebräuchlich war, daß junge Schwarze allein dorthingingen, überredete er John oft, ihn zu begleiten; ins Broadhurst auf der North Main, gleich um die Ecke der weißen Methodistenkirche, oder ins Paramount auf der Hamilton Street nahe dem Möbelausstellungsgebäude. Das Paramount hatte mehr Klasse, hier sah man Clark Gable und Bette Davis, Humphrey Bogart und Lauren Bacall, es war eher für sonntägliches Familienvergnügen geeignet als nur für ein beiläufiges Hereinschauen. Der Balkon war für die Schwarzen reserviert, er stieg in einem bedrohlich wirkenden Winkel von 45 Grad an und Brower meint, „Wir haben uns dort unsere eigene Version von Astrophobie geholt, eine ganze Generation vor Cape Kennedy."

Aber es war das Broadhurst, wo sie meist ihre Sonntagnachmittage verbrachten, mit Kaugummi und Popcorn ausgerüstet. Dort feuerten sie Johnny Mack Brown und Buck Jones an, schieß die Gauner nieder, aber küß das Mädchen nicht, sonst holst du dir was. Für utopische Schocktherapien sorgten der blonde und wunderschöne Flash Gordon, der mit seinem Atomstrahler den verrückten und gnadenlosen Dr. Ming, der verdächtig Chiang Kai-Shek ähnlich sah, in Schach hielt.

Auch Pool war ein beliebter Zeitvertreib für junge Männer überall. In Johns Nachbarschaft gab es mehrere Salons, wo jedes Spiel einen Nickel kostete. Er und Franklin spielten 8-Ball-Spiele gegeneinander; gewöhnlich gewann Franklin.

Zu Hause spielte das Radio jene Rolle des imaginativen Mediums, die später das Fernsehen übernehmen sollte.

Ab und zu kam die Musik von Jimmy Lunceford oder Duke Ellington über den Äther, unwiderstehliche schwarze Rhythmen und bluesige Klänge, die unwillkürliches Fußklopfen, Hüfteschwingen und „Lets Boogie"-Lächeln verursachten. Louis Armstrong erschien den weißen Werbeagenturen akzeptabler, er war in High Point am häufigsten zu hören. Aber, wie sich denken läßt, wurde die meiste Musik, die die schwarze Bevölkerung hörte, von weißen Musikern gespielt.

Dennoch, als Charlie Barnets ellingtonbeeinflußte Crew mit *Cherokee* herauskam, das war okay. Ein anderer Charlie, nämlich Charlie „Bird" Parker, lieferte einige Jahre später seine eigene nervenzerrüttende Version davon, und danach war die amerikanische Musik nicht mehr so wie vorher.

Auch nicht die schwarze Kultur, und auch nicht John Coltrane.

Alle schwarzen Kinder von High Point wuchsen unter strikter Disziplin auf. Unsere Eltern gaben wirklich auf uns acht. Wir konnten nicht leicht in Schwierigkeiten geraten, wenn unsere Eltern, Großeltern und Urgroßeltern immer um uns herum waren.

FLOYD PHIFER, JR.

Ruhig sitzt John Coltrane in der hintersten Reihe des High School-Auditoriums, hübsch gekleidet, und hört aufmerksam dem Chor zu. Rechts von ihm sitzt Mrs. Coltrane, links Cousine Mary. John ist noch ein Volksschüler, aber er kommt oft mit seiner Familie hierher, um den Chor zu hören; so hübsch sind die Mitglieder anzusehen, in ihren dunklen Anzügen, so rein und klar klingen ihre Stimmen, es ist immer ein Genuß für ihn. Wenn er auch noch nicht einmal davon träumt, daß die Musik einmal sein Leben ausfüllen, daß er von ihr besessen sein wird, so fühlt er doch eine instinktive Verbindung zwischen diesen Sängern und sich selbst. Einmal hat er versucht, einer von ihnen zu werden, aber seine Stimme war zu zögernd, zu unsicher gewesen. Nein, bei vokaler Musik würde er ein Zuhörer bleiben, aber kein passiver; er würde zuhören und sich diese großartige Musik aneignen, besonders die Spirituals. Später dann sollte er einige dieser fließenden Melodielinien wiedererschaffen, sein Horn mit ihnen zum Singen bringen, so intensiv und exquisit wie William Warfield oder Paul Robeson.

John ist nun besonders ruhig, besonders aufmerksam. Seine großen leuchtenden Augen absorbieren die visuelle und klangliche Pracht, seine kaffeebraune Haut prickelt, seine Nackenhaare richten sich auf. Er wird selbst zum Teil von Crescendo und Diminuendo, Teil des klangvollen komplexen Kontrapunkts, Teil der sparsamen Harmonien, der fließenden melodischen Linien seines Lieblingsliedes. Es ist die Baßstimme, die seine Seele immer so berührt, die etwas tief in ihm anschlägt, deren Töne ihn erfüllen, bis in die Zehenspitzen.

Der Komponist: Johann Sebastian Bach.

Das Lied: Jesu, meiner Seelen Wonne.

Jeden Sonntagmorgen war John in der St. Stephen Methodists Episcopal Zion Church ein aktiver Teilnehmer an jener wunderschönen Verschmelzung von Musik und Religion, die so typisch für die Kirchen des Südens ist.

John und ich spielten zusammen in Reverend Steeles Community Band. Wir spielten beide Althorn, und wir saßen nebeneinander. Reverend Steele war unser Pfadfinderführer und als er die Band zusammenstellte, versuchte er zuerst, all die Scouts hineinzubringen.

JAMES KINZER

Ich saß neben John und spielte auch Althorn, als Reverend Steele ihn auf die Klarinette wechseln ließ. Ich vermute, er hatte noch einige Klarinetten und wollte, daß die besten Musiker darauf spielen. Natürlich war John begierig auf die Klarinette, sie schien ihm zu gefallen. Er kaufte sich die Noten eines populären Songs namens ***A Dream of Two Blue Orchids,*** **und ein paar Wochen später konnte er das bereits Note für Note spielen. Es war ein Artie-Shaw-Arrangement, auf der Platte spielte Shaw selbst Klarinette. Man konnte genau erkennen, wo John herkam, wenn er dieses Stück spielte.**

JOHN INGRAM

Der Sonntagmorgen und der Dienstagabend hatten in der St. Stephens Church etwas gemeinsam. Im Kellergeschoß, dort wo die Sonntagsschule abgehalten wurde, versammelten sich viele der Schüler am Dienstag zum Musikunterricht, den Reverend Steele abhielt.

Hier fanden die Proben für die Community Band statt.

Reverend Steele war ein großgewachsener Mann mit watschelndem Gang und ernsthaft davon überzeugt, müßige Hände seien, wenn schon nicht des Teufels Werkstatt, so doch zumindest ein Grund zur Sorge, wenn nicht der Einzelne ebenso wie die ganze Gruppe segenbringende Unterstützung durch eine Gemeinschaft oder eine kulturelle Aktivität erfährt, die für moralischen und geistigen Auftrieb sorgt. Er war auch selbst Musiker, ein Klarinettist, der ziemlich auf eigene Faust entschied, daß das, was die schwarze Gemeinde High Points am dringendsten brauchte, in Zeiten wie diesen, wo die Erschütterungen des zweiten Weltkriegs immer unmißverständlicher spürbar wurden, Musik von Qualität und Charakter war. Die jungen Leute in seiner Pfadfindertruppe hatten nun Gelegenheit, sich an diesem Projekt zu beteiligen.

Der Reverend war nicht ohne Einfluß auf der East Side, denn Politiker und Priester gehörten damals zu den am meisten respektierten Berufen unter der schwarzen Bevölkerung und ihre führenden Exponenten waren sehr geachtet. So schwärmten seine Pfadfinder aus, klopften an die Türen, als ginge es um eine Altpapiersammlung und beschworen die Leute, daß eine Community Band dringend benötigt wurde. Auch Reverend Steele selbst brachte das Thema in einigen Predigten aufs Tapet. Zusätzlich führte er abendliche Gespräche mit ortsansässigen Geschäftsleuten und brachte auf diese Weise die benötigten Instrumente zuwege. Sie waren wohl gebraucht, aber noch durchaus verwendungsfähig; Althörner und Klarinetten, ein paar Euphonien und Trompeten und ein tiefes Fagott, um den Klang der Band abzurunden.

Reverend Steele unterrichtete die zukünftigen Musiker nicht einzeln und individuell, sondern in der Gruppe. Er besaß Übungsbücher für jedes einzelne Instrument und konnte seinen Studenten die richten Fingersätze für den Anfang beibringen.

John Coltrane, wie schon vorher erwähnt, beanspruchte nicht gleich von Anfang an den Platz des ersten Klarinettisten für sich. Durch dringende persönliche Angelegenheiten zu Hause versäumte er beinahe die erste Probe; als er endlich eintraf, war nur mehr ein Althorn übrig, das kein anderer haben wollte. Aber schließlich war der Musikunterricht kostenlos, und viele seiner Freunde machten mit; so entschied sich John, das Horn zu nehmen und einmal zu sehen, was sich damit anfangen ließ.

Zu dieser Zeit war er noch nicht so sehr an Musik interessiert, er war 13 Jahre alt und dachte noch keineswegs an eine musikalische Karriere. Musik zu machen war für ihn von beiläufigem Interesse, ein angenehmer Zeitvertreib in der Gemeinschaft.

Reverend Steele mochte übrigens Jazz nicht; aber klassische Musik mochte er genausowenig. Was ihm vorschwebte, war eine Musik, die „respektabel", aber doch nicht zu schwierig für seine jungen Schüler war: Marschmusik von Souza etwa, und einige wohlvertraute Spirituals, direkt aus dem Kirchengesangsbuch.

Eines Tages fehlte einer der Klarinettisten wegen Krankheit. John fragte den Reverend, ob er das Instrument ein wenig in die Hand nehmen dürfe. „Es sieht so hübsch aus."

Der Reverend stand da und studierte den Jungen. Ihre Augen trafen sich; Johns leuchtender begehrlicher Blick brachte den Reverend zum Nachdenken. Es war ihm nicht entgangen, daß John oft als erster bei den Proben erschien und als letzter wegging und seine Ohren hatten ihm gesagt, daß dieser Knabe einer der besten, wenn nicht überhaupt der beste unter den angehenden Musikern war.

Was konnte schon falsch daran sein, wenn er ihn einmal versuchen ließ, was er auf der Klarinette spielen konnte? Er überreichte ihm das Instrument.

John hatte nicht umsonst Artie Shaw und Woody Herman aufmerksam gehört. (Viele Jahre später sagte Herman, Coltrane habe ihn dahin gebracht, neben Klarinette und Alt auch das Sopransaxophon zu versuchen, und es sei schließlich zu seinem Lieblingsinstrument geworden.) Er war auch nicht unaufmerksam gewesen, als Floyd Phifer und die anderen an ihrem Ansatz arbeiteten, wie sie lernten, ihre Lippen und Zähne den Beanspruchungen des Rohrblattmundstückes anzupassen. Johns Arbeit am Althorn hatte seine Lippen und Lungen gestärkt, er war bereit.

Er nahm die Klarinette in die Hand, seine Finger strichen über das glatte Holz, die Fingerspitzen preßten sich gegen die Metallringe. Er schob das Mundstück einen halben Zoll in seinen Mund, zog die Unterlippe über die Zähne, wie er es bei den anderen gesehen hatte und brachte die oberen Vorderzähne in direkten Kontakt mit dem Mundstück. Er hielt das Instrument jedoch nicht in dem üblichen Winkel von 45 Grad, sondern richtete es scheu gegen den Fußboden, wohin auch seine Augen gerichtet waren. Tief aus dem Zwerchfell strömte die Luft durch die Lungen, Kehle und Mund in das Mundstück und erfüllte die zweieinhalb Fuß lange Klarinette.

Und plötzlich war Musik im Raum.

Nur ein paar kurze Töne im unteren Register, tief und volltönend, drangen aus dem glockenförmigen Schallbecher, nichts besonderes, und doch richteten plötzlich alle Kinder ihre Augen auf John. Reverend Steele hielt seinen Blick die ganze Zeit auf ihn gerichtet.

„Kannst du das noch einmal spielen, John?“

„Nun... ich weiß nicht... ich meine, ich weiß nicht mehr genau, was ich gespielt habe...“

„Dann spiel irgendetwas, was du willst. Greife nur die Klappen, bitte. Ich möchte diesen Sound noch einmal hören.“

John tat es, und der Reverend hörte es.

„Hm“, sagte er.

Diesmal hatte der Junge etwas anderes gemacht, einige Shaw-artige Riffs aus dem oberen Register gepflückt, wobei er sich Mühe gab, trotz seines amateurhaften Spiels auf diesem Instrument jeden Anklang an den populären Songstil zu vermeiden, um den Reverend nicht zu verärgern.

„Du hast einen schönen Ton auf der Klarinette, Sohn.“

„Danke.“

„Hast du nebenbei geübt, oder irgendjemanden beim Spielen beobachtet?“

„Nun, ich habe Sie beobachtet, wenn Sie die anderen Klarinettisten unterrichtet haben, Reverend.“

Der Reverend nickte, sagte nichts mehr und entließ die Band einige Minuten später.

Am folgenden Dienstag wurden die Klarinettisten um ein neues Mitglied verstärkt. Wie Reverend Steele beiläufig erwähnte, hatte er „zufällig noch eine herumliegende Klarinette entdeckt.“ Ebenso zufällig hatte er einen jungen Burschen entdeckt, der so aussah, als sollte er Althorn spielen, und der nun Johns frühere Position einnahm.

Also war John Coltrane nun Klarinettist.

John war ein sehr ruhiger Typ, aber ungemein kreativ. Wir trafen uns oft in seinem Haus und veranstalteten im Keller Jam Sessions, wir blödelten halt so herum. Aber John übte nicht nur Tonleitern, er lernte auch einige populäre Songs und konnte sie bald Note für Note spielen. Er legte sich eine Version von *Margie* zurecht und ich schwöre dir, sie war genau so gut wie die von Jimmy Lunceford.

JOHN INGRAM

Der Erfolg von Reverend Community Band ermutigte uns, auf der William Penn High School auch eine Band zusammenzustellen. Die Eltern-Lehrer-Vereinigung unterstützte uns, damit wir die nötigen Instrumente bekamen; wir veranstalteten Gesellschaften und Tees und Wohltätigkeitsbasare und brachten schließlich genug Geld zusammen, um sechs Klarinetten kaufen zu können. Einer besaß ein eigenes Schlagzeug, ein paar andere hatten Trompeten und so fingen wir an. Die angeschafften Instrumente waren Eigentum der Schule und wurden auch dort aufbewahrt, wenn sie nicht in Gebrauch waren. Später kaufte die Schulleitung noch weitere Instrumente und verlieh sie gelegentlich gegen eine Gebühr. Es waren neue Instrumente, aber für Studenten gedacht, keine teuren Profi-Modelle.

SAMUEL BURFORD

Samuel Burford war Direktor der William Penn High School von 1933 bis 1968, als die Schule geschlossen und das Gebäude im Zuge der Stadterneuerung abgerissen wurde.

Burford kam aus Lynchburg/Virginia nach High Point, ein schlanker sportlicher Mann mittlerer Größe, stets adrett gekleidet, der den persönlichen Kontakt mit seinen Studenten liebte. Es war seine Gewohnheit, sie alle beim Eintreffen um 8 Uhr 30 und beim Verlassen der Schule um 16 Uhr 30 zu begrüßen, was bei 350 Studenten nicht einfach schien, und dieses Bedürfnis nach persönlichem Kontakt half ihm später, für zwei Amtsperioden Mitglied des Stadtrats von High Point zu werden.

Er erinnert sich nicht an besonders herausragende schulische Leistungen John Coltranes; in der Tat war Johns Notendurchschnitt auf „C" gesunken und daran änderte sich während seiner ganzen High School-Zeit nichts. Warum das so war, kann niemand sagen, vielleicht beschäftigte ihn die Musik zu sehr, oder er hatte kein Interesse mehr an guten Schulleistungen, aber aus welchem Grunde auch immer, er war kein Glanzlicht der High School.

Die Schule, 1898 durch finanzielle Zuwendungen der Quäker errichtet, war ein zweistöckiger Ziegelbau am East Washington Drive. Einige rasch errichtete hölzerne Zubauten gaben ihr den Anschein eines College-Campus, und jeder der 16 hier beschäftigten Lehrer hatte kaum mehr als 25 Studenten in seiner Klasse. Zu den Einrichtungen der Schule gehörte ein Baseballplatz und eine Sporthalle, die in einen Theatersaal umgewandelt werden konnte, jedoch weder eine umfangreiche Bibliothek noch ein Hallenschwimmbad, wie in der weißen High School.

Hier verbrachte John einfach seine Zeit, wie die meisten anderen Studenten.

Gelassen, reserviert und in sich ruhend unterhielt er sich mit John Ingram — Spitzname: „Red" — über Musik, mit Snookie über Filme und mit Poche über Baseball, und noch einige andere gab es, mit denen er gelegentlich versuchte, ein paar angenehme Momente zu verbringen.

Seine Mutter war nach Atlantic City/New Jersey gegangen; während der Kriegszeit in den 40er Jahren waren die Verdienstmöglichkeiten oben im Norden besser als unten im Süden. Eine seiner Großmütter mit einigen ihrer Familienmitglieder lebte nun im Hause der Coltranes, zusammen mit John. Seit dem Tod von J. R. waren John und seine Mutter eng miteinander verbunden gewesen; sie war in mehr Geheimnisse des heranwachsenden Jünglings eingeweiht gewesen als irgendjemand sonst, Mary inbegriffen. In gewisser Weise war er ein Einzelgänger; dennoch war er nicht einsam, es machte ihm auch nichts aus, für sich zu sein. Er war ganz einfach daran gewöhnt gewesen, ein Teil einer ausgedehnten familiären Struktur zu sein, und diese Struktur zerbröckelte nun irgendwie, sie löste sich immer mehr auf unter dem Doppeldruck von Tod und Entfernung. Er besaß einige ausgewählte Kleidungsstücke, angeschafft mit den Ersparnissen aus seinem Job als Eisbarmixer. Weiche, einreihige Anzüge mit breiten Revers und Aufschlägen, gemusterte Hemden, leuchtende Krawatten und schwarze Schuhe. An Freitagabenden besuchte er gerne Parties bei seinen Freunden; da gab es alten Bourbon und junge Mädchen, und von beiden probierte er ein wenig.

Denn John konnte die Mädchen bekommen, wenn er wollte. Sein wachsender persönlicher Zauber des isolierten aber kreativen Einzelgängers wirkte auf die Studenten ähnlich wie Miles Davis ein Dutzend Jahre später auf das Musikpublikum.

Johns Freund Franklin hatte ein Auge auf ein bestimmtes Mädchen geworfen, aber John war es, der den Sieg davontrug. Sie hieß Dorothea Nelson, hatte eine reizende Figur und eine Stupsnase. Die drei waren Schulkollegen; Franklin zwinkerte ihr zu, aber John pfiff für sie Phrasen aus seinem Klarinettenrepertoire und damit war er erfolgreich; sie waren fast ein Jahr zusammen.

Dann verließ das Mädchen die Schule. Sie hatte einen besonderen Test bestanden, der ihr einen Job für 25 Dollar pro Woche im Kriegsministerium in Washington einbrachte.

So endete John Coltranes erste Affäre.

Eine hochgewachsene aristokratisch wirkende Dame mit einer Lehrberechtigung und mit Musik in ihrer Seele kam im Herbst 1938 aus Durham nach High Point, um in den schwarzen Höheren Schulen Musik zu unterrichten. Der Oberinspektor für die öffentlichen Schulen hatte den Wunsch geäußert, allen jenen, die sonst keine Gelegenheit dazu gehabt hätten, Musikausbildung zu verschaffen. Die Dame, Grayce Yokley, an sich Lehrerin für Klavier und Musiktheorie, fand es bald für unumgänglich, wieder an die Michigan State University zurückzukehren, um sich auch die Grundbegriffe anderer Instrumente anzueignen, denn viele Studenten wollten Blasinstrumente erlernen und nur wenige ausschließlich Klavier.

Als sie im September 1942 zurückkam, war John Coltrane in seinem letzten Studienjahr an der High School und wohletabliertes Mitglied der Community Band. Es erschien nur logisch und richtig, daß er einer der ersten war, die sie in die William Penn High School Band holte. Zum Aufgabenkreis von Miss Yokley gehörte auch dieses Ensemble und der Platz des ersten Klarinettisten war mit Alice Blair Coltranes einzigem Sohn besetzt.

Zweimal die Woche, Dienstag und Donnerstag, probte die Band im Auditorium der High School. Die Noten auf den Pulten unterschieden sich nicht so sehr von denen in Reverend Steeles Community Band, aber die Musiker, und ganz besonders jene, die direkt aus dieser Band rekrutiert worden waren, konnten nun *prima vista* vom Blatt spielen und nach Jahren ständiger Probenarbeit und gelegentlicher Auftritte beherrschten sie ihre Instrumente fast wie Berufsmusiker.

Das neue Orchester war auch integriert, wenigstens geschlechtlich, denn Grayce Yokley holte auch Mädchen dazu, etwa Maxine Bostic, die mit ihrer Klarinette neben John saß. Sie war nicht verwandt mit dem Altsaxophonisten Earl Bostic, bei dem John später Tenorsaxophon spielte. Maxines Bruder Rufus wurde einer der ersten schwarzen Discjockeys im Süden und benützte den Theme Song seines Namenskollegen, *That's a Groovy Thing,* als Erkennungsmelodie seiner Programme. Er spielte übrigens auch jede Coltrane-Platte, die er in die Hände bekam.

Während seines letzten High School-Jahres beschäftigte sich John Coltrane mit einem Altsaxophon.

Das ist nichts Ungewöhnliches, Klarinettenstudenten entwickeln sich oft zu Alt-oder Tenorsaxophonisten. Aber in Johns Fall war kein Geld für ein Saxophon vorhanden; sogar seine Klarinette gehörte der Schule und nicht ihm selbst. Oft hörte er Willie Smith, den Altsaxophonisten der Jimmy Lunceford Band, und natürlich Johnny Hodges, den Duke Ellington gerne herausstellte, etwa in *Warm Valley,* in dem Hodges' samtiges Vibrato zur Geltung kam.

Ein Mann namens Haygood, der auf der Perry Street ein Restaurant führte, besaß ein Altsaxophon und wenn das Geschäft es erlaubte, ging er nach hinten in die Küche und dudelte ein bißchen darauf herum. John hörte das einige Male und war gefesselt von dem klagenden vokalischen Klang des Instruments, das er nur von Radio und Schallplatten kannte. Schließlich überredete er Haygood, ihm das Horn gelegentlich zu borgen, damit er zu Hause üben konnte.

Ohne Haygood und sein Entgegenkommen hätte es möglicherweise nie einen Saxophonisten John Coltrane gegeben; ohne Hodges auch nicht, denn dessen Einfluß spielte eine dominierende Rolle in Johns musikalischem Reifungsprozess.

Nach einigen Workshop-Sessions bei sich zu Hause brachte John Haygoods Altsaxophon zur Bandprobe mit und demonstrierte Miss Yokley stolz seine neue Fertigkeit auf einem anderen Instrument. Sie war beeindruckt; so sehr, daß sie ihm erlaubte, an Stelle einer Übung ein unbegleitetes Solo über einen populären Song zu spielen. Er beherrschte die ganze 32-taktige Nummer, nicht nur das Saxophonsolo, und seine Hodges-beeinflußte Phrasierung brachte ihm stürmischen Applaus, als er seine Version von *Tuxedo Junction* beendete.

In der Band galt er nun als *der* Musiker schlechthin. Die Kollegen wandten sich an ihn, wenn sie musikalischen Rat brauchten. Oft sprachen ihn Erwachsene auf der Straße an, um ihm zu gratulieren. Kichernde Mädchen bedrängten ihn um Autogramme; widerstrebend erfüllte er ihre Wünsche und hoffte, sie würden nicht auf seine wacklige, beinahe unleserliche Schrift achten.

Und Floyd Phifer, sein Klarinettenkollege, der sich in den Schatten gestellt fühlte, sagte manchmal: „Hey, Coltrane, du glaubst wirklich, du bist der Größte, wie?"

John zuckte dann die Achseln und sah scheu weg.

Er wußte es damals noch nicht, aber viel später sollte er erfahren, daß Phifer, wenn er schon kein Prophet war, doch meist recht mit dem hatte, was er sagte.

Betty Leach erinnert sich, daß die Abschlußklasse 1943 wohl eine Schulschlußfeier veranstaltete, aber ohne festliche Kleidung, das gab es in der Kriegszeit nicht. Die daran teilnahmen, kamen im Alltagsgewand. John war dabei, aber nicht als Tänzer; er spielte Klarinette und Altsaxophon in der eigens für diese Gelegenheit formierten Tanzband.

Er war gerade 16, Franklin Brower und James Kinzer beide um ein Jahr älter, aber sie graduierten alle drei zusammen.

Zusammen verließen sie auch High Point am 11. Juni 1943 mit dem Ziel Philadelphia. Zwei Brüder von Brower, George und Governor, lebten da und hatten Franklin wissen lassen, in Philadelphia gebe es eine Menge Jobs mit guter Bezahlung. Bevor sie 18 waren, konnten sie nicht zum Militär einberufen werden, es war also noch Zeit, etwas Geld auf die Seite zu bringen, bevor Uncle Sam sie schnappte.

Also bestiegen sie den Zug.

Der Grund für den Kummer, unter dem ich während meiner Jugendzeit litt, war nicht Mangel an Amüsement, denn das hätte ich haben können; auch nicht Mangel an Freunden, ich hätte welche finden können. Der Kummer entstand durch ein inneres Leiden, das mich dazu brachte, die Einsamkeit zu lieben und das die Neigung zu Spiel und Amüsement auslöschte.

KALIL GIBRAN

Die Stadt brüderlicher Liebe. (Motto von Philadelphia.)

Philadelphia ist, was Rassentrennung betrifft, eine typisch südliche Stadt. Es gibt zwei schwarze Ghettos, eines im Norden und eines im Süden. Die South Street ist die Trennungslinie, jenseits davon ist alles schwarz bis zur Snyder Avenue, etwa fünf Meilen. Auf der North Side reicht das Ghetto von der Vine Street bis hinauf nach Germantown. Wir Musiker waren fast die einzigen, die die Barrieren durchbrechen konnten, weil wir auch in den weißen Gegenden arbeiteten. Ich kann mich an keine Rassenkrawalle erinnern, während ich dort lebte, aber es war wie im Süden: wir blieben auf unserem Territorium und sie auf ihrem. Aber, weißt du, auf irgendeine seltsame Art half uns diese extreme Rassentrennung dabei, zusammenzuhalten und uns mehr auf unsere eigene Kultur zu konzentrieren. In Philadelphia beschäftigten sich die meisten von uns mit Musik, Tag und Nacht.

BOBBY TIMMONS

Der Blues.

Das ist, wo Amerikas schwarze Musik heute beginnt; das ist, wo sie herkommt, ihre Genesis und die Quelle ihrer Kreativität.

Der traditionelle zwölftaktige Blues: drei Zeilen über jeweils vier Takte, die zweite Zeile ist eine Wiederholung der ersten, die dritte enthält einen Reim am Ende, der die Strophe beschließt. Poetisch gesehen ist der Blues ein jambischer Pentameter; die rauhe Realität seiner Thematik dreht sich um Frauen und um Arbeit.

Gezogene Töne, Schleiftöne, Triller — alles, um die grundlegendsten Emotionen auszudrücken. Die kleine Terz und Septime der diatonischen Skala, später, im Bebop, auch die verminderte Quinte, bilden die grundlegenden blue notes.

Melodisch meist in Moll, harmonisch meist in Dur. Schlag einen Mollton an in einem Dur-Context, oder Moll und Dur zugleich, es ist immer noch der Blues. Es gibt acht- und sechzehntaktige Bluesformen, sogar einen zehntaktigen Blues mit vier Takten Intro, wie etwa Miles Davis' *Blue in Green**.

Urban Blues, städtischer Blues, das ist es hauptsächlich, was wir heutzutage hören; Blues, der das Leben selbst aus seinen schimmernden sprühenden Tönen herauskotzt, der echte Erfahrungen beschreibt und nicht schöne Träume. Vor ihm war der klassische Blues; mehr Folklore als Fakten, mehr auf reines Entertainment ausgerichtet, ländlich und „down home" in der Spielweise, als *Race Music* überaus populär, nicht nur bei Schwarzen, auch bei Weißen, wie es etwa Victoria Spivey war; von ihrer ersten Platte 1926, *Black Snake Blues,* wurden allein im Entstehungsjahr 150.000 Stück verkauft.

Blues wurde, wenn nicht gesungen, auf der Gitarre gespielt, einem Instrument überwiegend afrikanischen Ursprungs, dessen amerikanische Version das Banjo war. Und im alten New Orleans, wo sich der Jazz aus europäischen Quadrillen und afrikanischen Tänzen zusammenfügte, bekamen die Neger die Blech-, Rohrblatt- und Streichinstrumente des weißen Mannes in die Hand und adaptierten sie für ihr musikalisches Erbe. Das ist nicht überraschend; afrikanische Musiker benützten schon jahrhundertelang Instrumente dieser drei Kategorien, erzeugt aus ihren eigenen einheimischen Materialien.

Der Anfang des Blues liegt, natürlich, in der Zeit der Sklaverei.

Der Worksong war, in gewisser Weise, ein amerikanischer Calypso. Den weißen Plantagenbesitzern war alles überaus willkommen, was die Sklaven bei ihrer täglichen 12-stündigen Arbeit hielt. Und die Neger erhoben ihre Stimmen in jenem grundlegenden Ruf-und-Antwort-Muster, das so typisch für ihr musikalisches Erbe ist, und machten in ihren Texten gelegentlich ihrem eigenen „Blues" Luft, indem sie mehrdeutige Statements einfließen ließen.

Shouts und Field Hollers waren wie Klagelieder, beinahe wie Schlaflieder, wenn sie sanft für ein Kind in seiner Wiege gesungen wurden.

Dann waren da die Spirituals.

Vom religiösen Standpunkt war die einzige Rechtfertigung der Sklaverei, daß durch sie kulturell weniger bevorzugte Menschen zum Christentum bekehrt werden konnten. Aber die ausschließlich schwarzen Kirchen waren die einzigen Orte in Amerika, wo die Sklaven ein paar Augenblicke ohne weiße Bevormundung miteinander teilen konnten. Die Kirche lenkte ihre Gedanken, wenn auch nur kurzzeitig, von ihrer beklagenswerten Situation ab und verhieß ihnen die Erlösung von ihren Fesseln, wenn auch erst nach dem Tode.

Später kreierten die Neger „Rhythm-and-Blues", eine populärere und tanzbare Musik, die in jedem Sinn des Wortes vulgär war; schwarze Massenmusik, von

* Diese Nummer ist nur in der Gesamtstimmung „bluesy", aber eigentlich kein Blues

und für die Massen der schwarzen Bevölkerung. Back Beat, Triolen, hupende und kreischende Blasinstrumente; besonders die Saxophonisten schrien den Blues mit ihren Instrumenten, nicht mit ihren Stimmen hinaus. Und ausgerechnet einige englische Rockgruppen, Beatles, Rolling Stones, Moody Blues und andere, eigneten sich all dies an und unternahmen dann lukrative Amerikatourneen, brachten ihre weißgewaschene Version schwarzer Musik zurück in das Land ihrer Entstehung und ernteten die frenetische Begeisterung der Weißen, die sich kaum wirklich darüber klar waren, wo das alles herkam, aber spürten, daß es irgendwie verderbt und unanständig, überaus suggestiv, ungemein sexy war und daß man phantastisch danach tanzen konnte.

Die Quelle dieser Sounds ist und bleibt Afrika, wo das Musikmachen nicht notwendigerweise einem ästhetischen oder gar kommerziellen Bestreben unterliegt, sondern ein integrierender Bestandteil des Lebens ist; geboren werden, aufwachsen, leben, sterben. Alle bedeutsamen Ereignisse sind undenkbar ohne die dazugehörige Musik; die Geburt eines Kindes, weibliche Pubertätsriten, der Brautkauf, eine reiche Ernte. Gelegentlich auch ein Anklang von politischem Realismus, wie man ihn wahrscheinlich nirgendwo sonst findet: der Stamm der Banun in Kamerun hat ein eigenes Lied zum Gedenken an die öffentliche Hinrichtung eines Ministers der Regierung.

Die musikalischen Konzepte Afrikas haben mit formalistischen europäischen Musiktheorien wenig zu tun; viel eher mit der indischen Musik: pentatonische Skalen, manchmal auch diatonische, melodischer Einfallsreichtum, kleinere Tonschritte als Halbtöne — Vierteltöne und noch kleinere — und polyrhythmische Perkussionsimprovisationen, die einen Meisterdrummer erfordern, der Dutzende schwieriger Rhythmen erlernen muß, bevor ihm erlaubt wird, die Band zu „führen“.

Aber die Instrumente dienen in erster Linie der Begleitung, denn in der afrikanischen Musik zählt die Stimme am meisten; nicht so sehr die Solostimme, sondern der Chor, wie es einer kommunal orientierten Kultur entspricht. Der Chor verwendet parallele melodische Linien im Abstand einer Terz, Quart, Quinte oder Oktave über oder unter der Melodie. Sie singen manchmal um den Beat herum, verschieben Akzente, um Polyrhythmen zu denen der Drummer zu schaffen; diese wieder überlagern selbst oft Dreier- und Viererrhythmen oder erzeugen noch kompliziertere Unterteilungen der rhythmischen Grundstruktur.

Afrikanische Musik ist, so wie die Sprachen, nach der menschlichen Stimme ausgerichtet. Der Chorleiter — manchmal sind es auch zwei oder drei — „spricht“ zum Chor, wobei er nicht so sehr auf Skalen oder Tonalität achtet, sondern auf Klang und Feeling der Worte und wie sie zu den melodischen Linien passen. Er führt und sie folgen, in einer A und B-Form, einem Call-and-Response-Muster, jedem vertraut, der einmal der Basie Band zugehört hat, selbst an einem schlechten Abend. Es ist eine Relation, die man auch in vielen Spirituals antrifft. Eine Studie von M. Kolinski weist zum Beispiel nach, daß 36 Spirituals identisch mit westafrikanischen Liedern sind und ihre einleitenden Rhythmen in allen Fällen bis auf zwei Ausnahmen der Musik entsprechen, die in Ghana und Dahomey heute noch gesungen wird.

Hinter den Sängern treibt der Meisterdrummer den Rhythmus voran, schafft den Rahmen, innerhalb dessen sich die anderen Musiker bewegen und von dem aus sie ihre gegenseitigen Beziehungen determinieren können. Afrikaner werden von Kindheit an dazu erzogen, ihr natürliches metronomisches Gefühl auszubilden. Wer jemals das *Ballet Africains* auf einer seiner vielen Tourneen sieht, begreift den ursprünglichen Zusammenhang zwischen Gesang und Tanz in der afrikanischen Kultur.

Die Drummer ,,sprechen" zu den Leuten und versorgen zugleich die Sänger und Tänzer mit dem elementaren Beat. Afrikanische Perkussionsinstrumente können in der Tonhöhe verändert werden, um sie dem Klang der menschlichen Stimme anzunähern und mit den Modulationen der Sprache zu harmonieren. Wer den nigerianischen Musiker Babatunde Olatunji kennt, der kennt auch den Sound der ,,talking drum", aus der mit einem gekrümmten Stock, ähnlich einem Hirtenstab, komplizierte Rhythmen von äußerst ,,vokalem" Charakter herausgeholt werden. Es gibt auch noch andere Spielarten der ,,sprechenden Trommel", besonders solche, die auf einer Seite eine tiefe (männliche) und auf der anderen eine hohe (weibliche) Stimme haben.

Technisch gesehen, gibt es vier Kategorien in der afrikanischen Instrumentation:

Idiophone (Körperschall): Xylophone, Glocken, Trommeln.
Membranophone (vibrierende Membranen): Trompeten, Trommeln.
Aerophone (vibrierende Luftsäulen): Flöten, Oboen.
Chordophone (vibrierende Saiten): Gitarren, Violinen.

Sie sind direkt verwandt mit den europäischen Instrumentenkategorien Perkussion, Blechbläser, Holzbläser und Streicher.

Aber die Afrikaner verfügen über Subtilitäten, die uns kaum zu Gebote stehen; sie verwenden etwa den Körper selbst als Perkussionsinstrument, indem sie sich auf die Brust schlagen, auf die Schädeldecke klopfen und jene ,,click sounds" erzeugen, die durch Miriam Makeba vom Stamme der Xhosa in Südafrika berühmt geworden sind.

Und so kam der Blues von Afrika nach Amerika, und er behielt seine schwarze Färbung.

Macht eure Neger fröhlich und heiter, laßt sie tanzen zum Rhythmus der Trommel!

EIN LONDONER SKLAVENHÄNDLER

John Coltrane, Franklin Brower und James Kinzer hatten alle innerhalb von 30 Tagen Geburtstag, aber John war ein Jahr jünger als seine Kumpel und mußte daher nicht wie sie befürchten, im herannahenden Herbst 1943 zum Militär einberufen zu werden.

Sie waren nach Philadelphia gegangen, weil High Point keinem von ihnen Möglichkeiten bot. Franklin fand ein Zimmer im selben Haus, in dem sein Bruder George wohnte; das war schon vorher arrangiert worden, aber John und James waren zunächst ohne Bleibe. Die Lösung kam durch Franklins Tante Mae Hillman, die in der North 12th Street wohnte und von einem freien Appartement in ihrem Haus wußte. John und James zogen dort ein.

Brower fand einen Ziviljob bei der U. S.-Fernmeldetruppe, Coltrane wurde Arbeiter in einer Zuckerraffinerie und Kinzer ging als Verkäufer in einen Kolonialwarenladen. Keiner der Jobs war etwas Besonderes, aber sie verdienten Geld, traten auf der Stelle und warteten auf das Ende des zweiten Weltkrieges, um endlich Entscheidungen für ihre Zukunft treffen zu können.

Im November 1943 kam James vor die Musterungskommission, wurde für tauglich erklärt und eingezogen. Bei Franklin dagegen diagnostizierte man Schilddrüsenüberfunktion, ein Zustand, der ihm nie bewußt gewesen war, weil er keinerlei Beschwerden verursachte, und erklärte ihn für untauglich, worüber er keineswegs böse war. Nachdem er Inhaber eines Stipendiums von der William Penn High School war, immatrikulierte Franklin an der Temple University, belegte das Fach Publizistik und schloß seine Studien 1947 erfolgreich ab. Anschließend arbeitete er bei der Zeitung *Afro American* in Philadelphia; ein paar Jahre später sollte er es sein, der den ersten Artikel über John Coltrane als Musiker schrieb.

Im Juni 1944 tauchte Cousine Mary nach ihrem High School-Abschluß in Philadelphia auf und nachdem Kinzer immer noch bei der Armee war, zog sie zu John. Mrs. Coltrane, nach wie vor in Atlantic City beschäftigt, kam ein- oder zweimal im Monat auf Besuch und wenn es auch noch einige Jahre dauern sollte, bis sie wieder mit ihrem Sohn zusammenlebte, fühlte John, auch wenn sie nicht da war, ihre Anwesenheit, ganz so wie früher, als sie ihm Süßkartoffelkuchen gebacken und ihn ermahnt hatte, jede Nacht vor dem Zubettgehen in der Bibel zu lesen.

Denn seine Mutter war und blieb eine beherrschende Frau in John Coltranes Leben. Seine häufigen Besuche, die er ihr abstattete, später, als er in New York lebte, zeigten, daß er die enge und vertraute Beziehung zu ihr, in der es keine Geheimnisse gab, Zeit seines Lebens aufrecht erhielt.

Er war mit Abstand mein bester Student. Ich arbeitete für die jungen Leute komplizierte Akkordprogressionen und schwierige Übungen unter Verwendung der chromatischen Skala aus und er gehörte zu den ganz wenigen, die schon am nächsten Tag ihre Hausübungen fertig hatten; er spielte sie fehlerlos vom Blatt. Es war erstaunlich, wie er alles aufsog, was ich ihm beibrachte; er verlangte immer noch mehr.

MIKE GUERRA

Ein paar Monate nach John Coltranes Ankunft in Philadelphia ging er als Student an die Ornstein School of Music, eines der besseren musikpädagogischen Institute der Stadt. Es lag an der Ecke 19th und Spruce Street und sein Begründer war Leo Ornstein, ein Pianist, der seinerzeit bei Paderewski studiert hatte.

Von seiner Mutter bekam er als verfrühtes Geburtstagsgeschenk ein gebrauchtes Altsaxophon in annehmbarem Zustand und nahm in der Ornstein-Schule Unterricht im Saxophonspiel bei Mike Guerra. Dieser, ein gewandter kleiner Mann mit gewelltem schwarzem Haar und ausdrucksvoller Gestik, war damals 56 und hinter ihm lagen mehr als 20 Jahre Erfahrung als Musiker und Lehrer. Ursprünglich Klarinettist, spielte er schließlich Alt- und Tenorsaxophon in den Orchestern der Schubert-Theater in Philadelphia, wo Musicals dargeboten wurden. Seine Freunde nannten ihn den „Saxophonisten wider Willen", denn es hatte einiger Überredungskünste bedurft, bis er von seiner geliebten Klarinette zum Saxophon wechselte. Aber die Saxophonsätze waren an die Stelle der Klarinetten getreten und für einen reedman hieß es einfach umsteigen oder verhungern.

Coltrane behielt seinen Job in der Zuckerraffinerie, während er etwa ein Jahr lang bei Guerra studierte. Einer seiner Kollegen war Bill Barron aus Philadelphia, der sich gerade seine Technik auf dem Tenorsaxophon aneignete. Barron war gleich groß wie John, aber von stämmig-robustem Körperbau und besaß eine volltönende Baßstimme, die für Radiowerbung sehr geeignet gewesen wäre — mit einem solchen Job hätte er sicher mehr Geld verdient, aber viel weniger Spaß gehabt. Er sah, selbst aus nächster Nähe, dem Schlagzeuger Max Roach verblüffend ähnlich.

Als sie einander kennenlernten, fragte er:

„Du bist John Coltrane? Aus North Carolina?"

„Ja", erwiderte John erstaunt.

„Ich bin mit den Carolina Cotton Pickers durch den Süden getourt. Hast du je von ihnen gehört?"

John verneinte. Wie er erfuhr, waren die Pickers eine Territory Band aus Indianapolis, die in Tanzlokalen und Clubs im Süden und mittleren Westen auftrat. Bill war in Philadelphia zu ihnen gestoßen, als ein Tenorist ausfiel. Der Stil der Band beruhte auf dem Blues, ähnlich wie bei Jay McShann aus Kansas City, dem Nest, aus dem Bird ausgeflogen war.

In seiner ruhigen aber beharrlichen Art fragte Coltrane Barron über die Band aus. Besonders interessiert schien er am Bandbook zu sein, vor allem, was das Tenorsaxophon betraf. Es war, als ob er schon ahnte, daß er später selbst zu dem größeren Horn greifen würde.

Sie wurden Freunde; Bill kam in Johns Appartement und John besuchte Bill in der elterlichen Wohnung. Meist sprachen sie über Musik, diskutierten über die verschiedenen Sounds von Alt- und Tenorsaxophon, besonders über jenen Teil des Tonumfanges, den beide Instrumente gemeinsam haben.

Aber diese Unterhaltungen endeten plötzlich, ähnlich wie die mit Kinzer, durch das Eingreifen Uncle Sams, denn im Sommer 1944 wurde Bill Barron zur Armee eingezogen.

John lümmelte immer in einem Polstersessel in unserem Wohnzimmer, ein Bein baumelte über die Armlehne und das Saxophon ruhte auf der Polsterung. Ich spielte Akkorde auf dem Klavier und er legte sofort los. Dann wechselten wir Platz und John spielte Klavier; das muß er sich selbst irgendwann beigebracht haben. Aber schon damals konnte ich hören, daß er über Harmonien gut Bescheid wußte.

BENNY GOLSON

Das Saxophon ist ein eigenständiges Instrument und muß als solches unterrichtet werden, mit der gleichen Seriosität wie jedes andere Konzertinstrument.

FRED HEMKE

Antoine Joseph Adolphe Sax wurde in Dinant/Belgien am 6. November 1817 geboren, nur sieben Monate nach der Abdankung Napoleons. Sein Vater Charles Joseph Sax war Instrumentenmacher und verbrachte den Großteil seines beruflichen Lebens damit, die Baßklarinette zu perfektionieren. Adolphe trat in die Fußstapfen seines Vaters und gab diesem Instrument schließlich den letzten

Schliff. Die Baßklarinette fand Verwendung in der Klassik und der Marschmusik; erst 150 Jahre nach Sax' Geburt sollte Eric Dolphy, ein enger Freund Coltranes, ein Jazzinstrument aus ihr machen.

Adolphe Sax studierte am Brüsseler Konservatorium Klarinette und Flöte, die Klarinette blieb für sein ganzes Leben das bevorzugte Instrument. Es ist anzunehmen, daß es nicht seine Absicht war, durch seine Experimente ein neues Horn zu kreieren und seinen Namen damit unsterblich zu machen; was er im Sinne hatte, war, die tonlichen Qualitäten der Klarinette zu verbessern. 1842 übersiedelte er nach Paris; dort entwickelte er zunächst zwei Instrumente, die kein langes Leben hatten: das Saxhorn, bald durch das Signalhorn ersetzt, und die Saxotromba, ein unpraktisches vertikales Instrument, das sich bei den Marschkapellen nicht durchsetzen konnte.

Sax ließ sich nicht entmutigen; er überlegte und bastelte weiter, bis er schließlich das Saxophon erfand, das er am 22. Juni 1846 patentieren ließ. Er sicherte sich das Monopol, aber weil er wie viele Künstler und Handwerksmeister keine glückliche Hand für Geschäfte besaß, ging er 1852 bankrott. Jedoch bald war er wieder auf den Beinen und zeigte seine Instrumente 1855 auf der Gewerbeausstellung in Paris, wo er eine Goldmedaille erhielt. 1859, als die Stimmung der Instrumente reformiert wurde, mußte jede Band in Frankreich neue Blasinstrumente anschaffen. Sie kauften Saxophone und machten Adolphe Sax zum musikalischen Monopolisten.

Ein zweites Mal erlitt er geschäftlichen Schiffbruch und verarmte soweit, daß er gezwungen war, seine Sammlung von Instrumenten im Dezember 1877 zu versteigern. Am 4. Februar 1894 starb Sax in völliger Armut; keine Saxophone wurden an seinem Grab gespielt.

Jedoch Sax hatte nicht nur ein Instrument geschaffen, sondern eine ganze Familie. Die Saxophone sind in Relation zum Umfang der menschlichen Stimme strukturiert. Die meisten Leute meinen, wenn sie vom Saxophon sprechen, das Alt- oder Tenorsaxophon; wer sich mit Bigbands beschäftigt, kennt auch das Baritonsaxophon. Zusammen mit dem Sopransaxophon, das seine derzeitige Popularität John Coltrane und seinem Vorgänger Sidney Bechet verdankt, sind diese Instrumente nun einigermaßen bekannt. Es gibt auch ein Baßsaxophon, ein schwerfälliges Monstrum, das etwa die verstorbenen Bandleader Stan Kenton und Johnny Richards in den reed-sections einsetzten, um diesen mehr Tiefe zu verleihen.

Saxophone sind transponierende Instrumente; insgesamt gibt es sieben verschiedene von ihnen und wer eines spielen kann, der kann auch alle anderen spielen. Alt und Bariton sind in Es gestimmt, Tenor, Sopran und Baß in B. Die beiden restlichen Mitglieder der Saxophonfamilie sind das Es-Sopranino und das B-Kontrabaßsaxophon, das nicht nur einen exzellenten Ansatz, sondern auch die Muskeln eines Gewichthebers erfordert.

Der Tonumfang reicht bei der gesamten Familie von B bis zu F'''. Durch die Technik des Überblasens kann man Naturtonskalen produzieren, die eine Oktave bzw. eine Quinte höher liegen. Die Bestandteile des Instruments sind Schallbecher, Korpus, Bogen, Klappen, Mundstück, Ligatur und Rohrblatt. Alle Saxophone werden an einem Halsriemen befestigt, außer dem Sopran.

Seit etwa 1920 wird das Saxophon in Amerika in größerem Umfang eingesetzt, und seit damals ist es mehrmals umkonstruiert worden, in erster Linie, um die Stimmung zu verbessern. Nach Angaben der Firma Selmer fand die letzte Änderung 1954 mit der Einführung des Modells Mark VI statt; dieses Horn spielte John Coltrane vermutlich, als er im darauffolgenden Jahr Mitglied der Miles Davis-Gruppe wurde.*

Gemessen an anderen Instrumenten ist das Saxophon also relativ jung; nicht sehr viel älter als ein Jahrhundert. Seine erste bekanntgewordene Verwendung in Amerika war 1905 im Orchester von Will Marion Cook. Danach trat es erst wieder nach dem ersten Weltkrieg in Erscheinung, vor allem im Vaudeville-Bereich. Ein Beispiel war das Saxophonsextett „Six Brown Brothers", das in Clownkostümen auftrat und Kompositionen wie *Chasin' the Chickens* und *That Moaning Saxophone Rag* zum Besten gab. Um 1919 machte sich ein Mann namens Rudy Wiedoeft** einen Namen auf dem C-Melody Sax, einem Mittelding zwischen Alt und Tenor; er wurde auf Plakaten als der „Kreisler des Saxophons" angekündigt. Aber erst 1939 gelang es Coleman Hawkins, durch seine monumentale Plattenaufnahme von *Body and Soul* aus dem Saxophon ein eigenständiges Soloinstrument zu machen, das die Trompete als führendes Blasinstrument in Jazz und Unterhaltungsmusik entthronen sollte.

In der klassischen Musik verwendete Hector Berlioz, ein Meister musikalischer Farbgebung, das Instrument für seine *Hymne Sacre,* die 1844 uraufgeführt wurde, heute aber verlorengegangen ist. Das vermutlich bekannteste klassische Saxophonsolo ist in Maurice Ravels *Bolero* enthalten. Ferner gibt es noch Jacques Iberts *Concertino da Camera für Altsaxophon und elf Instrumente* und ein winselndes keuchendes übertriebenes Tenorsaxophonsolo in Sergej Prokofievs Suite *Leutnant Kije.*

Ein gelehrter Wälzer mit dem Titel *Kompositionen für Saxophon* zählt noch mehr als 2000 weitere Werke auf, vorwiegend aus dem Bereich der Klassik und der Marschmusik, jedoch auch aus der Feder von überraschend zeitgenössischen Komponisten, die normalerweise nicht mit Jazz assoziiert werden; etwa Elliot Carters *Prelude, Fanfare and Polka,* Darius Milhauds wohlbekannte *Creation du Monde,* das *Quartett* von Heitor Villa-Lobos sowie die Kompositionen *After Water* und *The World Beneath the Sea* von Alan Hovhaness. Aus den Werken der mehr jazzbeeinflußten Komponisten ragen David Amrams *Trio,* Teo Maceros *Exploration* und Michel Legrands *Porcelain Saxophone* heraus.

Das ist, in konzentrierter Form, die Geschichte des Saxophons, bevor die Geschichte von John Coltrane weitergeht, um die Zusammenhänge zwischen beiden zu verdeutlichen.

Sonny Rollins ging auf die Brücke zum Üben, ich ging in den Park, aber Coltrane machte es zu Hause.

HANK MOBLEY

Ein Abend im Jahre 1943. John sitzt nach der Arbeit im Schlafzimmer seiner Wohnung in Philadelphia.

Er hat gegessen, er ist relaxed, nun ist es Zeit, zu üben. Er beginnt mit den methodischen Vorbereitungen, um einige Töne, vielleicht einige Akkorde, hervorzubringen, präzise nach seinem Übungsbuch.

* Selmer hat seit 1954 zwei neue Modelle herausgebracht

** siehe auch Ross Russell: BIRD LEBT, erschienen im selben Verlag

Zuerst das Rohrblatt.

John verwendet ein Rico Nr. 2½, das Richtige für einen Anfänger. Das Rohr, aus dem es gemacht ist, hat eine tiefgelbe Farbe, mit einem dunklen Mittelstück. Er nimmt das Blatt und schleift es vorsichtig zu, von einem Punkt ausgehend, der etwa ein Drittel von der Kante entfernt liegt; anschließend hält er es zur Kontrolle gegen das Licht und schließlich befestigt er es am Mundstück.

Behutsam zieht er die beiden Schrauben der Ligatur an; sie müssen das Blatt gegen das Mundstück halten, fest, aber nicht zu fest, damit es nicht verdreht wird oder gar bricht. Das Mundstück steckt er wieder auf den Bogen seines Horns, der zunächst in einem Winkel von 90 Grad zum Schallbecher steht und dann in die richtige Position gebracht wird. Damit ist das Saxophon wieder komplett.

Auch Johns Mundstück ist für Anfänger geeignet, ein Nr. 4, das wenig Kraft verlangt, damit die Lungen nicht zu früh überanstrengt werden. Natürlich wird er später mit einem offeneren Mundstück und einem härteren Rohrblatt arbeiten, aber seine derzeitige Ausrüstung genügt für die Zeit des Einarbeitens.

Er legt das Horn zur Seite und nimmt das Übungsbuch zur Hand. Er wählt eine einfache Skalenübung, eine, die der Entwicklung der Geläufigkeit dient, wenn man sie Ton für Ton übt, bis sie genau richtig klingt. Das Buch legt er auf den Ankleidetisch, ein Briefbeschwerer hält die richtige Seite offen.

Als nächstes streift er den Halteriemen über. Nun kann das zärtlich polierte und sorgsam gereinigte Saxophon zu einer Erweiterung seiner Gedanken, seiner Persönlichkeit, seiner Gefühle, seiner Träume werden. Er hält es leicht auf die rechte Seite geneigt, aber im Abstand parallel zu seinem mageren geschmeidigen Körper, während er wieder zum Ankleidetisch zurückgeht. Sein rechter Daumen hakt sich in die Daumenstütze, seine Finger liebkosen die Knöpfe der Klappen.

Alles ist in Bereitschaft, alles ist an seinem Platz.

Er beginnt zu atmen.

Die Luft strömt von seinem Zwerchfell herauf, seine Unterlippe und seine oberen Schneidezähne halten das Mundstück. Der Ansatz ähnelt dem für die Klarinette, wenn er auch nicht ganz so fest ist, aber das Alt hat eine wesentlich größere Luftsäule und benötigt daher auch mehr Kraft. John braucht noch eine Extraportion davon, um das Rohrblatt vibrieren zu lassen und jenen schimmernden Legato-Sound aus seinem Horn herauszuholen, den er so sehr am Spiel von Johnny Hodges bewundert.

Die Töne strömen heraus.

Er hört sie, während er spielt. Seine Finger betätigen die Klappen, die eine oder andere verklebt sich manchmal, aber bei einem gebrauchten Instrument ist das kaum zu vermeiden. Die Finger sind in Ordnung, das weiß er, aber er sorgt sich um den Druck in seinem Mund, die Verspannungen in der Röhre, die sein Mund über dem Mundstück formen muß, damit die Töne richtig herauskommen.

Ein Quietscher!

Seufzend setzt er das Saxophon ab und überprüft das Rohrblatt. Es sieht gut aus, aber man kann nicht wissen.

Er löst das Horn von dem Halsriemen, nimmt das Mundstück ab und beginnt erneut, das Blatt zu bearbeiten. Vielleicht genügt es jetzt. Das ist schon das dritte Blatt in dieser Woche, sie halten nicht lange, darum kauft er immer gleich eine ganze Box.

Wieder ist das Horn zusammengesetzt und in seinem Mund verankert, die Finger sind an ihrem Platz.

Als die Töne aus dem Schallbecher quellen und in der Einsamkeit seines Zimmers auf- und abschweben, kann er deutlich hören, daß der Sound besser geworden ist, daß er sich der flüssigen Leuchtkraft seines Idols genähert hat.

Übung macht den Meister, sagt man.

Aber John Coltrane kümmert sich nicht so sehr um das, was *man* sagt.

Er weiß nur eines: noch nie hat ihn etwas in seinem bisherigen Leben so total betroffen, ihm ein solches Gefühl der Freiheit vermittelt, wie wenn er sein Saxophon in den Mund schiebt und es in den Händen hält, wie eine Geliebte.

Auch wenn die Musik, die er kreiert, vorläufig nur für seine eigenen Ohren ist.

1945 wurde John Coltrane zur Marine einberufen, wo offensichtlich die Logik über die Sturheit triumphierte, denn als sich herausstellte, daß er ein angehender Musiker war, verpflichtete man ihn zum Musikcorps.

Er wurde nach Hawaii gebracht, spielte Klarinette in Marsch- und Tanzkapellen und fand nebenbei immer noch Zeit, auf dem Saxophon zu üben. Als er im Juni 1946 entlassen wurde, hatte er tausende Stunden auf der Klarinette hinter sich, einem Instrument, das er immer noch gerne mochte, aber lange nicht so sehr wie das gewichtiger klingende Saxophon.

Und das Saxophon war es, mit dem er nach seiner Rückkehr nach Philadelphia seinen ersten Job als Musiker antrat, in einer Cocktail-Combo, die außer seinem Saxophon noch aus Orgel und Schlagzeug bestand. Seine Gewerkschaftslizenz bekam er erst später; diese Dinge brauchten gewöhnlich ihre Zeit.

Ich lernte John erst wirklich kennen, als er im Sommer nach Wilwood/New Jersey kam, einem Ferienort am Meer, wo ich einen Sommergig hatte. John und eine Gruppe junger Musiker aus Philadelphia brachten an den Wochenenden immer Platten von Charlie Parker mit und diskutierten die Musik mit mir und meinen Kollegen. Am späteren Abend stiegen sie dann bei uns ein.

BILL BARRON

Auf der High School kannte ich einen Altsaxophonisten namens Cunningham — wir riefen uns immer beim Familiennamen, das ist ein alter Brauch unter Schwarzen — und der sagte zu mir: „Da ist ein neuer Typ in der Stadt, ein gewisser Coltrane, der spielt Alt, und den solltest du dir einmal anhören, der ist etwas Besonderes.“ Ich sagte ja, ich würde es tun, und dann vergaß ich das ganze wieder, bis Cunningham mich eines Tages besuchte und John Coltrane mitbrachte. John hatte sein Altsaxophon dabei und spielte mit einem üppigem exquisiten Sound, wie ich ihn noch nie zuvor gehört hatte, größer und mächtiger als Johnny Hodges. Er spielte ***On the Sunny Side of the Street,*** **eine Nummer, die Hodges auch oft spielte, und es klang so wundervoll, daß meine Mutter ganz begeistert war; das nächste Mal, als John zu uns kam, bat sie ihn gleich, dieses Lied noch einmal zu spielen.**

BENNY GOLSON

John Coltrane hörte nicht viel echte schwarze Musik, bevor er nach Philadelphia übersiedelte. Als er von seinem Intermezzo bei der Marine zurückkam und wieder im Herzen des Ghettos an der North Side lebte, hörte und spielte er mehr Rhythm-and-Blues als irgendetwas sonst.

Der Krieg war vorüber, nun kam die Zeit, die Guthaben einzulösen und das Leben ein wenig, oder auch mehr, zu genießen. Charlie Parker und Dizzy Gillespie machten den Bebop zu einer schwarzen Nationalhymne, aber für die meisten Weißen und vermutlich auch für viele Schwarze war Jazz nach wie vor etwas, zu dem man in erster Linie tanzte und später vielleicht irgendwann auch zuhörte. Sie meinten damit die rauhen, erdigen, kreischenden Klänge des Rhythm-and-Blues. Wenn man aber ein überragender Musiker werden sollte, genügte es nicht, allein zu üben, man mußte auch mit anderen zusammenspielen, und wenn man sich nur mit Rhythm-and-Blues Geld fürs Wohnen und Essen verdienen konnte und man überdies noch schwarz war, dann spielte man eben Rhythm-and-Blues, basta.

John spielte, wann immer und mit wem immer er konnte: in den Bands von King Kolax und Joe Webb, mit Organisten vom Range eines Jimmy Smith oder einer Shirley Scott oder als Begleiter von Sängerinnen wie Big Maybelle, die von seinem Sound so begeistert war, daß sie jedes Mal, wenn sie in der Stadt auftrat, nach John fragte.

Er setzte auch seine Studien bei Mike Guerra an der Ornstein School fort.

Auch James Kinzer war vom Militärdienst zurück und wohnte wieder mit John in dem Apartement in der 12th Street zusammen. Wieder fand er Arbeit im Lebensmittelhandel, der Branche, der er sein Leben lang treu bleiben sollte. Franklin Brower war immer noch in Temple und kam gelegentlich vorbei, um mit seinen alten Kumpels aus High Point zu plaudern. Auch Bill Barron und Benny Golson wurden enge Freunde von Coltrane: so oft es möglich war, spielten die drei miteinander, wenn nicht für Geld, dann zum Vergnügen.

Ihre Operationsbasis war ein kleiner Club nahe von Johns Wohnung. In der Nachbarschaft gab es viele dieser kleinen Bars, wo drei- oder vierköpfige Bands spielten, meist für Drinks oder wenig Geld, hauptsächlich, um ihre musikalischen Ideen zusammen mit Gleichgesinnten öffentlich darbieten zu können. Die drei hörten Jimmy Oliver zu, einem rauhtönigen Tenoristen, der seinen Spitznamen „Little Bad Man*" nicht ohne Grund bekommen hatte: durch seine Grifftechnik schossen die Töne fast so schnell wie die Geschosse eines Maschinengewehrs aus seinem Instrument. John begann darüber nachzudenken, wie er seine eigene Fähigkeit, schnell zu spielen, verbessern könnte.

Für seine Freunde war er immer noch Coltrane, noch nicht Trane. Aber in Philly bedeuteten Spitznamen mehr als die wirklichen Namen, und bald wurde John von irgendwem „The Swinging One" und Bill „The Weird One" getauft. Benny nannten sie „Professor", und so wirkte er auch, mit seiner präzisen Diktion, seinen wohlgebügelten Anzügen, dem niedlichen Schnurrbart und den Brillen in zweifärbiger Fassung.

Coltrane übte weiterhin fleißig. Einmal beobachtete Barron, wie John lautlos übte; er bewegte seine Finger, blies aber nicht in das Mundstück. „John war intuitiv auf etwas gestoßen, das die Psychologen unter großen Mühen entwickel-

* im Slang der schwarzen Ghettos haben Worte oft die genau entgegengesetzte Bedeutung: *bad* heißt hier nicht schlecht, sondern (besonders) gut

ten. Es ist die Arbeit mit der Kinetik, die Muskelbewegungen, die ein so wichtiger Teil der Finger- und Handkoordination sind.“

Eines Abends nahm Benny Golson John Coltrane mit, um Charlie Parker zu hören.

Das stimmt nicht ganz, denn eigentlich gingen die beiden in die Academy of Music Ecke Locust und Broad Street, um Dizzy Gillespie zu hören, dessen Musik ihnen vertrauter war als die Birds, aber Bird spielte mit Gillespie. Sie hatten die billigsten Plätze, in der vorletzten Reihe der obersten Galerie. Und dann geschah es. Benny Golson erzählt: „Dieser kleine gedrungene Typ kam auf die Bühne, in einem Nadelstreifanzug. In geduckter Stellung begann er sein Altsaxophon zu spielen. John saß einfach da und saugte alles ein. Im ganzen Saal sprangen die Leute auf, schrieen, klatschten in die Hände und stampften mit den Füßen. Stell dir vor, ein Saxophonist zu sein und diese Art von Musik noch nie gehört zu haben!“

Nach der Show gingen die beiden jungen Saxophonisten hinter die Bühne, um ein Autogramm von Charlie Parker zu ergattern. Viele waren schon vor ihnen mit dem gleichen Wunsch gekommen, sie standen in einer langen Warteschlange und Benny reihte sich sofort ein. John nicht; er stand in einer Ecke und seinen Augen entging nichts. Er starrte Parker an, als könne er dadurch auf übersinnliche Weise dessen Kunst auf dem Saxophon absorbieren.

Endlich schrieb Bird sein letztes Autogramm, sah um sich und gewahrte Coltrane, der seinen Kopf hob und den Älteren direkt anblickte. Nur für einen kurzen Moment trafen sich ihre Augen, dann senkte John seinen Blick wieder zu Boden und schwieg, bis Parker überschwenglich rief: „Nun, junger Mann, du bist kein Hühnchen, also werde ich dich nicht verspeisen, und du bist auch kein Saxophon, also werde ich nicht auf dir spielen. Was möchtest du von mir?“

Natürlich war ein wenig „put-on“ enthalten in dem, was Parker sagte, aber in erster Linie war er neugierig auf diesen offensichtlich scheuen Burschen, der so lange hier herumhing und nichts von sich gab, ganz so, als wäre er zufrieden mit der bloßen Gegenwart des Meistersaxophonisten und bereit, auch noch länger herumzustehen, bloß um Bird nahe zu sein.

Parker fühlte das und war gerührt; er legte seinen Arm um Johns Schulter und fragte: „Spielst du ein Instrument, mein hübscher junger Freund?“

Golson, der geduldig auf seinen Freund gewartet hatte, hielt das für den richtigen Augenblick, sich einzuschalten. „Er spielt Altsaxophon“, sagte er, und setzte nach einer Pause hinzu, „und zwar sehr gut!“

Parker blickte auf ihn: „Und wer bist du? Sein großer Bruder?“

Golson wußte genug von Birds Ruf, um das Ernsthafte vom Leichtfertigen unterscheiden zu können und erzählte ihm alles über John und sich.

Parker lachte kehlig und meinte: „Das nächste Mal, wenn ich nach Philadelphia komme, möchte ich euch spielen hören.“ Er warf einen Blick auf seine Uhr. „Aber jetzt muß ich gehen, Dizzy möchte mich drüben zu einem Barbecue.“ Er kicherte. „Als Gast, natürlich, nicht als Hauptspeise!“ Zu Coltrane gewendet, fragte er noch: „Und wie ist eigentlich dein Name, mein Freund?“

Zum ersten Mal öffnete John seinen Mund und sagte: „John Coltrane.“

Bird bat ihn, das zu wiederholen, dann, es zu buchstabieren; John tat es. Dann gab Charlie Parker erneut eines seiner berühmten Gelächter von sich. Er wandte sich zum Gehen, blickte noch einmal auf die beiden zurück, zwinkerte

Coltrane zu und meinte: ,,Dein Name gefällt mir. Er erinnert mich irgendwie an köstliche englische Muffins*".

When it comes to getting summer
I get me such a pretty tan
You can hear those women holler
Where can I find that clean-headed man?

EDDIE ,,CLEANHEAD" VINSON

Eddie ,,Cleanhead" Vinson, der auch Mr. Clean genannt wurde, Dekaden vor dem gleichnamigen Waschmittel, kam aus Houston, Texas. Er spielte Altsaxophon, unter anderem bei Cootie Williams, bevor er 1947 mit seiner eigenen Band, in der John Coltrane Tenorsaxophon spielte, auf Tour ging.

Stets elegant gekleidet und von höflichen Umgangsformen, verlor Cleanhead im zarten Alter von 20 so gut wie sein gesamtes Kopfhaar. ,,Zu viel Haarglättungsmittel", erzählte er Malcolm X, der damals noch als Detroit Red bekannt war und sein eigenes Haar daraufhin natürlich-gekraust wachsen ließ. Und nachdem er sowohl Toupés als auch Hüte haßte, ließ Eddie sich (eine Generation vor Yul Brynner) seinen Kopf kahl rasieren.

Sein Saxophonstil ist eine verblüffende Mischung aus Blues und Bop, wobei letzteres direkt auf Charlie Parker zurückzuführen ist. Denn 1939, als Cleanhead mit der Milt Larkin Band auf Tournee war, hörte er in Shreveport, Louisiana, zum ersten Mal den jungen Bird, der dort mit Jay Mc Shann spielte. Nach dem Job gab es die übliche spätnächtliche Jam Session, bei der Vinson alle anwesenden Kollegen an die Wand spielte, so lange, bis plötzlich ,,dieser Knabe mit seinem Altsaxophon auf der Bühne erschien und begann, die wildesten Dinge zu blasen, die ich in meinem Leben gehört hatte. Er spielte mich an die Wand, er schnitt mich einfach in Stücke!" Parker war damals gerade 19. Vinson legte ihm daraufhin den Arm um die Schulter und sagte: ,,Junger Mann, du kommst mir hier nicht weg, bevor du mir gezeigt hast, wie du diese Sachen aus deinem Horn herausholst!"

Genau das tat Bird, die ganze Nacht und den folgenden Vormittag.

Einige Jahre später, 1947, kam Vinson durch Philadelphia, auf der Suche nach Musikern für seine neue Band. Sein Spiel klang sehr nach Bird und er hielt besonders Ausschau nach einem Saxophonisten, der auch à la Parker spielen konnte. In der Gewerkschaftshalle stieß er auf Coltrane, der gerade mit Red Garland übte, einem texanischen Pianisten aus Dallas, bekannt für die dichte komplexe Textur seiner Blockakkorde und sein fehlerloses Begleitspiel. Coltranes Sound gefiel Vinson überaus, aber da war ein Problem: in seiner Band war nur für ein Altsaxophon Platz, und das spielte er selbst.

,,Hey", sagte er zu John, ,,möchtest du in meiner Band Tenorsaxophon spielen?"

John zögerte. Nicht, daß er das Tenor nicht mochte; gerade jetzt studierte er mit großem Interesse die leichte Legatophrasierung Lester Youngs, aber er war ein Altsaxophonist, das war sein Instrument. Er zögerte so lange, bis Cleanhead sagte: ,,Paß auf, Johnny, ich kaufe für dich ein Tenorinstrument. Du wirst

* Gebäck

genug Gelegenheit haben, zum Jammen zu gehen, da kannst du dann auf deinem Alt spielen. Nun, was hältst du davon?“

„Sag ja“, drängte nun Red Garland, den Vinson bereits für seine Band angeheuert hatte. „Wenn du annimmst, können wir weiter zusammenspielen.“

Schließlich war John überzeugt und schloß mit Eddie Vinson ab.

Die Band tourte durch das ganze Land, besonders aber durch den Süden und Südwesten. Das vorwiegend schwarze Publikum dieses Bereichs, das die neuesten Klänge zwar im Radio hören, aber seine musikalischen Helden nur selten live erleben konnte, war gerne bereit, für die Musik, die Vinsons Band lieferte, sein Geld auszugeben.

Die Umstände, unter denen John Coltrane zu Eddie Vinson gestoßen war, zeigten deutliche Parallelen zu denen von Charlie Parker und Earl Hines, wenige Jahre davor. Damals hatte „Fatha“ einen Tenoristen gebraucht und ein Tenorsaxophon für Bird angeschafft. John liebte das große Ding mit seinem Extragewicht zunächst nicht besonders, es bedurfte auch einer größeren Luftsäule und damit größerer Anstrengung als das kleinere Altsaxophon. Erst später, als er die Band verlassen hatte und wieder nach Philadelphia zurückgekehrt war, begann er mehr und mehr über das größere Instrument nachzudenken; immer öfter borgte er sich Benny Golsons Tenorsaxophon und widmete ihm schließlich beinahe ebensoviel Übungszeit wie seinem eigenen Alt.

Einstweilen aber arbeitete er noch bei Cleanhead, der sich etwas Besonderes einfallen ließ, das eine gute Übung und zugleich eine Attraktion für die Zuhörer war. Eddie spielte auf seinem Alt eine lange gleichmäßig swingende Blueslinie und John hinter ihm lieferte Fill-ins mit seinem Tenor; dann tauschten sie blitzschnell die Instrumente und wiederholten das Gespielte, jeder auf dem Horn des anderen. Oft brach der eine mitten in einer Phrase ab und der andere vollendete sie. Selten passierten ihnen Fehler, und das ganze entwickelte sich zu einer exzellenten Koordinationsübung für beide.

Das Repertoire der Band bestand in erster Linie aus Rhythm-and-Blues, enthielt aber auch einige Charlie Parker-Nummern und gelegentlich verlangsamten die Musiker das Tempo für die Dauer einer Ballade. Aber was immer die Band auch spielte, John Coltrane, wenn er nicht gerade auf seine Noten sehen mußte, ließ seinen Boss nicht aus den Augen; er war ständig begierig darauf, etwas zu lernen. Vinson war ein überlegener Techniker mit geistvollem Stil, seine Art, die Töne zu biegen und auszuhalten, gefiel John ganz besonders. Ähnliches sollte er später im Spiel von Miles Davis entdecken, nachdem er Mitglied von dessen Gruppe geworden war.

Jedoch auch Cleanhead profitierte vom Spiel Coltranes, der damals gerade das Anfangsstadium seines fortschrittlichen harmonischen Stils entwickelte. John machte sich ständig Notizen, studierte alle Arrangements genau und fragte dann seinen Chef, warum sich dieser Akkord in jenen auflöse und welche Wechselbeziehung zwischen beiden bestehe. Eddie, ein relaxter Arbeitgeber, erklärte alles mit viel Geduld; aber John erschreckte ihn dann oft, indem er in eine völlig andere Akkordprogression überwechselte, wobei aber das, was er spielte, vollkommen richtig klang.

Sehr oft spielten sie *Tune Up,* einen schnellen Blues mit vertrackten Akkordwechseln. Die Nummer war eine Komposition von Vinson und John war so begeistert davon, daß er sie später für sein eigenes Quartett adaptierte; er änderte die Akkordprogression und nannte seine Version *Countdown.*

John liebte die Musik und nahm darum die Strapazen des Tourneelebens auf sich, obwohl es ermüdend ist, jede Nacht in einer anderen Stadt und einem anderen Hotel zu sein; es macht einsam. Das traf auf John besonders zu, der vorher niemals wirklich von zu Hause weggewesen war, abgesehen von seiner Dienstzeit bei der Navy. Das Leben in Philadelphia zählte da nicht, denn da waren ja auch seine Kumpels aus der Heimat; Cousine Mary wohnte bei ihm und seine Mutter besuchte ihn regelmäßig.

Auf der Tournee vermißte er sie alle.

Er war einsam, er aß Süßigkeiten und trank Cokes, aber mehr als alles andere hielt er sich an Bourbon. Er rauchte auch; damit hatte er schon in der High School begonnen, inzwischen waren es zwei Päckchen pro Tag. Der Whisky half ihm nicht nur, die Spannungen des ständigen Reisens zu überwinden, John wollte auch high sein, er wollte ein stärkeres und anhaltenderes Rauschgefühl, als es ihm die Musik vermitteln konnte. Natürlich ist das vollkommen abwegig, denn Musik vermittelt, wie jede Kunst, in sich die stärkste Berauschung, aber John war noch jung, im Reifeprozess und nicht imstande, eine so wesentliche Wahrheit zu begreifen; erst viele Jahre der Erfahrung sollten ihm diese grundlegende Erkenntnis bringen.

Sein Leben unterwegs bestand hauptsächlich aus Musik und Gesprächen; dazu kamen zwei Dinge, die für das flüchtige Vergnügen durchreisender Musiker stets greifbar waren: Alkohol und Sex.

Und Nahrung, nicht zu vergessen; präziser gesagt: Süßspeisen.

Natürlich gab es im Süden und Südwesten eine Menge Geschäfte, wo man Süßkartoffelkuchen bekommen konnte, vorausgesetzt, man hatte Zeit, danach zu suchen. Die hatte John gewöhnlich nicht. Einmal jedoch, in einer kleinen Stadt in Georgia, bekam er von einem Kollegen einen heißen Tip und kaufte nicht einen, sondern gleich drei riesige Kuchen. Noch am selben Nachmittag verschlang er sie in seinem Hotelzimmer, einen nach dem anderen. Und er bezahlte für seine Gier mit Schmerzen; nicht im Magen, sondern im Mund.

Er bekam Zahnweh.

Seine Zähne bereiteten ihm immer schon Probleme; schlechte Wurzelkanäle und zu viele Süßigkeiten waren die Ursache für viele Löcher. Er haßte Zahnärzte, und mit gutem Grund: bei diesem Zustand seiner Zähne genügte oft ein Atemzug und schon zuckten die Schmerzen wie Blitzschläge durch seinen empfindlichen Mund. Und überwand er manchmal doch seinen Widerwillen und begab sich in Behandlung, so geriet er beim bloßen Anblick des Bohrers, der sich seinen Zähnen näherte, derart in Panik, daß es der vereinten Kräfte von zwei oder mehr Assistentinnen und manchmal auch des Arztes selbst bedurfte, um ihn in seinem Stuhl festzuhalten. Er verspürte das Bedürfnis, aus dem Fenster zu springen und davonzurennen.

Für einen Holzbläser sind schlechte Zähne eine Extraqual; die entstehenden Vibrationen während des Spielens bereiten ihm oft unerträgliche Pein.

An diesem Abend schaffte John nur den ersten Set und auch das nur, indem er die Show des Saxophontausches mit seinem Boß entfallen ließ und die Augen während des Spielens fest geschlossen hielt. Natürlich merkte Cleanhead von Anfang an, daß Spiel und Verhalten seines jungen Schützlings ganz anders waren als gewöhnlich und erkundigte sich in der Pause, was mit ihm los sei. Als Eddie von den Problemen Johns erfuhr, sandte er ihn sofort ins Hotel zurück. Er gab ihm eine Flasche seines eigenen Whiskys mit und nahm ihm das Versprechen ab, am nächsten Morgen sofort den Zahnarzt aufzusuchen.

Jedoch Coltrane lag den Großteil der Nacht wach, trank immer mehr, um seinen Schmerz zu betäuben und verschlief natürlich am Morgen. Als er endlich genügend Mut aufgebracht hatte, sich dem Mann mit dem weißen Kittel und dem Bohrer auszuliefern, zog ihm dieser zwei Backenzähne, und als die Behandlung beendet war, fuhr der Bandbus längst ohne ihn zur nächsten Stadt. John hielt ein Auto an, das ihn zur Busstation mitnahm und in der übernächsten Stadt war er wieder mit den Kollegen vereint. Sein Boss war sehr erleichtert, ihn zu sehen; der Gesundheitszustand seines jungen Musikers hatte ihn viel mehr beunruhigt als der leere Stuhl auf der Bühne am Abend vorher.

Denn, so sagte Eddie Vinson in der warmherzigen Onkelhaftigkeit des Älteren, ,,John Coltrane war ein netter junger Mann, und ich liebte ihn wie einen Sohn.''

Coltrane pflegte ununterbrochen von Johnny Hodges zu sprechen, so lange, bis wir in der Academy of Music zusammen Charlie Parker hörten. Kurz nach diesem Abend verschwand John für eine Zeitlang von der Bildfläche, wie er es öfters tat, wenn er sich mit etwas Neuem auseinandersetzte, und ich sah ihn einige Wochen nicht. Als er dann eines Tages mit seinem Alt wieder bei mir auftauchte und zu spielen begann, da hörte ich viel mehr Charlie Parker als Johnny Hodges aus seinem Horn herauskommen. Hodges war tot, aber Bird lebte.

BENNY GOLSON

Als ich bei Eddie Vinson Tenorsaxophon spielte, öffnete sich für mich plötzlich ein größerer Bereich des Hörens. Auf dem Alt stand ich völlig unter dem Einfluß Birds, aber ich fand auf dem Tenor niemanden, dessen Ideen so dominant waren wie die Charlie Parkers auf dem Alt. Darum setzte ich mich in dieser Periode mit allen Tenoristen die ich hörte, auseinander, besonders mit Lester Young und seiner melodischen Phrasierung. Erst danach stieß ich auf Coleman Hawkins und war fasziniert von seinen Arpeggien und der Art, wie er spielte. Ich besorgte mir eine Platte von seinem *Body and Soul* und beschäftigte mich intensivst damit. Ich stand sehr auf Pres, aber als ich musikalisch reifte, bewunderte ich Hawk mehr und mehr.

JOHN COLTRANE

John Coltrane verließ Eddie Vinson Mitte 1948, aber vorher, Ende 1947, spielte die Band ein längeres Engagement in Kalifornien und bei dieser Gelegenheit traf Coltrane Charlie Parker wieder. Bird kam gerade aus der Heilanstalt von Camarillo, wohin man ihn nach einem Nervenzusammenbruch eingeliefert hatte.

Der Bassist Red Callender besaß ein Haus in einem Vorort von Los Angeles, direkt am Meer gelegen, und Bird besuchte ihn oft und entspannte sich beim Rauschen der Brandung. Im Hause Callenders wohnte damals der Pianist Erroll Garner und die beiden spielten oft im Duett. Manchmal stieg Parker mit ein und versuchte, seine Musik und sein Inneres wieder auf gleich zu bekommen.

John hörte von diesen Impromptu-Sessions und eines Sonntagnachmittags fuhr er kurzerhand zu Reds Haus hinaus. Dem Schlagzeuger Harold West war schon etwas früher der gleiche Gedanke gekommen und als John eintraf, fand er vier Musiker am Werk; sie spielten einen abstrakten wunderschönen Blues, den er noch nie vorher gehört hatte. Besonders überraschten ihn die Changes, die knapp unter der sonnigen Oberfläche der Melodielinie einen Hauch von Melancholie entstehen ließen, aber die verschnörkelte Trauer in Birds Solospiel fand er seltsam faszinierend. John fingerte an seinem Alt und wartete geduldig auf seinen Einstieg. Bird, der sich an das Zusammentreffen in Philadelphia erinnerte, hörte schließlich zu spielen auf, zwinkerte John zu und sagte: ,,Mir reicht's, ich bin müde. Zeit, daß jemand anderer spielt, glaubst du nicht auch?"

John spielte.

Sein wohlgeübtes Gehör erfaßte einige der Akkorde; bei den anderen verließ er sich einfach auf sein Improvisationsvermögen und spielte das, was ihm am passendsten erschien. Cleanhead hatte ihm ein paar Tricks in der Intonation beigebracht und Coltrane hörte Parkers Platten so oft und so intensiv, daß sein musikalisches Grundkonzept stark von Bird beeinflußt war. Dennoch bewahrte er sich eine unverkennbare persönliche Eigenart, denn Bird war ein melodischer Improvisator, während John mehr in Richtung harmonischer Progression ging. Wer sich Birds Melodielinien, auf Hawkins' ausgedehnte Arpeggien übertragen, vorstellen kann, der bekommt einen ungefähren Begriff davon, wie John zu dieser Zeit klang.

Nachdem John gespielt hatte, sagte Bird: ,,Du möchtest, daß ich dir zeige, wie diese Nummer wirklich geht, nicht wahr?"

John nickte.

Bird lächelte und zeigte es ihm. Das Stück hieß *Relaxin at Camarillo.*

Als John wieder in Philadelphia war, spielte er diese Nummer Benny Golson und Bill Barron vor, die beide fanden, es sei die fortschrittlichste Musik, die sie jemals gehört hätten.

Dann gründete der Trompeter Mel Melvin aus Philadelphia eine Band, der Coltrane und Barron beitraten. Das Kernstück waren die Brüder Heath: Al am Schlagzeug, Percy am Baß und Jimmy am Altsaxophon. Etwas später im gleichen Jahr, 1948, formierten die Heath Brothers ihre eigene Band und nahmen Coltrane als zweiten Altsaxophonisten; der erste war immer noch Jimmy, genannt ,,Little Bird", denn sein Sound war noch mehr Parker-beeinflußt als der von John. Jimmy und John spielten oft Altduette und kopierten Birds Riffs vor und zurück. Jimmy war damals der bessere Techniker der beiden, aber John übte wie besessen und überholte ihn natürlich später.

Um diese Zeit lernte John auch den Trompeter und Komponisten Cal Massey aus Brooklyn kennen und zwischen den beiden entstand eine enge Freundschaft; Cal rezitierte bei Johns Begräbnis dessen Gedicht aus *A Love Supreme.* Masseys Vater war aus Philadelphia und als der 18-jährige Cal einmal in die Stadt kam, um ihn zu besuchen, hörte er in einer Seitenstraße plötzlich die explosiven Klänge einer Bigband aus einer Garage. Soeben begann ein Altsaxophonist mit seinem Solo, und sein Sound war so durchdringend und persönlich, daß Cal wie angewurzelt stehenblieb und eine Weile zuhörte. Schließlich betrat er die Garage, fand heraus, daß das die Band der Heath Brothers war und fragte, ob er mitspielen dürfe; seine Trompete hatte er dabei. ,,Na klar", sagte Jimmy Heath, ,,wir brauchen ohnehin noch einen Trompeter!" Cal war ein hervorragender Blattspieler und wurde sofort als Mitglied aufgenommen. Während einer Pause fragte er, wer der Altsolist vorhin gewesen sei. ,,Das war John Coltrane", sagte Jimmy und so begann die Freundschaft der beiden.

Noch im gleichen Jahr kam Trompeter Howard McGhee durch Philadelphia, auf der Suche nach Musikern für seine Bigband, mit der er im *Apollo Theater* in Harlem auftreten sollte. ,,Maggie'', wie viele Musiker ihn nannten, war gerade aus Kalifornien nach New York zurückgekehrt und wußte, daß die Quäkerstadt ein gutes Territorium war, wenn es darum ging, vielversprechende junge Musiker zu rekrutieren. Er hörte die Heath Band, die noch mehr Zeit mit Proben verbrachte als mit Jobs und es gelang ihm, sowohl Jimmy Heath als auch John Coltrane als Altsaxophonisten in seine Band zu holen.

Nach dem Engagement im *Apollo* absolvierte die McGhee Band eine Theatertour bis Chicago. Als sie nach New York zurückgekehrt waren, löste Maggie die Bigband auf und formierte ein Sextett, für das er nur einen Altsaxophonisten brauchte; er entschied sich für Jimmy. ,,Ich hielt ihn für den besseren Musiker'', erläuterte er.

Und John war ohne Job.

Er spielte gelegentliche Gigs in und um Philadelphia, meistens nur Onenighters für 10 Dollar, oft auch für weniger. So wie viele andere Musiker lungerte er herum, stieg hier ein, probte dort, wie es sich ergab. Er spielte in Bars, wo er sich selbst kaum hören konnte, weil der Lärm der Stimmen in lauten Gesprächen und das Klirren der Gläser und Flaschen den Lärmpegel einer Kegelbahn erreichte. In den Pausen spielte die Jukebox laut genug, um seine Schmerzschwelle zu überschreiten. Es gab Augenblicke, wo er nicht einmal imstande war, über das Repertoire für den nächsten Set nachzudenken, ohne für ein paar Minuten das Lokal zu verlassen, um einen klaren Kopf zu bekommen; wenn er dann wieder hineinkam, begann das ganze von vorne.

Dennoch spielte er in derartigen Lokalen. Musiker müssen essen, wie alle anderen, aber das war nicht der einzige Grund: wenn ein Musiker schöpferisch sein will, dann muß er spielen, spielen und wieder spielen.

Ich sah John mit Dizzy Gillespie im Earle Theater Ecke 11th und Market, einem Filmtheater, wo es Bühnenshows gab. Nach diesem Konzert schrieb ich den ersten Artikel über ihn als Musiker, der am 5. November 1949 im *Afro-American* erschien. Ich verglich darin Johns Karriere mit der von Dizzy, weil beide in Philadelphia angefangen haben.

FRANKLIN BROWER

Dizzy Gillespies Band spielte in der Exerzierhalle von Winston-Salem bei einer Tanzveranstaltung und da sah ich John mit der Band, das war im Sommer 1950. Nachher lud er alle Musiker in das Haus seiner Mutter ein. Ich erinnere mich noch, die Musiker nannten John ,,Country Boy'', weil er nicht gerne Schuhe trug. Auf der Bühne zog er sie immer aus und wenn er nach vorne gehen und ein Solo spielen mußte, zog er sie rasch wieder an.

BETTY LEACH

Ich sah die Gillespie Band 1950 in Milwaukee in einem Ballroom. John Coltrane und Jimmy Heath waren die Altsaxophonisten, aber was sie auf der Bühne zu bieten hatten, interessierte mich nicht so sehr wie das, was sie in den Pausen machten. Da standen sie in einer Ecke und spielten Charlie Parker-

Soli, Note für Note. Einer spielte eine Melodielinie und der andere erwiderte mit einer anderen. Man könnte sagen, sie spielten Bird-Duette miteinander.

BUNKY GREEN

Der aus Houston, Texas, gebürtige Tenorsaxophonist Jesse Powell, ein jovialer Mann von gewaltigen Ausmaßen, kam Mitte 1949 von einer Europatournee zurück und erhielt das Angebot, im folgenden Herbst in der Bigband von Dizzy Gillespie zu spielen. Er hatte einmal in Philadelphia gearbeitet und kannte die Band der Heath Brothers. Als Gillespie ihn fragte, ob er noch ein paar brauchbare Saxophonisten wüßte, schlug Powell Jimmy Heath vor. Dieser brachte zum Vorspielen auch John Coltrane mit und bat Gillespie, sich auch ihn anzuhören. Gillespie tat es und engagierte beide.

Das war noch nicht der Dizzy mit der aufgebogenen Trompete, aber sehr wohl der mit den aufgeblasenen Hamsterbacken, der Hornbrille und der Baskenmütze, der übermütige Komödiant, der manchmal die Band durch die Bewegungen seines Körpers dirigierte; gelegentlich beendete er einen Set mit der Ankündigung: ,,And now, Ladies and Gentlemen, I would like to turn you over...", worauf er die Bühne verließ.

Dennoch war Gillespie ein hervorragender Bandleader. Er wußte, wie man Musiker inspiriert und wie man mit dem Publikum umgeht; er kam mit Gerichtsvollziehern ebenso zurecht wie mit den Einfaltspinseln in den Agenturen. Er dachte jedoch nicht wirtschaftlich und bestand darauf, weiterhin eine 16-Mann-Band zu leiten, ungeachtet der Tatsache, daß gerade der Bebop, die Musikrichtung, die er zusammen mit Charlie Parker kreierte, den Abstieg der großen Tanzorchester und die wachsende Popularität kleiner Ensembles, die nur zum Zuhören spielten, beschleunigt hatte.

Nichtsdestoweniger war auch Gillespies neue Formation wieder eine Bigband, die allerdings keine zwei Jahre alt werden sollte. Für Coltranes Leben war die Band in vieler Hinsicht von wesentlicher Bedeutung, aber ein Umstand mag ihn bewogen haben, einen radikalen Wechsel seines Lebensstils zu vollziehen.

Yusef Lateef, ein Tenorsaxophonist, der so sehr von östlicher Philosophie, Musik und Religion beeinflußt war, daß er schließlich ein orthodoxer Moslem wurde*, gehörte eine Zeitlang der Band an und John war ihm auf Anhieb sympathisch. Yusef regte Johns latentes Interesse für Religion und Philosophie an und legte dem jüngeren Kollegen nahe, Kahlil Gibran, den Koran und Krishnamurti zu lesen. Er behauptete, Literatur dieser Art habe sein eigenes Leben positiv verändert und zugleich seine musikalischen Fähigkeiten erweitert. Lateef, ein großer kahlköpfiger Mann, der oft ,,The Gentle Giant" genannt wurde, sprach mit großer Überzeugungskraft und John versprach, seinem Rat zu folgen. Yusef gab John auch einiges aus seiner persönlichen Sammlung von Orientalia, damit John auf den bevorstehenden langen Busfahrten darin schmökern konnte.

Bill Barron beschäftigte sich damals mit Yoga und bevor John mit Dizzy auf Tournee ging, gab Bill ihm ein Yoga-Buch. John, obwohl er das Bemühen seiner Kollegen um sein spirituelles und religiöses Wohlergehen zu schätzen wußte, schien von all dem etwas verwirrt zu sein, denn auf einen Christen aus Carolina, sogar einen, der kaum mehr in die Kirche ging, wirkten diese östlichen Texte und

* sein ursprünglicher Name war William Evans

Bräuche reichlich mysteriös, fremdartig gegenüber seinen tief eingewurzelten Überzeugungen.

Auch Gillespie, der ebenso wie Coltrane von unstillbarer Neugierde erfüllt war, beschäftigte sich mit vielen geheimnisvollen geistigen Dingen. Oft schlug Dizzy ein Gespräch mit einer bestimmten Person oder ein genaues Studium einer Broschüre vor. Big Bad Jesse, der mit seinem Chef oft komische Bemerkungen austauschte, nahm an diesen esoterisch-intellektuellen Sitzungen zwischen Dizzy und John gelegentlich teil und wartete geduldig auf den passenden Augenblick, um seinen Kollegen auf die Erde zurückzuholen. ,,Komm, John", sagte er dann, ,,lassen wir uns vollaufen!"

Und das taten sie, mit Johnny Walker Black Label. Während des Trinkens schien es nur natürlich, ein paar Zigaretten zu paffen und wenn Coltrane vom Tabak husten mußte, nahm er einfach rasch einen Schluck Scotch und alles war wieder in Ordnung.

Aber zu anderen Zeiten — genauer gesagt, meistens — übte John ruhig und zurückgezogen in seinem Hotelzimmer oder hinten im Bus, wenn die Band unterwegs war. Er wechselte die Blätter, paßte sie dem Mundstück an, arbeitete an seiner Grifftechnik und war immer auf der Suche nach neuen Klängen, die er bis jetzt nur in seinem Kopf hörte, die aber noch nicht aus seinem Horn gekommen waren.

Jesse Powell, erstaunt über die viele Zeit, die sein junger Kollege dem Saxophon widmete, fragte ihn eines Tages: ,,Warum tust du das alles?"

,,Es ist nicht so, wie ich es haben will", erwiderte John und bastelte weiter herum.

,,Hör zu, John, für mich klingt dein Alt okay!"

,,Für dich vielleicht, aber nicht für mich."

,,Nun, du bist nicht Bird!"

Powell wollte dazu noch weiter ausholen, wollte erklären, daß sogar das Genie Parker seine unkreativen Momente hatte, jene Tage, wo einfach nichts Besonderes aus seinem Horn herauskommen wollte, aber Coltrane gab ihm dazu nicht die Möglichkeit. Jesses Bemerkung traf ihn an einer sehr empfindlichen Stelle; sie erinnerte ihn daran, daß sein Approach zum Altsaxophon derzeit völlig nach Charlie Parker orientiert war, genau so, wie John sich vorher an Johnny Hodges gehalten hatte. John wandte sich von Jesse ab und sprach eine Woche lang kein einziges Wort mit ihm. Bei den Auftritten der Band saßen sie weiterhin nebeneinander, spielten die reich orchestrierten Ensemblepassagen des Saxophonsatzes und hörten ihrem Chef zu, wie er jene Kaskaden höchster Töne und jene verblüffenden Schnörkel spielte, für die er berühmt war.

Auf der anderen Seite Coltranes im Saxophonsatz saß Jimmy Heath; er spielte die meisten Altsoli, nachdem John die Leadstimme innehatte. Eine der Nummern, in denen John als Solist herausgestellt wurde, war Thelonious Monks *Round Midnight;* später sollte John als Mitglied von Monks Quartett extrem in dessen Musik involviert werden. Weitere Nummern mit Soli von John waren *A Night in Tunisia* mit Dizzys Stratosphären-Coda, *Manteca,* eine afro-kubanische Komposition, in der die ganze Band im Chor ,,I'll never go back to Georgia" sang, und *Cubana Be-Cubana Bop,* dem Titel entsprechend ein Amalgam aus nordamerikanischen und karibischen Motiven.

Und Majeed brachte alle durcheinander, auf dem Bandstand und auch sonst, fast so wie Dizzy selbst.

Hernifan Majeed war sein Moslemname, sein ursprünglicher Name war Charles Greenlee. Später heiratete er Coltranes Cousine Mary, noch später verließ sie ihn und reichte die Scheidung ein. Im Augenblick war er einer der drei Posaunisten der Gillespie Band und spielte in einem bravourösen Stil, der die Aufmerksamkeit des Publikums beinahe ebensosehr auf sich zog wie die Trompetentricks des Leaders.

Einmal hielt der Bandbus an einer Raststation unweit von Mexico, Missouri, wo die Gastfreundschaft weder mexikanisch noch südlich, sondern nichtexistent war. Die Musiker waren hungrig, aber der Lokalbesitzer hatte für sie nur vier grobe Worte:

„Wir bedienen keine Nigger!"

Unbeirrt zog Majeed seinen Führerschein aus der Tasche, deutete auf seinen islamischen Namen und sagte: „Ich bin ein Moslem und kein Neger. Aber ich esse kein Schweinefleisch, also bringen Sie mir irgendetwas anderes."

Dem Lokalbesitzer blieb der Mund offen, als Majeed den Führerschein aus seinem Etui nahm und ihm überreichte. Nach sorgfältiger Prüfung gab der Keeße das Dokument zurück und bedeutete der Kellnerin, sich um den Gast zu kümmern.

„Aber Sie haben doch gesagt, wir bedienen keine Farbigen", protestierte sie.

„Er ist kein Farbiger, er ist Moslem; also los, bedienen Sie ihn!"

Sie tat es.

Und Majeed, nachdem er sich ordentlich sattgegessen hatte, ging zurück zum Bus und zu seinen Kollegen.

Coltrane saß im Bus oft mit Heath zusammen, manchmal auch mit Powell, nachdem die beiden wieder versöhnt waren. John und Jimmy blieben nach wie vor dicke Freunde, aber nun freundete sich John auch mit Jesse an. Er begann, den Hawkins-artigen Sound vom Powell am Tenorsaxophon zu bewundern und fragte ihn: „Jesse, wie bekommst du diesen großen wunderschönen Ton?"

„Ich übe hinter der Tür."

John sah Jesse mit seinen großen Augen an und zog die Brauen hoch. Jesse erläuterte: „Ich stelle mich beim Üben hinter die offene Tür und richte den Schallbecher gegen die Tür. So wirbelt der Sound um meinen Kopf und ich kann viel besser hören, was ich spiele."

Nicht, daß Coltrane für sich selbst einen so mächtigen allumfassenden Sound wünschte; er war nur an einer durchdringenden brillanten Intonation interessiert, wie eine sonore Sprechstimme, die er, wie er wohl wußte, niemals haben würde. So arbeitete er unablässig an sich, nahm Tips wie den eben erwähnten entgegen, von Powell oder anderen Kollegen im Saxophonsatz. Aber seine Zähne machten ihm immer noch zu schaffen, es gab Zeiten, wo der Schmerz so intensiv war, daß er sich betrank, um die Qualen zu lindern und den unvermeidlichen nächsten Zahnarztbesuch so weit als möglich hinauszuschieben.

Das half, aber nur für kurze Zeit.

Die schlechten ökonomischen Bedingungen brachten die Gillespie Band im Laufe des Jahres 1950 in immer größere Schwierigkeiten. Jeder Musiker bekam mindestens 125 Dollar pro Woche, die Transportkosten stiegen so sehr an, daß Dizzy scherzhaft meinte, „ich werde euch Burschen Fahrräder kaufen", aber die Buchungen gingen mehr und mehr zurück.

Ende November spielte die Band für sechs Wochen in der New Yorker *Bop City* Ecke Broadway und 49th Street. Das Publikum kam zahlreich, nicht so wie bei dem Konzert in Little Rock, Arkansas, wo in der 5000 Plätze fassenden Konzerthalle nur zwei Dutzend Menschen saßen, aber immer noch nicht zahlreich genug. Die Zeiten waren so schlecht für Bigbands, daß sogar Count Basie sein Orchester auf eine kleine Gruppe reduzieren mußte, um zu überleben. Zwei Jahre später allerdings begann er wieder eine Bigband zu leiten und hielt sie bis kurz vor seinem Tode beisammen.

Aber das war Basie, nicht Gillespie. Zu Weihnachten 1950 trat die Band ein einwöchiges Engagement an, und am Neujahrstag sagte Dizzy zu seinen Musikern: ,,Tut mir leid, Freunde — aber das war's!"

Dies galt nicht für John und Jimmy. Gillespie behielt beide Saxophonisten für sein neues Septett, aber John mußte wieder Tenor spielen, wie seinerzeit bei Eddie Vinson. Er hatte das auch gelegentlich in der Bigband getan, wenn einer der Tenoristen ausgefallen war, und Dizzy mochte sein Spiel auf dem Tenorsaxophon ebenso wie auf dem Alt. John selbst überlegte seit einiger Zeit, ob er nicht ganz auf das Tenorinstrument umsteigen sollte; möglicherweise war dieser Denkprozess durch Jesse Powells Bemerkung über ihn und Bird ausgelöst worden. Dizzys Wunsch, er möge Tenor spielen, kam ihm also nicht ungelegen.

Jimmy Heath blieb nur ein paar Wochen in der Gruppe, die demnach in den ersten Monaten des Jahres 1951 aus Gillespies Trompete, Coltranes Tenorsaxophon und der Rhythmusgruppe bestand.

Coltrane war so ausgefallen in seinen Ideen und seiner Technik, daß ich immer dablieb und zuhörte, wenn er übte.

MATTHEW RASTELLI

Immer, wenn John nach Philadelphia zurückkam, fragte er mich nach Mundstücken. Seine Lehrer, bei denen er studierte, verwiesen ihn an mich. Ich zeigte ihm 5-Star und 7-Star-Modelle von Otto Link, die beachtliche Atemkontrolle und Lungenkraft verlangen. Einmal bestellte er Nr. 10. Es ist schwierig, ein Mundstück zu finden, das im oberen und unteren Register die gleiche Leichtigkeit bietet, aber er versuchte es jedenfalls.

GEORGE SARKIS

Ich unterrichtete John Coltrane in fortgeschrittener musikalischer Technik. Wir begannen mit der Theorie und gingen von da weiter. Er fragte mich aus über Bitonalität und Polytonalität, das Kombinieren mehrerer Tonarten. Ich schlug Tetrakkordtechniken sowie pentatonische und diatonische Skalen vor, und bald spielte er über all das Arpeggien. Ich brachte ihm meinen Schatz von Skalen bei, den ich über Jahre hinweg angesammelt hatte, wobei ich Töne aus ethnischen Skalen benützte und sie mit den westlichen Skalen mischte, bis alles zusammenstimmte. Er studierte auch modale und semitonale Skalen, Orgelpunkt-Clusters sowie Harmonik aus der Melodielinie, ohne Zuhilfenahme einer Akkordstruktur.

DENNIS SANDOLE

Als John Coltrane 1951 Dizzy Gillespie verließ und nach Philadelphia zurückkehrte, wohnte seine Mutter inzwischen in seiner Wohnung mit Cousine Mary zusammen; auch James Kinzer war noch da. Es war zu wenig Platz für so viele Menschen; Zeit, etwas zu verändern.

Sie übersiedelten alle.

Nach dem verfallenden Ghetto mit seinen zerbröckelnden Häusern und abfallübersäten Straßen kamen sie nun in eine Gegend im Nordwesten Philadelphias, genannt Strawberry Mansions. Früher war das eine hauptsächlich jüdische Wohngegend gewesen, bis in den späten 40er Jahren die ersten schwarzen Familien hierherzogen. Seit damals begannen die Weißen, ob jüdisch oder nicht, mehr und mehr aus diesem Viertel zu verschwinden.

Das neue Heim der Coltranes war ein dreigeschoßiges Ziegelhaus an der North 33rd Street mit Blick auf den Fairmont Park, eine innerstädtische Oase, die Gras und Bäume als Kontrast zu den übervölkerten Stadtstraßen bot. Das Haus gehörte ihnen; John nahm einen Regierungskredit auf und Mrs. Coltrane hatte erspartes Geld aus den Jahren ihrer Arbeit als Dienstbote. Für weniger als 10.000 Dollar wurden sie Hausbesitzer anstatt Mieter und richteten acht Räume mit gemütlichem Mobiliar im Südstaaten-Stil ein. John und James hatten Zimmer im zweiten Stock, wo James fast zwei Jahre blieb, bis er schließlich eine eigene Unterkunft fand. Mrs. Coltrane und Cousine Mary richteten sich im dritten Stock ein.

Coltrane war entschlossen, mindestens ein volles Jahr in der Stadt zu bleiben, um weiter zu studieren und den Mangel an Übung, den er fühlte zu beheben. Er hatte in der Zeit, als er bei Gillespie spielte, eine Menge gelernt, aber unterwegs war viel zu wenig Zeit zum Üben, geschweige denn zum Studieren. Abgesehen davon war er nun dabei, einen endgültigen Wechsel zum Tenorsaxophon durchzuführen. Auf diesem Instrument konnte er endlich er selbst sein. Es gab viele richtungweisende Tenoristen wie Lester Young, Coleman Hawkins, Dexter Gordon und Stan Getz, die er alle aufmerksam anhörte, seitdem er begonnen hatte, ernsthaft über das größere Instrument nachzudenken.

Die beiden letztgenannten Saxophonisten interessierten Coltrane besonders. Gordon war ein kraftvoller Swinger, imstande, selbst aus schleppenden Rhythmusgruppen pulsierende Energiezellen zu machen, während Getz' Tenorsound zu den sanftesten und flüssigsten zählte.

Coltrane wählte die Granoff School of Music.

Die Empfehlungen der früheren Studenten Dizzy Gillespie und Percy Heath und ein erfolgreiches Vorspielen genügten für Johns Aufnahme in das Institut, das schon eine Generation alt war; der russische *Emigré*-Violinist Isidore Granoff, der 1913 bei der Pariser Premiere von Strawinskys *Le Sacre du Printemps* mitwirkte, hatte es 1918 gegründet.

Dennis Sandole, ein freundlicher aber penibler Mann, nicht viel älter als Coltrane selbst, war Johns Theorielehrer; Matthew Rastelli, ebenso geckenhaft wie streng, erteilte ihm Saxophonunterricht. Coltrane war nun Besitzer eines Tenorsaxophons und nur auf ihm übte, studierte und spielte er.

Rastelli war ein ehemaliger Student von Coltranes früherem Lehrer Mike Guerra, aber Sandole war ein vollkommen neuer Einfluß in seinem Leben. Ein Sänger namens Larry Nesbitt, den John kannte, hatte ihm von Sandole erzählt und ihn einmal zu einer Stunde mitgenommen. John beeindruckte die Art, wie Dennis sich Mühe gab, seine Fragen zu beantworten, indem er extrem detaillierte und logische Erklärungen gab, Erklärungen, die John oft nachprüfte, wobei er immer herausfand, daß sie völlig korrekt waren.

Den Großteil der Wochentage verbrachte John in der Schule; wann immer es möglich war, nahm er Gigs an den Abenden oder am Wochenende an.

Wenn er nicht studierte oder spielte, dann übte er oder las Bücher, die ihm Gillespie und die Musiker in seiner Band empfohlen hatten. Lesen war eine natürliche Folge seines immer stärker ansteigenden Verlangens, mehr zu wissen; nicht nur über die Welt der Musik, sondern zunächst auch über die Gründe, warum er überhaupt auf diesem Planeten war. Ein gewisser Hang zu philosophischen Spekulationen, möglicherweise ein Ergebnis seiner introspektiven Tendenzen infolge der religiösen Erziehung und ein Streben nach etwas jenseits der Reichweite seiner fünf Sinne schien in ihm nach Erfüllung zu drängen. So verschlang er Musikbücher und andere Bücher, lernte aus beiden und liebte beide.

Es wäre logisch erschienen, angesichts Rastellis Background und der Tatsache, daß John bei ihm Saxophon studierte, wenn sich zwischen ihm und seinem Lehrer eine enge Beziehung entwickelt hätte; so war es aber nicht, denn Rastelli legte ihm gegenüber eine Brüskheit an den Tag, die abweisend wirkte. Sandole hingegen gab sich beinahe väterlich in seinen Enthusiasmus für jeden einzelnen seiner Studenten. Zu einem Menschen wie Sandole fühlte John sich in selbstverständlicher Weise hingezogen, aus musikalischen und persönlichen Gründen.

Dennis war, so wie John selbst zu dieser Zeit, ein autodidaktischer Musiker, dessen Instrument die Gitarre war und dessen musikalische Ergebenheit Duke Ellington gehörte. Eine Zeitlang war er Studiomusiker in Hollywood gewesen, daher konnte er alles vom Blatt spielen, was man vor ihn hinlegte. Er hatte sich genügend Klavierspiel angeeignet, um imstande zu sein, zu komponieren und zu unterrichten.

„Höre dir klassische Musik an, John", sagte er, wohl wissend, daß John bis zu diesem Zeitpunkt viel zu wenig mit europäischer Musik konfrontiert worden war, abgesehen von dem unabdingbaren Minimum bei seinen früheren Studien. „Höre dir an, wie die großen Komponisten für jede Anzahl von Instrumenten geschrieben haben, von einer Solovioline bis zum hundertköpfigen Symphonieorchester. Dann destilliere das Wesentliche aus all dieser Musik und übersetze es in die Sprache des Instruments, das du so liebst: das Saxophon."

Ungeschickt begann John den Rat zu befolgen. Er beschäftigte sich mit Debussy und Ravel, aber der Komponist, den ihm Sandole mehr als alle anderen ans Herz legte, abgesehen von Strawinski, war Bartok. „In Bartoks Streichquartetten kannst du ein ganzes Symphonieorchester hören", sagte er.

Diese Art sanften Ansporns und freundschaftlich-onkelhafter Ratschläge machte John langsam empfänglich für andere Arten von Musik. Sein Lehrer erkundigte sich immer wieder nach seinen Hörerlebnissen. Einmal berichtete John, *La Mer* habe ihm das Gefühl vermittelt, in einem Meer von Instrumenten zu schwimmen, jede musikalische Welle habe ihn höher getragen, als er gegen den Strand trieb.

„Wunderschön", meinte Sandole. „Aber weißt du denn auch, was diese Streicher gemacht haben?"

John schüttelte erstaunt den Kopf; er war nicht sicher, worauf sein Lehrer hinauswollte.

„Sie spielten Erweiterungen der Akkorde nach oben, sie machten vorzüglichen Gebrauch von der Obertonreihe. Genau, wie du es machst, wenn du auf deinem Tenor jeden Septimakkord bis zur Dreizehn erweiterst. Sie beginnen hoch und gehen immer höher. Und das tust du auch!"

,,Ja", nickte John, ,,jetzt verstehe ich, was Sie meinen". Er zuckte die Achseln, und seine Augen lächelten, als er hinzufügte: ,,Ich denke, ich bin ganz einfach ein verstoßener Altsaxophonist, darum will ich immer höher und höher."

Sandole schwieg einige Sekunden lang.

Coltrane wartete; sein eigenes Schweigen echote in den Ohren seines Lehrers, bis dieser schließlich sagte: ,,Nein, John, ich höre dich nicht wirklich auf dem Alt. Ich weiß, du spielst das Tenor höher als die meisten, du versuchst zumindest, den Tonumfang deines Horns nach oben zu erweitern, und das ist sehr gut. Aber in Wirklichkeit hörte ich dich auf einem anderen Horn."

Er machte eine Pause, dann sagte er prophetisch: ,,Sopran, John. Ich möchte, daß du über das Sopransaxophon nachdenkst." Wieder eine Pause. ,,Denke *viel* darüber nach!

Ich erinnere mich an Johns ausgeprägtes inneres Ohr. Wenn ich mich mit ihm über Akkordprogressionen unterhielt, griff er die Noten auf seinem Horn und sagte: ,,Das war dieser Akkord, und das ist der, der darauf folgt."

BILL BARRON

Coltrane und ich tranken immer Wein zusammen, wenn er nach Chicago kam. Ich war bei Gene Ammons als Pianist und damals, 1951, begann ich gerade auf das Tenorsaxophon umzusteigen. John und ich übten oft zusammen. Ich wußte Bescheid über seine schlechten Zähne und brachte ihn zu meinem Zahnarzt, der ihm auf den rechten Vorderzahn eine Krone machte. Der Zahn war abgebrochen und ich wunderte mich, wie er damit spielen konnte; die Schmerzen müssen unglaublich intensiv gewesen sein.

EDDIE HARRIS

In jenen Tagen des Rhythm-and-Blues in den 50er Jahren, auf die viele gerade in letzter Zeit mit verklärter Nostalgie zurückblicken, setzte sich ein Brauch durch, der überaus wunderlich, ebenso unkompliziert und im höchsten Maß unterhaltend war. Clubbesitzer und Barmänner schätzten ihn als umsatzsteigernde Publikumsattraktion bei schlechtem Geschäftsgang, die Gäste beklatschten ihn als bestes Beispiel dramatischen Vaudevilles seit Fred Allen oder als eleganteste Phantasie Terpsichores seit Fred Astaire.

Hätte man die Musiker nach ihrer Meinung gefragt — was natürlich niemand tat, sie waren üblicherweise die letzten, die über grundlegende Arbeitsbedingungen informiert wurden — dann hätten sie ,,Scheiße" gesagt, oder eines der gleichbedeutenden Wörter. Aber, wie gesagt, man fragte sie nicht, und dieser Brauch wurde in vielen Fällen eine Voraussetzung, um einen Job zu bekommen.

Der Brauch wurde ,,Walking the Bar" genannt.

Niemand weiß genau, wo das eigentlich herkam, aber es mag als Fusion aus Lionel Hamptons ,,Tenorsaxophonist-spielt-auf-dem-Rücken-liegend" und Bill Haleys ,,Tanzt-wie-besoffen-und-spielt-laut-und-schnell" entstanden sein.

In erster Linie wurde es in jenen Clubs praktiziert, wo der Bandstand hinter der Bar lag, oder wo die Bar selbst breit genug war, daß die Musiker den Gästen nicht auf die Hände traten oder ihre Drinks verschütteten. Denn ,,Walking the Bar" hieß für den Musiker, die Bartheke von einem Ende zum anderen entlang zu marschieren. Je bizarrer ihre Körpersprache dabei war, je seltsamer ihre Gestikulation und die Drehungen, die sie vollführten, je unmusikalischer und widerlicher der Sound aus ihren Instrumenten drang, desto besser war die Show für ihre Arbeitgeber. Das war ,,Walking the Bar" mit Stil!

Pianist Ray Bryant erinnert sich, John Coltrane in Philadelphia-Clubs wie *Cafe Society, Joe Pitt's Musical Bar* und *The Zanzibar* gesehen zu haben. Bill Barron, der auch mitmachte, weiß noch, daß John ihn einmal während einer Pause fragte: ,,Was soll ich tun, damit die Leute zufrieden sind?" Die Antwort kam vom danebenstehenden Clubeigentümer, der die Frage gehört hatte. ,,Du kreischst nicht genug", meinte er, ,,du mußt mehr kreischen und quietschen als spielen!"

John Coltrane, walking the bar.

Für ihn und für jeden anderen sensiblen und kreativen Musiker war es, als würde er nicht über die Bar marschieren, sondern über eine schwankende Schiffsplanke auf dem Meer, unter sich die Haie mit gefletschten Zähnen; das waren die Clubbesitzer, die mit einem einzigen Biß die menschliche Würde der Musiker und das Geld der Besucher verschlangen.

Nimm zum Beispiel die *Snake Bar* an der Ecke Columbia und Ridge, nicht besser und nicht schlechter als die anderen. Die Bartheke macht dem Namen des Lokals alle Ehre; sie schlängelt sich durch den ganzen Raum, hier etwas breiter, dort etwas schmäler.

Da ist Coltrane, korrekt gekleidet in Anzug und Krawatte, sein Tenorsaxophon am Halse hängend, die Finger in Position. Langsam mit kleinen beinahe schlurfenden Schritten bewegt er sich vorwärts, sein Horn von einer Seite zur anderen schwankend, vornübergeneigt, manchmal fast abgeknickt, dann wieder sich aufrichtend, als wolle er nach Luft schnappen. Der dicke Rauch, der Whiskydunst dringen in seine Lungen und überziehen sein Saxophon.

Er bläst in das Horn; eine Serie von schrillen Quietschern quillt aus dem Schallbecher. Honking and squealing, walking and shaking, immer weiter und weiter. Walking the bar.

Eines Nachts kommen Freunde zur Tür herein, Benny Golson und ein paar andere; nicht, um John anzuglotzen, nein, einfach nur, um zu sehen, was er macht, wie man eben bei einem Lokal vorbeischaut, wo ein Kollege auftritt, um hello zu sagen und sich einen Set oder zwei anzuhören.

Sie kommen gerade zurecht, als sich John rechtwinkelig abknickt, den Kopf beinahe zwischen den Beinen; aus seinem Horn dringt ein flacher frustrierter Klang der Selbstaufgabe und Niederlage.

,,Oh nein!" ruft Benny.

John sieht ihn, und der nächste Ton bleibt ihm im Zwerchfell stecken. Wie einstudiert, aber in Wirklichkeit einfach als intuitive Reaktion steht John plötzlich aufrecht. Er nimmt das Saxophon aus dem Mund, legt es mit dem Mundstück auf seine Schulter und bewegt sich wieder weiter, die Bar entlang.

Bewegt sich bis zum Ende der Bar, dem Ende, das nahe dem Eingang liegt. Bewegt sich von der Bar herunter — einige sagen, mit einem Sprung — und hinaus zur Tür.

Alle Arten der Flucht sind gleich, es gibt keine, die höher oder niedriger steht als die anderen. Gott und der Alkohol sind auf derselben Ebene, wenn sie der Flucht vor dem dienen, was wir sind.

JIDDU KRISHNAMURTI

John Coltrane trank und trank immer weiter.

Das ist nicht weiter überraschend; wenn man in Bars und Clubs spielt, ist alkoholische Entspannung immer leicht zur Hand, und der freundliche Barmann ist nur zu gerne bereit, anzuschreiben. ,,Wir ziehen es dir dann von der Gage ab!"

Also trank Coltrane, um die Musik zu vergessen, die er gezwungen war, zu spielen, damit er ein Einkommen hatte, damit er studieren und üben und an den Sounds arbeiten konnte, die er nur in seinem Kopf hörte.

,,Hey, Kumpel, ich steh' drauf, wie du spielst! Laß uns einen heben und über Musik quatschen, huh?"

Die Augenblickscamaraderie eines Barbesuchers, der zwei Drinks zu einem halben Dollar bezahlt und sich damit für berechtigt hält, dem Musiker — in dessen Freizeit — seine Probleme aufzuladen.

,,Sag einmal, Baby, du bist große Klasse. Wenn du wirklich nett bist zu mir und mir im letzten Set mein Lieblingslied spielst, dann darfst du mich, *vielleicht,* nach Hause bringen!"

Von wegen vielleicht; davon kann keine Rede sein. Jede Nacht schleppt sie einen anderen Musiker in ihr Bett ab, sie erinnert sich nachher nicht an seine Musik, höchstens gelegentlich an seinen Namen, und auch das nur, um ihre Freundin damit zu beeindrucken, mit wem sie geschlafen hat; um ihr Prestige zu erhöhen.

Extrazugaben im glanzvollen Leben eines Musikers.

John Coltrane erkannte erst einige Jahre später die Hohlheit und Nichtigkeit hinter den meisten dieser Dinge. Einmal stand er an der Bar des *Birdland,* während einer Pause, und neben ihm stand Orrin Keepnews von der Plattenfirma *Riverside,* der ihn auf einen Drink einladen wollte.

,,Nur ein Coke, bitte", sagte John.

Sie unterhielten sich ein wenig, und Keepnews entschuldigte sich dafür, daß er erst jetzt Coltranes Musik zu schätzen gelernt habe.

,,Es tut mir leid, daß ich dich früher nicht gekannt habe", meinte er. ,,Das braucht dir nicht leid zu tun", erwiderte John. ,,Ich wünschte, ich selbst hätte mich früher nicht gekannt."

Ich weiß noch, wie ich einmal um 1950 in *Minton's Playhouse* in Harlem war. Earl Bostic war in der Stadt, und er kam dort herein und stieg ein. Coltrane war mit mir, und wir hörten Bostic in jeder Tonart und jedem Tempo spielen, oft beinahe eine Oktave über dem normalen Tonumfang des Altsaxophons. Wir sprachen mit ihm und er erklärte uns, wie jede Saxophonmarke klingen muß; er sagte: ,,Auf dem Martin mußt du es so greifen, auf dem Buescher so, und auf dem Selmer so!"

BENNY GOLSON

Wenn Coltrane bei Bostic gespielt hat, dann weiß ich, daß er dort eine Menge gelernt hat, denn technisch gesehen wußte niemand so viel über das Saxophon wie Bostic, nicht einmal Bird. Bostic konnte dir von jedem Fabrikat die Vorzüge und Nachteile aufzählen. Mit ihm zu arbeiten war, als wenn man eine Saxophonuniversität besucht.

ART BLAKEY

In der Earl Bostic Band kamen alle gut miteinander aus; wir waren eine friedliche Gruppe. Für Earl war das Wichtiste, daß jeder Musiker *prima vista* **vom Blatt spielen konnte. Wir hatten mehr als 150 Nummern im Repertoire und wer sie nicht sofort fehlerlos spielen konnte, mußte sich nach einem anderen Job umsehen.**

JOE KNIGHT

Earl Bostic ist nun schon lange tot. In seiner Jugend ging er von seiner Geburtsstadt Tulsa, Oklahoma, nach New Orleans, auf der Suche nach dem fortgeschrittenen musikalischen Wissen, das ihm die ,,Crescent City" jener aufregenden Zeit vermitteln konnte. Er absolvierte ein Studium an der Xavier University, spielte in verschiedenen lokalen Bands und stellte schließlich Ende der 40er Jahre eine eigene Formation zusammen. Sein großer Durchbruch war Anfang der 50er Jahre seine Rhythm-and-Blues-Version von *Flamingo,* die ihm genug Geld und Prestige einbrachte, um seine Band auf permanenter Basis zusammenhalten zu können.

Bostic war ein elegant gekleideter Mann mittlerer Größe, sein Gesicht hinter der Hornbrille war rund wie eine Untertasse und strahlte vor *joie de vivre.* So intensiv und so viele Jahre lang hatte er Saxophontechnik studiert und geübt, daß er nun, tatsächlich, übertrainiert war, das heißt, er opferte den Stil der Technik, und sein Sound konnte mit einem Wort beschrieben werden: durchdringend.

Die Band war in erster Linie ein Rahmen für Bostics Alt. Die anderen Musiker bekamen hie und da ihre acht Takte, aber die ausgedehnten Soli spielte der Chef selbst.

Coltrane ging Anfang 1952 zu Bostic aus denselben Gründen, aus denen er seinerzeit zu Vinson gegangen war: um bei einem Meistersaxophonisten zu arbeiten, von dem er etwas dazulernen konnte und außerdem vor allem, weil Bostic ihm ein gutes Angebot gemacht hatte.

Er freundete sich mit dem Pianisten Joe Knight an, einem autodidaktischen Musiker mit philosophischen Neigungen, der Coltrane drängte, anstatt Gibran und dem Koran lieber Plato und Aristoteles zu lesen. Musikalisch unterstützte Knight ihn mit sorgsam ausgewählten Akkorden, wenn Coltrane eines seiner gelegentlichen Soli spielte. Der Stil Knights lag irgendwo zwischen Earl Hines und Bud Powell, mit fallweisen Spuren der Blockakkordmuster von Red Garland. Joe und John waren die ,,modernsten" Musiker in dieser neunköpfigen Formation. John hörte oft und gerne Joes geschmackvollem Comping zu, genau so aufmerksam, wie er auf die Saxophontechnik Earl Bostics achtete.

Bei Proben kamen Coltrane und Knight oft etwas früher, um Bostics Musik auf ihre eigene Art zu erforschen und auszuarbeiten. John interessierte sich mehr und mehr für Harmonik und Joe meinte, er solle soviel als möglich Klavier studieren. Er erinnerte John daran, daß die temperierte Stimmung und das Piano erst im 18. Jahrhundert entstanden waren, „und das ist es, wo die europäische Harmonik wirklich herkommt!"

Nach dem Job jammten die beiden mit anderen Mitgliedern der Band und mit jedem, der gerade verfügbar war. Bostic jammte selten mit, er machte lieber Damen den Hof und fuhr sie in seinem neunsitzigen Cadillac spazieren. Damals und teilweise auch noch heute war ein Cadillac für Schwarze das absolut dominierende motorisierte Statussymbol, das prestigeträchtigste „in"-Automobil, mit dem sich jemand herumbewegen kann, um alle wissen zu lassen, daß er wirklich „arriviert" ist.

„Das war eine Trinkerband", erinnert sich Joe Knight, „John und ich knackten jede Nacht eine Flasche zu 2 Dollar, und wir waren damit nicht die einzigen."

Sie konnten sich das leisten; die meisten von ihnen verdienten etwa 175 Dollar pro Woche, und damals konnte man in New York um 100 Dollar im Monat eine recht luxuriöse Wohnung mieten.

Die Band reiste in Bostics Cadillac, mit dem Chef am Steuer, gefolgt von einem Chevrolet-Lieferwagen, der die Instrumente transportierte. Bostic fuhr immer selbst, er liebte die Kräfte, über die er mit unmerklichen Handbewegungen und einem schwachen Druck seiner Zehen gebot. Einmal fuhr er die ganze Strecke von Los Angeles bis Midlands, Texas, in einem durch, über 1000 Meilen und beinahe 17 Stunden; er erlaubte niemandem, ihn am Steuer abzulösen.

Coltrane stellte Bostic dauernd Fragen über Saxophontechnik und dieser verwendete so viel Zeit als nur möglich, dem Jüngeren gewisse Tricks in der Grifftechnik zu vermitteln, die es ihm erleichterten, seine Ideen zu realisieren. Die Tasten des Saxophons sind für normale Finger konstruiert, Coltranes Finger aber waren ungewöhnlich lang. Earl zeigte ihm, wie er seine Finger „biegen" mußte, um sie der Form des Instruments anzupassen. „John", sagte er, „das Saxophon ist nicht plastisch und kann seine Form nicht ändern; also mußt du deine ändern."

In seiner knabenhaften Lernbegierde saß John meist neben seinem Chef im Wagen, stellte Bostic Fragen und trug die Informationen, die er erhielt, gewissenhaft in sein Notizbuch ein. Bostic störte das nicht weiter, außer wenn die Straße schwierig wurde und volle Aufmerksamkeit erforderte. Dann kam es vor, daß Earl bei einem Tempo von 70 das Lenkrad losließ und etwas sagte wie: „Also gut, gib dein Notizbuch her und bevor wir da vorne in die Schlucht stürzen, schreib ich dir noch schnell die Changes der Nummer auf!"

Solcherart ernüchtert zog John sich zurück und wandte seine Aufmerksamkeit anderen Dingen zu, wie etwa dem Schachspiel. Joe Knight und der Trompeter Gene Redd besaßen Bücher über Schach und spielten während eines längeren Engagements in San Francisco täglich eine Partie. Sie brachten es zuwege, auch John dafür zu interessieren und Joe erklärte ihm ausführlich „die Beziehung zwischen Schach und Musik, die darauf beruht, daß beides auf mathematischen Prinzipien aufgebaut ist." Knight besaß ein tragbares kleines Steckschachspiel, problemlos zu transportieren und zu verwenden und bald spielte er viel öfter gegen John als gegen Redd. Zunächst gewann Joe die meisten Partien, aber John verbesserte sich durch die ständige Übung immer mehr und nach der dritten Woche ihres Aufenthaltes in Kalifornien schlug er Joe schon beinahe jedes zweite Mal.

Die Band trat im *Blackhawk* auf und die Musiker bemerkten ein Mädchen, das beinahe jeden Abend an einem der vorderen Tische saß; schließlich machten John und Joe ihre Bekanntschaft.

Sie war Engländerin, hochgewachsen, mit goldbraunem Haar, einem Mayfair-Akzent und einem Evelyn Waugh-artigen Humor. Außerdem war sie nicht nur an Musik, sondern ebensosehr an Schach interessiert. Als sie herausfand, daß es in der Bostic Band drei Schachspieler gab, forderte sie alle zu einer Simultanpartie heraus. Die Musiker lehnten zunächst ab, aber sie ließ nicht locker und schließlich eines Abends — tatsächlich war es etwa 4 Uhr morgens, bis die Band den letzten Set zu Ende gespielt hatte — gelang es ihr, Coltrane, Knight und Redd zu überreden. Die drei begleiteten sie zu ihrem Hotel, aber der nervöse weiße Nachtportier warf einen langen Blick auf die drei Neger und das weiße Mädchen und sagte mit öliger Wichtigkeit: ,,Nein!!!"

Nicht ,,Nein, Sir", oder ,,Nein, meine Herren." Die Art, wie er es sagte und damit seine Verachtung gegenüber dieser rassisch gemischten Personengruppe ausdrückte, war für die Anwesenden unmißverständlich, obwohl er das übliche und naheliegende Wort nicht gebrauchte. John hatte das unausgesprochene Wort schon gehört, wenn es auch selten direkt an ihn selbst gerichtet war; er wußte aber ganz genau, wenn er sich daheim in Philadelphia in das falsche Lokal begab, würde er es sehr schnell zu hören bekommen, auf die gleiche gehässige Art, in der es hier verschwiegen wurde.

Joe Knight sagt: ,,Wenn du Coltrane verstehen willst, lies Schopenhauers Definition des Genies."

Genialität ist nichts anderes als die vollkommenste Objektivität; das heißt, die objektive Richtung des Geistes. Genialität ist die Fähigkeit, sein Interesse, sein Wollen, seine Zwecke aus den Augen zu lassen, sonach seiner Persönlichkeit sich auf eine Zeit völlig zu entäußern, um als rein erkennendes Subjekt, klares Weltauge, übrigzubleiben. Der Genius hält uns das Zauberglas vor, in welchem alles Wichtige und Bedeutende vereinigt und in hellstes Licht gerückt erscheint und alles Zufällige und Fremde weggelassen ist. Die Freude, welche er von aller Schönheit empfängt, die Tröstung, welche die Kunst spendet, der Enthusiasmus des Künstlers ermöglichen ihm, die Sorgen des Lebens zu vergessen und entschädigen ihn für das Leid, welches in Proportion zur Klarheit des Bewußtseins wächst und für die trostlose Einsamkeit inmitten einer anderen Rasse von Menschen.

ARTHUR SCHOPENHAUER

Es gibt nur wenige Musiker, die das Stigma des Genies tragen. Viel größer ist unglückseligerweise die Zahl jener, die der Drogensucht verfallen.

Ich glaube, die Rauschgiftsucht begann sich in den 20er Jahren auszubreiten, vielleicht in den Speakeasies, wo viele schwarze Musiker spielten. Die Gangster brachten das Zeug in die Ghettos, ich meine die weißen Gangster, die an den Schwarzen verdienten und denen es scheißegal war, was aus ihnen

wurde. Man hörte nie etwas über das Drogenproblem, erst dann, als es sich in die weißen Vorstädte ausbreitete und die Jugend der Mittelklasse zu fixen anfing.

BOBBY TIMMONS

Der Grund, warum das Rauschgift sich so stark unter den Musikern verbreitete, war meiner Meinung nach, daß sie als Künstler und Performer sich so dicht zusammenschließen und so eng miteinander kommunizieren wollten wie möglich, und die Droge schien damals die beste Möglichkeit dazu zu sein. Das ging manchmal so weit, daß von einem neuen Bandmitglied geradezu erwartet wurde, Gemeinschaftssinn zu zeigen und sich die Nadel in den Arm zu stecken, genau wie seine Kollegen.

GEORGE FREEMAN

An einem nach wie vor unbekannten Punkt in Zeit und Raum, nach dem Job bei Earl Bostic, aber vor dem bei Johnny Hodges, machten ,,gute Freunde" John mit dem Heroin bekannt.

Wer diese Freunde waren, scheint niemand zu wissen; zumindest will niemand darüber sprechen.

Aber in Philadelphia, und wahrscheinlich im Jahre 1953, wurde John Coltrane ein Junkie.

Nicht, daß er große Mengen verbrauchte, aber er wurde süchtig, und es ist unmöglich, nur ein bißchen süchtig zu sein, ebensowenig wie ein bißchen schwanger; du bist es, oder du bist es nicht.

Philadelphia, die Quäkerstadt, wurde 1682 von William Penn gegründet. Und die Quäker glaubten daran, daß ein Mensch keine spirituelle Vermittlung braucht, sondern die richtige religiöse Orientierung durch das ,,innere Licht" empfängt, das vom Heiligen Geist ausgeht.

Durch das Heroin empfing John Coltrane ein inneres Licht von besonderer Art.

Das dunkelste Licht, das ihn jemals blendete.

Ich glaube, Coltrane hatte immer Sehnsucht, Leader zu sein und seine eigene Band zu haben. Er sprach nicht viel darüber, aber du konntest es fühlen an der Art, wie er Hodges genau beobachtete, wenn dieser die Band leitete, die Nummern auswählte und den musikalischen Ablauf mit den Sections und den Solisten festlegte. Wenn Hodges dann vorne stand und ein Solo spielte, leuchteten Johns Augen auf, als ob sie alles Geschehen absorbieren wollten und man spürte instinktiv, er wünschte sich, selbst da vorn zu stehen.

JOHN WILLIAMS

Der verstorbene Johnny Hodges war der Altsaxophonist der Altsaxophonisten, der wichtigste Stilist dieses Instruments vor Bird. Seit den späten 20er Jahren war er auf der Szene, in erster Linie mit Duke Ellington; sein Name und Ruhm war beinahe gleichbedeutend mit dem des inzwischen ebenfalls verstorbenen Duke. Sein Stil war die Antithese des Stils von Charlie Parker; von durchsichtiger Klarheit, wo Bird überschäumte, und mit gemächlicher Legatophrasierung, die mit einem einzigen Ton die melodische Linie eines Songs ausdehnte, während Bird im gleichen Zeitraum vier oder noch mehr Töne aneinanderhing.

Hodges war aus Boston, aber er war nicht so sehr korrekt, sondern eher pingelig; wer nicht pünktlich zu seinem Gig kam, tat besser, gar nicht zu kommen. Ein kleiner gedrungener Mann, dessen Statur perfekt in die doppelreihigen Anzüge von damals paßte; er wurde „Rabbit"* genannt. Vielleicht wäre „Mole"** ein passenderer Spitzname gewesen, denn Hodges pflegte ruhig im Saxophonsatz der Ellington Band zu sitzen, die Augen fest geschlossen, wie aus Angst vor dem Licht, solange bis er hörte, wie sein Boss am Klavier den Einstiegscue für sein Solo legte. Dann schoß er plötzlich in die Höhe, legte ein Solo von derart überwältigender Schönheit hin, daß das Publikum in kollektiver Bewunderung nach Luft schnappte; anschließend nahm er seinen Platz wieder ein und fiel zurück in den vorherigen scheinbar somnambulen Zustand.

Nichtsdestoweniger wurde Hodges Anfang der 50er Jahre unruhig und entschloß sich nach längerem Zögern 1953, den Duke zu verlassen und eine eigene Formation zu gründen. Einige Kollegen aus Dukes Band nahm er mit: den Trompeter Harold „Shorty" Baker, den Posaunisten Lawrence Brown, den Drummer Sonny Greer und, für ein paar Aufnahmesitzungen, den Baritonsaxophonisten Harry Carney. Das Repertoire bestand zu 90 Prozent aus „Ellingtonia", die Band war eine Combo, direkt aus der Bigband des Duke gepflückt, und genau so klang sie auch.

Am Tenorsaxophon war John Coltrane; er und Hodges waren die einzigen permanenten Saxophonisten der Band. Es lag eine gewisse Ironie darin, daß John nun zu seinem Ausgangspunkt zurückkehrte; nach den Einflüssen von Bird, Pres, Hawk, Gordon und Getz spielte er nun mit Rabbit, der damals in den Tagen von High Point sein allerserstes Saxophonidol gewesen war.

Ungeachtet der physischen und musikalisch-stilistischen Unterschiede zwischen den beiden Saxophonisten gab es auch erstaunliche Parallelen zwischen ihnen; ihre Musik war ihr Leben, und Johnnys Augen glühten mit derselben absorbierenden Leuchtkraft wie die Johns.

Jedoch Johnny war sauber und John war es nicht.

Coltranes Rauschgiftsucht trat nicht sehr offen zutage und beeinträchtigte kaum seine Musik, aber manchmal nickte er ein, während er auf seine Soli wartete. Das bemerkten die anderen Bandmitglieder natürlich; gelegentlich weckte ihn dann einer mit einem wohlplazierten Rippenstoß. Hodges selbst blickte fast immer direkt nach vorne ins Publikum und war daher der Letzte, der diese Dinge sah, aber dennoch fühlte er sie als einer der ersten. Jedoch hatte er da seine eigene Philosophie: was seine Musiker taten, war ihre Sache, solange es die Musik nicht störte.

John stellte Johnny viele Fragen über das Saxophon. An diesem Punkt seiner Entwicklung lernte er aber mehr, indem er Hodges einfach zuhörte. Er studierte auch genau die Arrangements der Band, wobei ihn die Baßparts besonders interessierten und bat den Bassisten John Williams, ihm zu demonstrieren, wie er durch sein Spiel die harmonischen und rhythmischen Fundamente der Musik lieferte und wie der Baß auch Melodielinien spielen konnte. Später, in seinen eige-

* Kaninchen
** Maulwurf

nen Gruppen, war Coltrane dann ganz besonders heikel, was die Bassisten anbelangte; er suchte lange, bis er den Mann fand, der ihm am geeignetsten erschien: Jimmy Garrison, der im Hintergrund blieb und das grundlegende harmonische und rhythmische Fundament lieferte.

Mehr als alles andere lernte Coltrane von Johnny Hodges Intonation. Er beobachtete, wie sein Chef auf jedem Ton verweilte, jeden einzelnen liebkoste, so als ob sie Frauen wären und er sich für keine von ihnen entscheiden könnte. Wenn Johnny etwa *Warm Valley* spielte, dann verfolgte John seine Fingerarbeit mit den Augen und vollzog sie lautlos, ohne in das Mundstück zu blasen, auf seinem eigenen Horn nach.

Coltranes Balladen-Feature war *Smoke Gets in Your Eyes.* Er hielt sich dabei eng an die Melodie, erweiterte sie aber an einigen Stellen und fügte eigene Erfindungen an anderen ein, verschob und veränderte die Akkorde so lange, bis er den Song praktisch neu harmonisiert hatte. Es war die unaufhörliche Faszination der Harmonik, die seine Aufmerksamkeit für sein gesamtes musikalisches Leben in Anspruch nehmen sollte.

Auch sonst war das Bandbook von ebenso hoher, wenn nicht sogar höherer Qualität: Ellington, Kern und Berlin, um nur drei Komponisten zu erwähnen. Besonders die Songs von Duke: scheinbar einfach beim ersten Anhören, aber immer anspruchsvoller und komplexer, je öfter man sie spielte. Und Coltrane bekam 250 Dollar pro Woche dafür, daß er sie spielte.

Er blieb bis September 1954 bei Hodges. Im Sommer dieses Jahres wurde die Band wegen einer ausgedehnten Tournee mit den Vokalisten Ruth Brown und Billy Eckstine erweitert. Einer der neu dazukommenden Musiker war Benny Golson, der nach zwei Jahren des Musikstudiums an der Howard University nach Philadelphia zurückgekehrt war, überzeugt, er könne durch aktives Spielen, Üben und Selbststudium besser weiterkommen. John war natürlich überglücklich, Benny wiederzusehen; sie saßen nebeneinander, auf der Bühne und im Bus, und teilten während der Tournee stets ein Hotelzimmer miteinander.

Trotz all dem endete Johns Mitgliedschaft in der Band zum vorhin erwähnten Zeitpunkt; Johnny Hodges mußte sich einfach von ihm trennen.

„Coltrane saß in seinem Stuhl, das Horn im Mund, die Finger auf den Klappen, aber er spielte nicht', erinnert sich John Williams. „Es war nicht zu übersehen, daß er Drogen konsumierte, und als es immer öfter zu solchen Vorfällen kam, nahm ihn Hodges zur Seite und redete ihm ins Gewissen. John konnte nicht viel erwidern, er wußte, Hodges hatte recht. Und dann passierte alles am nächsten Abend wieder, auf die gleiche Weise."

Johnny Hodges mochte John Coltrane genau so gerne, wenn nicht noch mehr, als dieser ihn. Aber Johnny konnte keinen Junkie in seiner Band behalten, wenn dessen Sucht begann, die Qualität der Musik zu beeinträchtigen. Also war John draußen; anders ging es nicht.

Ich sah John mit Bull Moose Jackson spielen. Ich bin sicher, dieser Job war rein ökonomisch begründet. Wenn du Geld brauchst, und du bist Musiker, und der einzige Gig in Reichweite ist in einer Rhythm-and-Blues-Band, dann nimmst du ihn wahrscheinlich.

BILL BARRON

Coltrane erzählte mir einmal über eine Band namens Daisy Mae and the Hepcats, mit der er gearbeitet hat; die Art von Band, die zehn Jahre später in den Lounges von Las Vegas zu finden war. Daisy Mae hüpfte vorne in einem glitzernden Kostüm herum und ihr Gatte, der Gitarrist, spielte hinter ihr. John sagte, der Mann hatte den „verlorenen Akkord" entdeckt, denn es klang so, als spiele er immer denselben Akkord zu allem — ein chromatisches Knirschen.

BILL EVANS

John und ich spielten 1954 in Cleveland mit Big Maybelle. Der Clubbesitzer verlangte von John eine „Walking the Bar"-Einlage, aber John sah zu Boden, legte eine Hand auf den Magen und sagte: „Sorry, das geht nicht, ich habe Magengeschwüre." Wir bogen uns vor Lachen und der Typ war ziemlich sauer, aber unser Gitarrist Junior Walker meinte, er könne das machen, er hätte ein extralanges Kabel von seiner Gitarre zum Verstärker. Er tat es, und John spielte hinter Big Maybelle einen klagenden Blues. Sie war so begeistert, daß sie sich an das Publikum wandte und sagte: „John Coltrane ist mein Lieblingsmusiker, und das könnt ihr mir glauben, das ist die Wahrheit!"

STEVE DAVIS

Gleich um die Ecke von dem Haus der Coltranes in Philadelphia war ein Lokal namens *Pat's* und dort gingen John und andere Musiker oft nach der Arbeit hin und stopften sich voll mit Hoagies, einer besonderen Art von Sandwiches. Wenn sie keine Gigs hatten, gingen sie trotzdem hin, denn Essen ist ein gebräuchliches Mittel gegen Frust. Zu den Musikern, die dort regelmäßig herumhingen, gehörte auch der verstorbene Pianist Bobby Timmons, der John in die Freuden der Hoagies einführte.

Coltrane wurde dicker, aber Frustration war nicht der einzige Grund. Er nahm nun Heroin in ebenso großen Mengen zu sich wie Alkohol, und wenn ihn diese gefährliche Mischung verlangsamte, wenn er sich träge fühlte, dann dachte er, er brauche mehr Nahrung, um seine Kräfte wiederzugewinnen; also aß er mehr und öfter. Seit er erwachsen war, wog er meist etwas über 70 kg; die 10 kg, die er nun zugenommen hatte, waren deutlich erkennbar. Seine Mutter nähte seine gesamte Garderobe um; auch das war deutlich erkennbar.

Ein Hoagie war ein dickes Stück italienisches Brot, seitlich aufgeschlitzt und gefüllt mit Tomaten, Käse, Zwiebeln, Salami, Pfefferschoten, Mayonnaise, Schinken, Ketchup und Senf.

Mehr als nur einmal geschah es, daß John eines in die Hand nahm, es in die richtige Position vor seinem Mund brachte und abbiß; jedoch bevor er noch den Geschmack dieses Super-Sandwichs genießen konnte, begann schon der Schmerz.

Seine Zähne, natürlich; sie waren noch immer nicht in Ordnung. Aber eine Behandlung kostete Geld, er haßte Zahnärzte ohnehin, er verdiente im Augenblick nicht gut und er grübelte, wohin er sich musikalisch entwickelte, warum er jemals mit Heroin angefangen hatte, ganz zu schweigen vom Alkohol, und was ihm wohl als nächstes zustoßen würde.

John hatte oft Probleme mit seinem Magen; das kam davon, daß er Drogen und Alkohol mischte. Wir machten zusammen Plattenaufnahmen mit Gene Ammons und ich weiß noch, wie sich alle Musiker vor dem *Prestige*-Büro versammelten und warteten, daß Rudy Van Gelder sie zur Aufnahme holte. John fühlte sich nicht gut und fragte jeden, was er gegen seine Magenbeschwerden tun solle. Ein Typ empfahl ihm Brioschi, der andere Alka Seltzer, wieder ein anderer meinte, er solle Magenbitter probieren. Dann fragte er mich, und ich sagte scherzhaft: ,,Das ist eine wichtige Aufnahmesession, also nimm am besten alles!'' Soweit ich mich erinnere, folgte er keiner der Empfehlungen, sondern aß anstatt dessen irgendwelche Früchte, die Naima ihm gab.

PEPPER ADAMS

Ich lernte John Coltrane im Juni 1954 im Haus von Steve Davis kennen. Ich fand ihn sehr nett, aber ein wenig auf der ,,ländlichen'' Seite; er trug ein kurzärmeliges Hemd ohne Unterleibchen und keine Socken. Steve Davis' Frau blödelte mit ihm herum, sie fragte: ,,Wie bist du denn angezogen?'' Als ich mit ihm bekanntgemacht wurde, erschien mir sein Name so seltsam, daß ich sagte: ,,Coltrane? Was ist das für ein Name? Wie schreibt man das?''

NAIMA COLTRANE

Shakespeare hatte seine Dunkle Dame der Sonnette, und Coltrane seine Dunkle Dame des Songs. Naima ist am 2. Januar 1926 in Philadelphia geboren, in einem kleinen Haus auf der Darien Street; ihr christlicher Name war Juanita. Sie ist die Schwester von Earl Grubbs. Nach ihrem High School-Abschluß 1943 nahm sie einen Job als Näherin in einer Stoffabrik an. Zur Zeit, als sie John Coltrane begegnete, beschäftigte sie sich sehr viel mit Astrologie; John war im Zeichen der Jungfrau geboren und sie freute sich, daß dieses Zeichen mit ihrem eigenen, dem Steinbock, harmonierte. Sie war moslemischen Glaubens; ihre Tochter Antonia, auch Saida genannt, war damals fast fünf Jahre alt und vaterlos, denn Naima war nie verheiratet gewesen.

Sie lebte mit ihrem Bruder und dessen Frau Lucy in einem Haus auf der West Thompson Street, das Earl Grubbs im Oktober 1950 erworben hatte; sie und Toni hatten Zimmer im dritten Stock. Wenn Naima nicht arbeitete, beschäftigte sie sich mit den neuesten Sounds. Sie liebte Musiker und ihre Musik; wenn Dizzy Gillespie oder Miles Davis in der Stadt auftraten, war sie dort.

Sie hatte John noch nie spielen gehört, als sie einander kennenlernten, empfand aber musikalische und außermusikalische Vibrationen in seiner Gegenwart. Sie erinnerte sich gut an seine, wie sie sagt, ,,spontane Art zu reden''. Bei der ersten Begegnung trug sie einen breiten Ledergürtel, verziert mit künstlichen Steinen, und John sagte: ,,Ich mag diesen Gürtel nicht, das bist einfach nicht du. Du solltest dir einen anderen besorgen, einfärbig und ohne diesen ganzen Ramsch drauf.''

Seine Augen leuchteten in einem subtilen Lächeln, als sie ihren begegneten. Sie war etwa 1,70 m groß, mit einem lieblich-runden Gesicht, eher hübsch als schön und von einer einfach-erdhaften Ausstrahlung, die ihn anzog; er empfand sie als angenehm und sagte, in ihrer Gegenwart fühle er sich immer und überall wohl, sie gebe ihm eine Art Backstage-Feeling.

Kurz gesagt, sie war *wirklich,* sie stand mit den Beinen auf der Erde. Und während seine Alkohol- und Drogenphantasien von Tag zu Tag unirdischer wurden, bot ihm Naima jene Realität, in der er aufgewachsen war und die er immer noch erhalten oder wiedergewinnen wollte. „Weißt du, ich rede nicht viel", sagte er zu ihr, als er sie einmal nach Hause brachte, und dann ging am nächsten Morgen die Sonne auf, und er redete immer noch.

Oft sprachen sie über Musik miteinander, wenn sie auch noch andere gemeinsame Interessen hatten.

Naima hörte in ihrem Elternhaus alle Arten von Musik; Bartok war ihr ebenso vertraut wie der Blues. In der Schulzeit besuchte sie Konzerte. Einmal spielte ein Symphonieorchester in der Schule und hinterher erklärte der Dirigent den Schülern die Musik, die sie eben gehört hatten. Naima empfand das seltsam; es war nicht so wichtig, dachte sie, die Musik genau zu verstehen, es genügte, daß sie einem gefiel.

„Entweder magst du sie oder nicht", sagte sie zu John.

Und er erwiderte: „Ich möchte gern, daß du mich spielen hörst."

Es dauerte noch einen Monat, bis sie dazu Gelegenheit bekam, in einem Club, wo er eine bekannte Sängerin begleitete. Er durfte ein paar Soli spielen und sie bekam einen Begriff von seinem Sound, der sie an Wolken erinnerte, „denn Wolken verhüllen die Erde wie eine Decke."

Ihre Nackenhaare kribbelten in dieser Nacht, als sie seine Musik hörte.

Ein weiterer Monat ging vorüber, und John teilte Naima mit, daß sie heiraten würden. Sie aßen gerade bei Pat's ein Hoagie miteinander, als er es zur Sprache brachte, einfach als Feststellung einer Tatsache; in seiner Stimme war so viel Emotion, als verlange er ein Glas Wasser.

„Aber woher weißt du das", protestierte sie, „du hast mich noch nicht einmal gefragt!"

„Dann frage ich dich eben jetzt", erwiderte er und machte mit ruhiger Stimme einen formellen Antrag.

Die Hochzeit war am 3. Oktober 1955, in jenem bedeutsamen Monat also, in dem John zum ersten Mal Plattenaufnahmen mit Miles machte, dessen Quintett er seit dem vorangegangenen Frühling angehörte.

Naima und John hatten keine religiösen Konflikte miteinander; sie behielt ihren Moslemglauben und er blieb Christ, was er seit langem ohnehin nur mehr nominell war, und vertiefte sich noch mehr in seine philosophische Lektüre. „Ich glaube an alle Religionen", sagte er später einmal. Naima meinte: „Ich dachte nie daran, daß John kein Moslem war, denn für mich war er immer ein sehr religiöser Mensch."

Nach der Hochzeit wohnten auch Naima und Toni mit John und seiner Mutter in dem Haus an der North 33th Street.

An etwas erinnere ich mich besonders gut: hinter der Bühne fingerte Coltrane oft an seinem Horn, ohne zu spielen; so, als ob er sich in seinem Inneren zurechtlegen wollte, was er im nächsten Set spielen würde.

BILLY TAYLOR

Billy Taylor wirkt alterslos; er scheint noch immer dieselbe jungenhafte Ausstrahlung zu haben wie in seinen Zwanzigern. Ob du ihn vor ein paar Jahren als musikalischer Direktor der David Frost Show im Fernsehen gesehen hast oder zwei Dekaden davor als Hauspianist im *Birdland* — so sieht er immer noch aus. Er war ein Protegé von Art Tatum und sein Klavierspiel reflektiert immer noch den Einfluß des Meisters: schnelle beidhändige Läufe, unerwartete Arabesken und die Fähigkeit, in allen Registern und allen Tonarten zu spielen.

Coltrane, der immer noch seinen Wohnsitz in Philadelphia hatte, kam in den Jahren 1954 und 1955 gelegentlich für einen Gig nach New York. Taylor hörte ihn bei einer der regulären Montag-Jam Sessions im *Birdland,* wo er hauptsächlich Bop-Phrasen spielte, aber „immer mit etwas eigenem dabei, einer seltsamen Wendung in einer Phrase oder einer ungewöhnlichen Akkordsubstitution; Dinge, die aber genau richtig schienen für seinen Stil, wenn man darüber nachdachte.“ Es war Taylors Job, all die vielen Musiker zu begleiten, die bei der Session auftauchten, aber mit John spielte er anders, forderte ihn mit unüblichen musikalischen Seitenwegen heraus, die den Saxophonisten ermutigten, seine eigenen Ideen weiterzuverfolgen.

Coltrane wußte, daß Taylor bei Tatum gelernt hatte und stellte ihm oft Fragen über Tatums Klaviertechnik, mit so viel Interesse, als ob er selbst Pianist gewesen wäre. Das war möglicherweise schon ein Vorspiel zu Johns späteren Übungen mit einem Klavierbuch.

Während der Pausen gingen die beiden oft auf einen Kaffee in eine Kneipe um die Ecke. Und dann kamen die typischen Coltrane-Fragen; etwa: „Billy, wie hast du das gemacht, welche Progressionen hast du bei diesem einen Lauf verwendet?“ Und geduldig schrieb ihm der Pianist die Progressionen auf, damit John sich in Ruhe damit auseinandersetzen konnte.

Coltrane fragte Taylor auch nach vielen der älteren Musiker, mehr oder weniger berühmten, die in der Periode nach dem Krieg aktiv gewesen waren. Es schien fast, als ob John wünschte, alt genug zu sein, um sie alle und ihre Musik selbst erlebt zu haben, als ob er, zu spät geboren, um an der glorreichen Beboprevolution teilzunehmen, sich fragte, wann denn die nächste Enteignung des musikalischen Establishments stattfinden würde, nicht ahnend, daß er selbst als einer der Rädelsführer des kommenden musikalischen Staatsstreichs ausersehen war.

Umgekehrt fragte Billy John über seine Tage mit den Rhythm-and-Blues Bands aus. Er hatte sich überlegt, ob Johns Drogenabhängigkeit nicht durch den Zwang, aus Gründen des reinen Überlebens derartige Musik spielen zu müssen, verstärkt oder vielleicht überhaupt erst entstanden war. Aber Billy formulierte seine Frage etwas vorsichtiger: Hatte John, als er bei Bull Moose Jackson, King Kolax und natürlich der sagenhaften Daisy Mae und ihren Hepcats arbeitete, irgendetwas gelernt?

Coltrane seufzte; er versuchte zunächst, die Frage mit einem Achselzucken abzutun. Offensichtlich war es ihm peinlich, an das, was er in Philadelphia und gelegentlich auf Tournee immer noch tat, erinnert zu werden. Schließlich meinte er zögernd: „Es erreicht die Leute. Es ist eine direkte emotionelle Kommunikation, in die das Publikum miteinbezogen wird.“

Und er weigerte sich, mehr zu sagen.

Ich kannte John Coltrane als Tenoristen, schon bevor ich ihn jemals mit Miles sah; ich verfolgte seine Karriere von Anfang an bis zu seinem Tode. Das Wort, das ich immer verwendete, um seine Musik zu beschreiben, ist „kraftvoll“.

Ich hörte darin Bebop und dessen Weiterentwicklung, ebenso einen gewissen stomping sound, der wahrscheinlich von seinen Rhythm-and-Blues-Aktivitäten herrührte. Ich spürte auch eine ernsthafte meditative Begabung in seiner Musik, etwas, das ich vorher nur mit einem einzigen Musiker assoziiert hatte, nämlich mit Charlie Parker, der ein melodischer Genius war. Obwohl Coltranes meditative Begabung eher im Harmonischen lag, signalisiert sie für mich Genie.

BARRY ULANOV

Jetzt wird es Zeit, ihn Trane zu nennen.

1955, knapp bevor er zu Miles Davis stieß, gab ihm jemand diesen Spitznamen und er blieb hängen. Wer es war, ist ebensowenig eruierbar wie die Person, die ihn zum Rauschgift brachte. Ausgenommen Benny Golson, Bill Barron und einige andere enge Freunde, die ihn weiterhin John nannten, war Coltrane von nun an ,,Trane" für die meisten Musiker und Fans. So, wie Charlie Parkers Spitzname Yardbird von einem bestimmten Zeitpunkt an zu Bird abgekürzt worden war.

Die metaphorischen Andeutungen sind in beiden Fällen überaus treffend. Bird *flog* wirklich durch sein Leben, losgeschnitten von seinen Wurzeln durch eine Kombination aus künstlerischem Genie und völligem Mangel an persönlicher Disziplin. Er war ebenso wurzellos wie rastlos, ein Geist so frei von Verpflichtung und Zwang, daß er wie sein Medium, die Luft, nicht festgehalten werden konnte und daher mit allen, mit denen er zu kommunizieren versuchte, nie wirklich in Verbindung trat. Bird steuerte einen unerbittlich selbstzerstörerischen Kurs, an dessen Ende als großes Finale nur eines denkbar war: ein früher Tod.

Trane, auf der anderen Seite, war trotz aller Wildheit und Grenzenlosigkeit seiner Musik ein Mann der Selbstkontrolle. Seine Wurzeln waren tief, er war sich immer seines Erbes bewußt, ein unabhängiger und disziplinierter Mensch, der getreu seinem Spitznamen seine Kraft und Stärke langsam aufbaute, seine Geschwindigkeit immer mehr steigerte, während er die Schienen seiner Musik und seines Geistes entlangdonnerte und an seinem Ziel vielleicht nicht so schnell wie Bird, aber in wesentlich besserem Zustand anlangte.

Nachdem Freud postuliert hat, Bewegung sei das erste Lustprinzip, ist jede Form der Fortbewegung natürlicherweise ein Beispiel für das Wirken kinetischer Energie. Und John Coltrane war sicherlich ein immer in Bewegung befindlicher Musiker; Musik bewegte ihn immerzu, ganz besonders innerlich.

Coltrane und ich lernten einander 1950 in New York kennen, wo wir bei einigen denkwürdigen Gigs mit Miles Davis zusammenspielten. Bei ihm mußte ich besonders aufmerksam zuhören; anfangs wußte ich oft nicht, was er machte und wo er hinauswollte, aber dann hörte ich noch genauer hin und schließlich begann ich, seine Musik besser zu verstehen. Später wurden wir dann gute Freunde, immerhin gut genug, um mir von ihm Geld auszuleihen, und das habe ich außer bei Coltrane und Monk niemals getan.

SONNY ROLLINS

Sonny Rollins ist drei Jahre jünger und etwas größer als John Coltrane, aber ein Leben von ihm entfernt. Wie auch immer, ihre Pfade kreuzten sich, als sie beide für Miles arbeiteten (zweimal: Sonny 1954 und 1957, Trane 1955—56 und 1957—60). Beide begannen auf dem Altsaxophon und wechselten später zum Tenor.

Ihre musikalischen Einflüsse hingegen waren verschieden: Rollins kommt von Pres* und Bird her und ist ein melodischer Improvisator par excellence, während Hawkins und Dexter Gordon Coltrane in Richtung fortgeschrittene Harmonik beeinflußten. Rollins ist der traditionellere der beiden, klingt sehr „tenorisch", mit einer Breite und Kraft, die Coltrane nur durch seine Tiefenwirkung, Brillanz und Melancholie wettmachen und später übertreffen konnte.

Eine persönliche Beziehung zwischen den beiden begann sofort, denn Sonny besitzt im Überfluß charakterliche Eigenschaften, die auf John anziehend wirkten: Individualismus, forschender Geist und philosophische Tendenzen. Später nannte Trane Sonny als einen der vier Musiker, die er am meisten bewunderte. Er widmete ihm auch ein Musikstück, was er nur für Menschen tat, die ihm persönlich oder musikalisch sehr nahe standen.**

Möglicherweise hat sich Rollins auf seine eigene Art für diese Liebenswürdigkeit revanchiert. Im Frühjahr 1955 wurde Trane fulltime-Mitglied des Quintetts von Miles. Sein Vorgänger war dort Sonny Rollins gewesen, der sich aber wieder einmal kurzzeitig ins Privatleben zurückziehen wollte und Miles benötigte zweifellos einen Saxophonisten, der ihm permanent zur Verfügung stand. Es ist durchaus denkbar, daß Rollins, der Coltranes steigende Frustration wegen seiner mangelnden Bekanntheit beobachtete, einfach „Platz machte" und damit seinem Kollegen die lange erwartete Gelegenheit verschaffte.

Sicherlich erhielt Trane Hilfe von Philly Joe Jones. Wie der Name andeutet, stammte dieser aus Philadelphia; sein Spitzname sollte ihn nachdrücklich von Count Basies Ex-Drummer Jo Jones unterscheidbar machen, mit dem er übrigens nicht verwandt war, ebensowenig wie mit Elvin. Philly Joe und Trane hatten in Philadelphia zusammen gespielt; dann engagierte Miles den Drummer und dieser empfahl Trane als Tenoristen.

Ironischerweise wurden gerade Coltrane und Jones die beiden Bandmitglieder, deren Entlassung man Miles am häufigsten nahelegte. „Die Leute sagten, Trane kann nicht spielen und Philly Joe ist zu laut", erinnerte sich Miles, „aber ich weiß, was ich will, und hätte ich nicht gedacht, die beiden wissen, was sie tun, wären sie nicht in meiner Band gewesen."

Red Garland war der Pianist und legte ein gutes Wort für Coltrane ein, der Bassist Paul Chambers unterstützte ihn dabei; auch er kannte Coltrane gut genug. Es ist also beinahe untertrieben zu sagen, daß John Coltrane mit den besten Empfehlungen zu Miles Davis kam.

Charlie Parkers dritte Ehefrau Doris lebte damals in Chicago, als die Davis-Gruppe in der *Sutherland Lounge* auftrat und erinnert sich noch sehr gut an ihre erste persönliche Begegnung mit John Coltrane.

Viele hielten Trane damals immer noch für überaus gradlinig, nur wenige wußten um seinen subtilen unkonventionellen Humor. Doris ging einmal für Paul Chambers, der in einem Apartement im Sutherland Hotel wohnte, einkaufen, und als sie sich mit zwei schweren Taschen voller Lebensmittel dem Hotel näherte, bot ihr auf der Straße ein Mann seine Hilfe an. Sie zögerte erst, aber er

* Abkürzung von President = Spitzname von Lester Young

** *Like Sonny,* auf Atlantic Records

schien freundlich zu sein und schließlich trug er die Taschen bis zu Chambers' Zimmer.

Der Mann kam Mrs. Parker irgendwie bekannt vor, sie wußte aber nicht, wo sie ihn hintun sollte und scheute sich, eine direkte Frage zu stellen.

Paul öffnete die Türe, starrte Doris' Begleiter erstaunt an und sagte: ,,Ihr kennt euch?" Der Mann erwiderte den Blick, setzte die Taschen ab und entfernte sich.

Als Paul den Einkauf hineintrug, fragte Doris: ,,Paul, wer war dieser Mann? Kennst du ihn oder nicht?"

Er zwinkerte ihr zu: ,,Hast du ihn nicht erkannt?"

Sie zögerte. ,,War das... war das wirklich..."

Er nickte. ,,John Coltrane."

Paul Chambers und ich sind beide aus Detroit und Paul verschaffte mir im November 1955 einen Gig: Plattenaufnahmen für eine neue Firma namens *Transition;* John war auch dabei. Unglücklicherweise — oder glücklicherweise, das hängt davon ab, ob man es als Musiker oder als Kritiker sieht — wurde das Album nie veröffentlicht; sie brachten nur eine Nummer, einen Blues, auf einem Sampler heraus, aber die Kritiken waren so schlecht, daß sie Angst bekamen, das Album zu veröffentlichen.* Ich weiß noch, der Kritiker von *Down Beat* lobte alle Musiker außer Coltrane und mir, ein typischer Fall von Saxophondiskriminierung. Über Trane schrieb er, er klinge hysterisch und orientalisch. Das nächste Mal, als ich John traf, sagte ich: ,,Wie geht's dir, du hysterischer Orientale?" Und er lächelte... unergründlich.

PEPPER ADAMS

Andere Musiker waren weniger freundlich, aber einige waren so freimütig und ehrlich wie John zu ihnen.

Zum Beispiel:

Ich will ehrlich zu dir sein, Coltrane: ich weiß nicht, was du machst. Weißt du es eigentlich selbst?

TONY RULLI

Tony Rulli verkauft Selmer-Instrumente. Er lebt jetzt in New York, aber in den späten 50er und frühen 60er Jahren arbeitete er am Hauptsitz der Firma in Elkhart, Indiana, wo sich auch die Fabrik befindet. Er spielt selbst Tenor und weiß von Saxophontechnik ebensoviel wie jeder Lehrer. Als Miles Davis im Herbst 1955 das Engagement im *Sutherland* spielte, ging Rulli nicht wegen Coltrane hin, sondern wegen Miles; er wollte ihm eine Selmer-Trompete verkaufen.

Er weiß nicht mehr, ob es dazu kam; er erinnert sich nur, daß Coltrane ein Selmer-Sax spielte. Aus der Art, wie er klang, schloß Rulli, John müsse Proble-

* Gleichzeitig mit der Drucklegung der amerikanischen Originalausgabe dieses Buches veröffentlichte die Firma *Blue Note* in einem Re-issue-Doppelalbum zwei weitere Aufnahmen von dieser Session; siehe Diskographie im Anhang.

me mit seinem Instrument haben und lud ihn ein, in die Fabrik zu einer Überprüfung zu kommen. Und dort stellte er die oben verzeichnete Frage.

Und John antwortete.

Mehr als das: er sagte ihm nicht nur, was er machte, er zeigte es ihm auch. Er nahm Notenpapier zur Hand und skizzierte Akkordprogressionen, Melodielinien und rhythmische Figuren. Währenddessen erklärte er alles bis ins Detail, und Rullis Mund — ebenso wie sein Gehirn — öffnete sich weiter und weiter.

Als Coltrane geendet hatte, blicke Tony Rulli ihn an und sagte langsam, im Tone größter Ehrfurcht: ,,Jetzt weiß ich, warum ich nicht wußte, was du machst: ich habe es nicht verstanden. Jetzt, wo ich es verstehe, weiß ich es.''

Eine lange Pause.

,,Zumindest... *glaube* ich, es zu verstehen.''

Welcome to New York, Brother... its a City full of Fun.

LEON THOMAS

Ich begegnete John Coltrane zum ersten Mal vor dem *Cafe Bohemia* auf der Barrow Street; das war im Frühling 1956, als Miles Davis dort auftrat. In einer Pause ging ich vor das Lokal und da stand Coltrane und aß einen Kuchen. Ich erinnere mich an seine Augen; groß, aber nicht starrend, freundlich und beinahe gedankenverloren. Wir blickten einander lange an, dann sagte ich hello, und wie sehr ich auf seine Musik stehe. Ich spielte damals bei Charles Mingus und als ich das erwähnte, meinte er, er sei ein großer Bewunderer von Mingus' Musik. Er sagte auch, er selbst versuche, die Musik über die 32-taktige Songform hinauszuentwickeln und über eine Idee oder eine einfache Linie zu improvisieren, wie es die indischen Musiker mit einer Raga tun. Ich spiele Waldhorn und wir sprachen über dieses und über viele andere Instrumente und wie ihre individuelle Klangfarbe am besten eingesetzt werden kann. Es war die ernsthafteste musikalische Diskussion in der kürzesten Zeit, die ich jemals erlebt habe.

DAVID AMRAM

Ende 1956 sah ich Coltrane im *Bohemia;* das war eine der Gelegenheiten, wo sowohl Rollins als auch Trane mit Miles spielten. Sonnys Stil war mir vertraut, aber Trane überraschte mich wirklich; er bestand mehr als ehrenvoll neben Rollins, der für mich immer einer der großen Tenorvirtuosen war. Auf Sonnys melodische Soli folgte Trane mit einigen der seltsamsten und gewundensten Akkordprogressionen, die ich jemals gehört habe. In der Pause ging ich zu ihm, um mit ihm zu reden, und er sagte: ,,Du bist Paul Jeffrey? Von dir habe ich schon gehört. Komm wir gehen nach hinten.'' Dann gab er mir sein Horn in die Hand und meinte: ,,Ich möchte dich spielen hören.'' Ich war so aufgeregt, daß ich die Finger kaum auf die Klappen brachte, aber ich schaffte ein paar passable Läufe. Dann gab er mir seine Adresse und sagte, wann immer ich in der Gegend wäre, sollte ich vorbeikommen.

PAUL JEFFREY

Die Coltrane-Familie übersiedelte im Juni 1956 für ständig nach New York; während sie sich nach einer passenden Unterkunft umsahen, wohnten sie im Apartement von Paul Chambers in Brooklyn. Sie waren übereingekommen, es sei sowohl logisch als auch notwendig, in New York ansässig zu sein; nicht nur, weil Davis und andere Musiker hier lebten, sondern auch weil hier die meisten Plattenfirmen, Clubs und Zeitungen waren. Philadelphia war gut genug gewesen, solange John um das Überleben kämpfte, aber nun, wo er begann, sich mit Miles einen Namen zu machen, war es das beste, dort zu sein, wo die musikalische „action" war.

Das Miles Davis Quintett war zu dieser Zeit bei *Prestige* unter Vertrag. Trane überredete Miles, eine Komposition von Benny Golson, *Stablemates,* in eines seiner Alben aufzunehmen; er wollte seinem alten Freund einen Gefallen erweisen. Die Nummer wurde ein Jazz classic, sie half Benny als Komponisten und Trane als Solisten, besser bekannt zu werden. Auch Miles profitierte; die Aufnahmen dieser Session trugen dazu bei, ihm die lang ersehnte Möglichkeit eines künstlerisch und finanziell ergiebigeren Plattenkontraktes zu schaffen, als *Prestige* ihm bieten konnte.

George Avakian von *Columbia Records* wollte Miles.

Avakian war der verantwortliche Producer für Jazz- und Popalben. Er hatte Miles' Triumph beim Newport Jazz Festival miterlebt, wo dieser mit Monks exquisiter Ballade *Round Midnight* die meisten Kritiker begeisterte und dazu brachte, über sein „Comeback" zu schreiben und er, Avakian, war beeindruckt genug, seiner Firma einen Vertrag mit dem Trompeter nahezulegen. Die 4000 Dollar Vorschuß waren ein hochwillkommener Glücksfall für Miles, der zu dieser Zeit wohl viele Plattenaufnahmen machte, jedoch nur selten auftrat; meist nur an Montagabenden im *Birdland.*

Mit Davis kam, selbstverständlich, Coltrane.

„Ich traf Coltrane Ende 1955 zusammen mit Miles im *Bohemia*", erinnerte sich Avakian, „er erinnerte mich an einen großen Cherub, wenn auch einen ziemlich ausdruckslosen. Es war nicht leicht, mit ihm ins Gespräch zu kommen, aber ich fühlte die Tiefe dieses Mannes und seine ausgeprägte Intelligenz. Ich stamme aus einer armenischen Familie, und erst als ich mein Interesse an östlichen Kulturen zur Sprache brachte, wurde John offen und mitteilsam. Er erzählte von Büchern, die er gelesen und Erfahrungen, die er gemacht hatte; in all dem war er mir damals weit voraus. Während wir sprachen, fielen mir besonders seine Augen auf; sie konnten einen wirklich fesseln, und wenn er mich ansah, oder jemand anderen, dann schien er bis auf den Grund zu sehen."

Avakian blieb an diesem Abend für mehrere Sets. Am meisten beeindruckten ihn die zerklüfteten explosiven Harmonien, die John erforschte. Die Klänge seines Instruments waren wie Schreie, nach Aufmerksamkeit und zugleich nach Erlösung. Mit Spannung und äußerster Aufmerksamkeit verfolgte George den Saxophonisten während des Spiels, es schien, als „würde er größer, umfangreicher, als wüchse er buchstäblich mit jedem Ton, den er spielte, mit jedem Akkord, den er bis an die äußerste Grenze dehnte."

Dann nahm Miles Davis sein erstes Album für *Columbia* auf, *Round About Midnight.*

Die Titelnummer war die vorhin erwähnte Monk-Ballade; warum das Wörtchen ,,about" eingefügt wurde, scheint niemand zu wissen.* Die Aufnahmen entstanden in drei verschiedenen Sitzungen Ende 1955 und Anfang 1956. Die Monkballade, mit einem Dämpfer-Solo von Miles, gefolgt von einem Tenorsolo in doppeltem Tempo, wo Trane berstend von Energie eine Flut von Tönen herausschleudert, so knapp aneinander, daß sie sich fast überlappen, war für die meisten der Höhepunkt des ganzen Albums. Die Feinschmecker jedoch begeisterten sich besonders für *Bye Bye Blackbird,* einen uralten Schlager, den Miles oft für seine zeitgenössischen Improvisationen verwendete. Das tat auch Trane, dessen *Blackbird*-Solo, ein Geysir von Arpeggien und ,,gezogenen" Tönen, so klang, als käme es vom Grunde eines tiefen klaren Brunnens der Kreativität. Als Mitglied der Davis Band fand Coltrane seine eigene Stimme, kultivierte seinen Sound und enthüllte sein musikalisches Konzept für seine Kollegen und für die Fans.

Ein Musiker, der später einer seiner Fans werden sollte, der Altsaxophonist Jerry Dodgion, lebte damals in San Francisco. Als er Trane das erste Mal hörte, bekam er zunächst den Eindruck, als hätte dieser Schwierigkeiten mit dem Horn. Nichtsdestoweniger widmete er Trane seine volle Aufmerksamkeit, als das Miles Davis Quintett im *Blackhawk* auftrat. Ihm ging es ebenso wie vielen anderen Besuchern: er war an diesem Abend nicht nur von Miles allein fasziniert.

Dodgion wollte mehr davon. Er folgte den Musikern in ein Nachtlokal namens *Streets of Paris* in der Erwartung, noch mehr Coltrane-Sounds zu hören.

Er hörte sie nicht.

Trane saß einfach ruhig im Hintergrund, trank, rauchte, nickte und hörte den anderen Musikern zu. Jerry ging schließlich zu ihm hin, machte sich bekannt und sagte: ,,Geh doch hinauf und spiel mit!" ,,Nein, jetzt nicht", erwiderte John, ,,ich möchte lieber zuhören". Und das tat er, drei Nächte lang.

Coltrane und ich arbeiteten im *Showboat* in Philadelphia, und eines Nachts während der Pause kam ein Typ auf uns zu und sagte: ,,Kommt mit mir hinauf, ihr beiden, auf die Männertoilette!" ,,Na und?" sagte ich; Trane sagte gar nichts. Wir dachten, das sei ein Schwuler. Dann zog der Typ plötzlich einen Ausweis aus der Tasche und sagte: ,,Polizei. Rauschgiftdezernat. Macht kein Aufsehen, ja?" Wir gingen auf die Toilette und er zwang uns, unsere Hemden auszuziehen. Er behauptete, eine Frau hätte ihm gesagt, wir seien Junkies. Ich zeigte ihm meine Arme und sagte: ,,Sind sie nicht hübsch?" Dann betrachtete er Coltranes Arme: ,,Was ist mit diesen Einstichen?", fragte er. Trane machte ein schafsdummes Gesicht und meinte: ,,Das sind keine Einstiche, das sind Muttermale; die habe ich schon, seit ich mich erinnern kann." Ich platzte innerlich fast vor Lachen, aber Trane schaute den Cop so treuherzig an, daß er uns schließlich beide gehen ließ.

JIMMY COBB

* *Round About Midnight* ist der Originaltitel der Ballade, der auch auf den ersten Plattenaufnahmen aufscheint (Monk selbst, Dizzy etc.)
Die Kurzform bürgerte sich erst ein, nachdem Bernie Hanighen einen Text dazu geschrieben hatte, in dem es *Round Midnight* heißt. W. R. L.

Das Miles Davis Quintett 1955/56 war für John Coltrane eine äußerst ungewöhnliche Umgebung; nicht so sehr musikalisch, aber persönlich.

Das wesentlichste Beispiel: der Chef.

Davis war (und ist), wie Coltrane selbst, ein sich ständig entwickelnder Musiker, der Stil und musikalisches Konzept so oft wechselt wie seine Kleidung, und fast immer zum Besseren. Meist schweigsam und zurückhaltend bis zur Grenze der Schüchternheit, dann wieder bei anderen Gelegenheiten grob und verletzend bis zur Feindseligkeit; ein Mann und Musiker mit einer Mystik ohne Vergleich und einer Persönlichkeit, die man akzeptieren oder ablehnen muß; dazwischen gibt es nichts. Er ist das schwarze Schaf einer gutbürgerlichen Familie, er verläßt nach seinem Solo in jeder Nummer unbekümmert die Bühne; er gesteht seinen Musikern maximale Freiheiten zu, ihre eigenen Aussagen zu machen und bezahlt sie für dieses besondere Privileg weit über dem Tarif. Widersprüchlich, paradox, unberechenbar und nicht einzuordnen: das war (und ist) Miles Davis. Du kannst ihn mögen, oder du kannst es auch bleibenlassen; beides ist ihm egal.

Von den fünf Musikern seiner Band war er außerdem als einziger sauber.

Auch er war an der Nadel gewesen, aber er hatte aus eigener Kraft damit Schluß gemacht, noch vor seinem erfolgreichen Newport-Auftritt 1954. Seine Musiker hingegen waren alle auf Heroin; das war zumindest teilweise der Einfluß von Philly Joe Jones, der mit der Droge umging wie W. C. Fields mit dem Schnaps. Dennoch: die ständige Präsenz des ,,Big H'' beeinträchtigte die Musik nicht; nur die Musiker, aber das merkte keiner.

Oder doch?

War der Rauschzustand der Musiker Hilfe oder Hindernis für die Musik? Brachte die Musik nicht selbst genügend Rausch?

Und warum trennten sich Miles Davis und John Coltrane so abrupt im November 1956; was war der Grund, warum Coltrane plötzlich zurück nach Philadelphia zu seiner Mutter ging?

Ich ging 1955 zu Miles Davis und fand, er redete nicht viel und diskutierte kaum über seine Musik. Er ist völlig unberechenbar; manchmal ging er von der Bühne, nachdem er nur ein paar Töne gespielt hatte, nicht einmal einen ganzen Chorus. Wenn ich ihn etwas über Musik fragte, konnte ich nie vorhersehen, wie er reagieren würde.

JOHN COLTRANE

Miles ist mehr paradox als alle Musiker, die ich kenne; Coltrane inbegriffen. Ich habe gehört, er stellte Trane ein Ultimatum: entweder er höre mit Alkohol und Heroin auf, oder er verlasse die Band. Ich glaube, Trane war — aus irgendeinem unbekannten Grund — die Musik langweilig geworden und er war froh, wegzukommen; und ich glaube auch, Miles ließ ihn gehen in der Hoffnung, er würde zur Besinnung kommen, sich auskurieren und dann sauber zurückkehren.

MICHAEL HARPER

Solange Coltrane nicht sauber war, könnte eine Szene wie die folgende leicht unzählige Male stattgefunden haben:

1957 spielte ich bei einer Plattenaufnahme mit John Coltrane, und er war völlig ,,drüber"; Heroin, da bin ich ganz sicher. Wir saßen nahe an der Rhythmus-Gruppe und der Leader spielte gerade ein langes Klaviersolo. Der nächste, der drankam, war Trane, es war schon fast soweit, und als ich zu ihm hinsah, merkte ich, er war eingenickt, das Horn auf dem Schoß. Bevor ich irgendetwas tun konnte, blickte der Leader vom Klavier auf, erkannte, was los war und brüllte: ,,Coltrane! Coltrane...!!!" Und dann geschah etwas, das ich nie vergessen werde, solange ich lebe: Trane sprang auf, horchte kurz und stieg nach dem Klaviersolo ein, als ob nichts geschehen wäre. Er spielte ein recht gutes Solo, und als er damit fertig war, setzte er sich nieder. Kurz darauf war er wieder eingenickt.

RAY COPELAND

Im Vorfrühling 1957 unternahm John Coltrane drei Riesenschritte: er hörte auf mit dem Rauchen, mit dem Trinken und mit den Drogen.

Die Familie war wieder im Haus von Mrs. Coltrane in Philadelphia. John arbeitete kaum; diese frustrierende Abstinenz von seiner geliebten Musik kompensierte er mit großen Mengen von Zigaretten, Alkohol und Heroin. Aber, wie Naima sich erinnert, wachte er eines Morgens auf und sagte zu ihr: ,,Naima, mir reicht es."

Sie erschrak zunächst; sie wußte nicht, was er meinte, solange, bis er weitersprach: ,,Ich habe mich entschlossen, das Rauchen, das Trinken und die Drogen aufzugeben." Pause. ,,Aber ich brauche deine Hilfe, allein schaffe ich es nicht." Längere Pause. ,,Wirst du mir helfen, Naima? Wirst du mir zur Seite stehen und mich unterstützen?"

,,Das weißt du doch ganz genau", erwiderte sie leidenschaftlich.

John stand auf und kleidete sich an; er ging in das Zimmer seiner Mutter und führte mit ihr ein ähnliches Gespräch. Mrs. Coltrane, die während der letzten Jahre aus Sorge um ihren einzigen Sohn unerträgliche Qualen gelitten hatte, besonders wegen des Heroins, war überwältigt von Freude. ,,John, mache es sofort", meinte sie, ,,warte auch nicht eine Minute länger!"

Coltrane nickte zustimmend. Endlich war ihm klar geworden, daß es unmöglich war, sich auf Musik zu konzentrieren und zugleich seine Gesundheit zu untergraben; eines überlagerte das andere. Und es waren in erster Linie musikalische Gründe und nicht persönliche, die ihn dazu brachten, diesen Schritt zu tun; nicht, daß er seine Angehörigen weniger liebte als seine Musik, aber sein wichtigstes Liebesobjekt war und blieb sein Saxophon; nichts auf der Welt konnte ihm größere Befriedigung geben.

Mit Entschlossenheit und Gottes Gnade, so dachte er, war alles möglich. Seine Lektüre über Religion und Philosophie hatte ihn überzeugt, er müsse sich nun von allen physischen und psychischen Unreinheiten befreien und seine Musik Gott zueignen, an den er mit einer Intensität glaubte, die mit jedem Tag größer wurde.

John zog sich zurück; zunächst ins Badezimmer, um sich gründlich zu säubern, anschließend in sein Zimmer. Nur Wasser wollte er zu sich nehmen, wie ein von sich selbst verurteilter Gefangener wollte er sein; seine Sucht wollte er nicht ausschwitzen, sondern ausfasten und seiner Familie wollte er erst wieder unter die Augen treten, wenn er sauber war. Von Zeit zu Zeit klopften Naima oder seine Mutter an die Tür und fragten, ob alles in Ordnung sei; dann bejahte John und bat höchstens um frisches Wasser.

John blieb während dieser Zerreißprobe in seinem Zimmer, das er nur ab und zu verließ, um ins Badezimmer zu gehen. Die beiden Frauen in seinem Leben beteten für ihn. Als Toni aus der Schule heimkam und nach ihm fragte, wurde ihr nur mitgeteilt, John sei krank und brauche absolute Ruhe. Schließlich erlaubten sie ihr, ihn für einige Minuten zu sehen, aber das war alles.

Naima weiß nicht mehr, wie lange es dauerte; vielleicht drei oder vier Tage, aber nicht länger als eine Woche. Und dann war es vorüber; kein Gift mehr in Coltranes Organismus.

Ausgenommen Tabak.

Von diesem Laster konnte er sich jeweils nur für kurze Perioden befreien, ähnlich wie von seinem Drang nach Süßigkeiten. Er wechselte von Zigaretten zu Zigarren, später schaffte er sich eine Meerschaumpfeife an, vielleicht durch den Einfluß des Producers Bob Thiele, der auch eine besaß. Erst in den letzten Jahren seines Lebens schaffte er es, auch den Tabak loszuwerden; zu dieser Zeit wurde er auch Vegetarier. Er erreichte eine fast vollkommene Abstinenz von allen Stimulationen der Welt; die bedeutenden Ausnahmen waren die Musik und Gott, jedoch für ihn war eines ein Teil des anderen und beide zusammen ein wesentlicher Bestandteil seiner Psyche.

Als er *A Love Supreme* aufnahm, schrieb er:

„Im Laufe des Jahres 1957 erfuhr ich durch Gottes Gnade eine spirituelle Erweckung, die mich zu einem reicheren, volleren und produktiveren Leben führen sollte. Zu dieser Zeit bat ich demütig und in Dankbarkeit um die Fähigkeit und das Privileg, andere durch Musik glücklich machen zu dürfen. Ich fühle, daß mir dies durch Seine Gnade zuteil wurde. PREISET GOTT!"

Die Arbeit mit Monk brachte mich in die Nähe eines musikalischen Architekten allerhöchsten Ranges. Ich fühlte, daß ich von ihm in jeder Weise lernen konnte — sinnlich, theoretisch und technisch. Ich sprach mit ihm über musikalische Probleme, und seine Antworten gab er mir auf dem Klavier. Beim Spielen gab er mir völlige Freiheit; das hat vor ihm niemand getan.

JOHN COLTRANE

Ich sah John einmal mit Monk, und ich glaube, er hat von ihm unglaublich viel über harmonischen Background gelernt. Erst Monks Einfluß versetzte ihn in die Lage, komplizierte Nummern wie *Giant Steps* zu schreiben. Ich selbst habe auch eine Menge von Monk gelernt, einfach durch Zuhören. Allein sein Konzept von Aussparungen; das war eines der wichtigsten Dinge, die er Coltrane beibrachte: wann man aussetzt, ob man den Freiraum von jemand anderem ausfüllen läßt oder ob er offen bleibt. John war schon vorher in diese Richtung gegangen, aber durch die Zusammenarbeit mit Monk erreichte er das Ziel wesentlich schneller.

McCOY TYNER

Thelonious Sphere Monk war einer der zurückgezogensten Menschen, die man sich vorstellen kann; es ist paradox oder vielleicht sogar pervers, daß seine

Nummer trotzdem im Telefonbuch von Manhattan stand. Dessen ungeachtet liebte er es nicht besonders, wenn er angerufen wurde; oft meldete er sich gar nicht, oder er nahm den Hörer ab, sagte ,,Monk ist nicht hier" und legte wieder auf.

Er kam aus Coltranes Heimatstaat, sein Geburtsort ist Rocky Mount, aber schon als Kind übersiedelte er nach New York; dort blieb er auch, zusammen mit seiner Mutter, als sein Vater später aus Gesundheitsgründen wieder nach North Carolina zurückging. Mit 12 oder 13 Jahren war er als Pianist bereits gut genug, um Jobs bei ,,rent parties" in Harlem zu bekommen, mit 16 verließ er die Schule und ging auf Tour als Begleitmusiker eines Gesundbeters, mit 19 war er der Hauspianist im *Minton's.*

Er war Autodidakt und konnte nicht viele aufzählen, die ihn beeinflußten; ein Name, den er diesbezüglich immer wieder erwähnte, war zum größten Erstaunen seines Publikums Fats Waller.

Mit seinem Landsmann Coltrane, mit dem er 1957 zusammenarbeitete, hatte er einiges gemeinsam; auch Monk lebte lange Zeit mit seiner Mutter zusammen und brachte nach der Eheschließung auch seine Frau Nellie in die Wohnung an der West 60th Street; auch Monks Musik ist wie die Coltranes manchmal schwierig zu verstehen und mitzuvollziehen; und er konnte ruhig, in sich selbst zurückgezogen und, wie er es nannte ,,abgetrennt" sein, bis an die Grenze der Katatonie.

Die Musiker zollten Monk größten Respekt; seine Musik war seltsam, schwer eingängig und unberechenbar, mit sehr fortgeschrittener Harmonik und voller Dissonanzen, jedoch seine Anziehungskraft auf das Publikum war enorm. Als er ein längeres Engagement im *Five Spot* antrat, standen die Musikfreunde am Wochenende Schlange, und auch an den Wochentagen war der Club fast immer voll.

Monk brachte John Coltrane mit für diesen Gig, der im Frühjahr 1957 begann und bis in den darauffolgenden Herbst anhielt; dann, aus Gründen, die niemand erzählen kann oder will, endete die Zusammenarbeit zwischen Trane und Monk so plötzlich, wie sie begonnen hatte. Es war eine seltsame Ähnlichkeit mit jener Situation ein paar Jahre davor bei der abrupten Trennung von Trane und Miles.

Natürlich wußte Monk von Tranes Mitwirkung im Miles Davis Quintett. Einmal kam er im *Bohemia* hinter die Bühne, um hello zu sagen und beobachtete, wie Miles Trane eine Ohrfeige und einen Punch in den Magen verabreichte, offensichtlich im Verlauf einer Debatte über etwas, das Trane gespielt oder nicht gespielt hatte. Coltrane, sanft bis an die Grenze der Passivität, ließ es geschehen, ohne sich zu wehren; nicht so Monk, der zu Trane sagte: ,,So, wie du Saxophon spielen kannst, brauchst du dir das nicht bieten zu lassen, warum spielst du nicht mit mir?"

Das ist die Entstehungsgeschichte des Thelonious Monk Quartetts, das außerdem noch aus Wilbur Ware am Baß und Shadow Wilson am Schlagzeug bestand.

Sie spielten einige Standards, als Abwechslung und weil die Changes dem Leader gefielen, in erster Linie aber spielten sie die Musik Monks, deren Titel etwas von der exzentrischen Gedankenwelt ihres Komponisten widerspiegeln: *Well You Needn't, Criss Cross, Off Minor, Epistrophy, Blue Monk, Crepuscule With Nellie* — jede Nummer klingt so, als ob der Titel den vorhandenen Harmonien phonetisch angepaßt worden wäre. Es waren keine Shownummern von Broadway und keine bayrischen Trinklieder, aber die Musik ging einem in den Bauch und man begann unwillkürlich mit dem Fuß zu wippen; sie swingte auf eine so natürliche Weise, daß manche einfach aufstanden und tanzten.

Auch Thelonious Monk.

Der Tanz, den er vollführte, war selbsterfunden und nur von ihm ausführbar. Wenn er sein Solo zu Ende gespielt hatte, tat er das, was man „stroll" nennt: er setzte mit den Begleitakkorden aus. Anstelle dessen erhob er sich vom Klavier und begann zu tanzen; bog sich, knickte ein, wirbelte herum, drehte sich um die eigene Achse und stampfte mit den Füßen, alles zum Beat der Musik passend, als leite er die Band mit seinem Körper durch Körpersprache; sein dünner Bart hüpfte im Rhythmus, seine lachenden Augen starrten seiner langen Nase entlang, sein Filzhut klebte fest auf dem Kopf. Manchmal machte er weitausholende Gesten mit den Händen, als parodiere er den Dirigenten eines Symphonieorchesters.

Währenddessen kämpfte sich Trane durch Monks Musik, ohne Unterstützung durch die Begleitakkorde seines Chefs. Der Saxophonist mußte sich allein durchschlagen während seines Solos, mußte seinen Weg durch die schwierigen Changes suchen, die ein so wesentlicher Bestandteil von Monks Musik waren. Natürlich führte das dazu, daß Trane diese Musik wirklich lernte, auf dem Bandstand; ihm blieb ganz einfach nichts anderes übrig.

Hinter ihm spielte der Bassist Wilbur Ware melodische fill-ins, ein ergrauender rastloser Kobold, wob seine Linien in und um die Musik, unterstützte jeden Solisten mit der genau richtigen Auswahl von Tönen. Drummer Shadow Wilson mit seinem hübschen Bärtchen, die Lippen von einem dünnen Lächeln gekräuselt, trieb die Band gelöst vor sich her, wild und subtil zugleich, wie er es früher bei Count Basie gelernt hatte.

Das war das Thelonious Monk Quartett, wailing while they worked.

Naima kam oft ins *Five Spot* mit einem Tonbandgerät und versuchte, so viele komplette Sets wie nur möglich aufzunehmen. Wenn der Abend vorbei war, gingen sie in das Hotel zurück, in dem sie für die Dauer dieses Engagements wohnten, und hörten sich die Aufnahmen durch, zu Kritik und Studium. Oft schlief Naima dabei ein, er hingegen ließ nicht locker, bis er jede einzelne Note gehört und analysiert hatte; nicht nur von seinem eigenen Spiel, sondern ebenso von dem Monks, der Rhythmusgruppe und der ganzen Band.

Einmal. als er ein langes arpeggienhaftes Solo studierte, das er über Monks introspektive Ballade *Ruby My Dear* gespielt hatte, hörte der Saxophonist plötzlich etwas, das weder Tenor, noch Klavier, sondern ein anderes Instrument war.

Er hielt das Band an und hörte die Passage noch einmal; wieder und wieder. Aber die Sounds auf dem Band paßten noch immer nicht zu dem, was er vorhin geglaubt hatte, in seinem Kopf zu hören.

Seufzend weckte er Naima und bat sie, genau zuzuhören. In der europäischen Musik wußte sie besser Bescheid als er, darum forderte er sie auf, auf europäische Einflüsse zu achten, die er in seinem Solo zu spüren glaubte, aber nicht identifizieren konnte. Nach einigen Minuten des Zuhörens und Nachdenkens sagte Naima: „Es erinnert mich an *Daphnis und Cloe;* was du gespielt hast, ist den Anfangspassagen sehr ähnlich."

Er nickte, blickte sie mit seinen großen Augen an und sie verstand diesen Blick: er wollte den Komponisten dieses Werkes wissen, scheute sich aber, zu fragen und seine Ignoranz zu zeigen.

,,Ravel'', sagte sie.

Plötzlich fiel ihm Dennis Sandole ein, sein früherer Lehrer, der ihm immer nahegelegt hatte, die französischen Impressionisten zu hören, besonders Debussy und Ravel.

,,Was für ein Instrument höre ich da?'', fragte er. ,,Ich meine nicht ein Instrument in der Band, sondern ein anderes, an das mein Solo mich erinnert.''

Er erklärte ihr genau, was er meinte, sie stützte das Kinn auf ihre Hand und versank in tiefes Nachdenken. ,,Nun'', sagte sie schließlich langsam, ,,es sind vorwiegend Streicher und Holzbläser, soweit ich mich erinnere...'' Und dann, nach einer Pause, fügte sie hinzu: ,,Jetzt, wo ich darüber nachdenke... da ist ein Harfensolo...''

Schweigen, einige Sekunden lang.

Dann erinnerte sich Coltrane an ein Harfenkonzert in Philadelphia, in der Academy of Music; ein Freund hatte ihn dorthin mitgenommen und er hatte sich gewundert, wie man auf diesem Instrument solche Glissandi und Obertöne hervorbringen und aushalten konnte, ganz so, als wäre die Harfe in Wirklichkeit eine riesige Gitarre mit einem verborgenen Verstärker, aus dem diese prachtvollen schimmernden Klänge hervordrangen.

,,Harfe'', sagte er gedankenvoll, ehrerbietig, als wäre es ein heiliges Wort.

Dann fügte er in entschiedenem Tonfall hinzu: ,,Morgen kaufen wir uns ein paar Harfenplatten''. Und, nach einer Pause: ,,Dann höre ich, was ich mache, wenn ich nicht weiß, was ich mache.''

Joe und Iggy Termini eröffneten zunächst 1956 das *Five Spot* am Cooper Square, in der Gegend, die jetzt Manhattan's East Village genannt wird. Später gründeten sie die *Jazz Gallery,* schlossen sie aber bald wieder und übersiedelten schließlich in das *Five Spot* 1962 auf dem St. Marks Place.

Beide Brüder hatten hinlänglich Gelegenheit, Trane und Monk während ihres langen Gigs im Jahre 1957 zuzuhören.

Trane erregte viel Aufmerksamkeit. Ich hörte, wie viele Leute ihm empfahlen, sich auf eigene Beine zu stellen. Aber oft, wenn er zwischen den Sets hinter der Bühne saß und an seinen Rohrblättern herum probierte, bemerkte ich in seinem Gesicht einen bekümmerten Ausdruck, als ob er andauernd unzufrieden wäre.

JOE TERMINI

Ich erinnere mich noch gut an Monks verrückte Tänze. Manchmal ging er auch in die Küche und diskutierte mit dem Tellerwäscher über Gott weiß was. Ab und zu schlief er am Klavier ein; aber wenn er wieder dran war, wachte er auf und spielte; einfach so!

IGGY TERMINI

Ich wollte immer einen großen Ton, umfangreich und kräftig. Ich arbeitete mit Nonenakkorden, aber ich fand, sie engten mich ein; dann begann ich mit Quartakkorden und bald konnte ich viel kraftvoller spielen als mit den Nonen. Monk gab mir völlige Freiheit. Er vollführte seinen Tanz oder ging an die Bar

auf einen Drink, und ich konnte in Ruhe 15 oder 20 Minuten improvisieren, bis er zurückkam.

JOHN COLTRANE

Antonia Saida war mit der Schule fertig und die Coltrane-Familie übersiedelte 1957 nach New York. Bis Oktober wohnten sie im Hotel, dann zogen sie in eine Dreieinhalb-Zimmer-Wohnung mit behördlich geregeltem Mietzins auf der West 103rd Street in Manhattan. Ihr neues Heim lag auf der zweiten Etage eines sechsstöckigen Gebäudes, an dessen Ende sich eine Taverne befand. Coltrane sagte manchmal, er hätte diese Wohnung besonders wegen der Taverne gewählt; jeden Tag mußte er daran vorbeigehen und konnte sich immer wieder aufs Neue beweisen, daß er mit dem Alkohol ein- für allemal fertig war.

Die Coltranes schafften sich neues Mobiliar an: im zeitgenössischen Stil, nicht gerade simpel, aber auch nichts Ausgefallenes. Und ein Pianino, damit Coltrane komponieren konnte, denn er verbrachte nun immer mehr Zeit damit, Nummern zu schreiben, die er später spielen oder aufnehmen wollte.

An sechs Abenden die Woche zog er Anzug und Krawatte an, küßte seine Familie zum Abschied, nahm den Saxophonkoffer in die Hand und fuhr mit der U-Bahn ins *Five Spot* zu seinem Job. Dort drängten sich mehr als 150 Menschen Schulter an Schulter in dem kleinen verrauchten Raum, die einen an den kleinen Tischen, die anderen an der Bar, und absorbierten die Musik Monks.

Und die Musik Tranes.

„Trane entwickelte neue harmonische Texturen und sprudelte solche Kaskaden von Tönen heraus, daß er die Aufmerksamkeit des Publikums ebensosehr auf sich lenkte wie Monk“, erzählte Dave Amram. „Viele Musiker kamen zunächst vorbei, um Monk zu hören, aber je öfter sie kamen, desto mehr interessierten sie sich für Trane. Etwas, das mir besonders auffiel, war, daß Trane immer er selbst war, sogar im Kontext von Monks Musik.“

Im Publikum konnte man 14-jährige ebenso wie 70-jährige finden. Eines Nachts kam ein Matrose von einem schwedischen Handelsschiff herein und erzählte jedem, der es hören wollte, er hätte eigens auf diesem Schiff angeheuert, um nach New York zu kommen und Monk und Trane miteinander spielen zu hören.

Auch die Maler waren da, besonders die Vertreter der Schule des abstrakten Expressionismus wie Franz Kline und Willem De Kooning. Amram und De Kooning diskutierten oft über Musik, denn der Maler liebte Jazz, ganz besonders den New Orleans Stil; er hatte einmal den Trompeter Bunk Johnson in Öl gemalt. Dennoch war er äußerst empfänglich für Trane. Einmal sagte er zu Amram: „Coltrane ist so außergewöhnlich; er ist beinahe wie ein Einstein der Musik.“

Wie seltsam prophetisch; John Coltrane sagte später oft, es gäbe einen Mann, den er mehr bewundere als irgendjemand anderen: Albert Einstein.

Ich finde eine starke Analogie zwischen den abstrakten Malern und den avantgardistischen Jazzmusikern. Beide beschäftigen sich mit Farben und Formen und mit nicht programmatischer Kunst. Beinahe alle Maler, die ich in den 50er und 60er Jahren kannte, waren an Jazz interessiert. Und in ihren Werken spritzten oder tropften sie Farben auf die Leinwand, sie benützten

Die Bebopsuperstars Charlie Parker und Dizzy Gillespie mit dem 24-jährigen Coltrane. New York, 52nd Street, 1950. (FOTO: DOWN BEAT)

Dizzy Gillespies Combo, 1951. Von links: Milt Jackson, Jimmy Heath, Percy Heath, Specs Wright, Dizzy Gillespie, John Coltrane, Fred Strong. (FOTO: DOWN BEAT)

THE ENCYCLOPEDIA YEARBOOK OF JAZZ

J A Z Z   E N C Y C L O P E D I A   Q U E S T I O N N A I R E
****

PLEASE FILL IN VERY CLEARLY IN BLOCK LETTERS:

PROFESSIONAL NAME: JOHN COLTRANE   FULL LEGAL NAME: John William Coltrane

PERMANENT ADDRESS: 1511 N. 33rd ST. Phila. Pa. TELEPHONE: ST-4-9921

INSTRUMENTS PLAYED: Tenor Saxophone

EXACT BIRTHDATE: MONTH 9 DAY 23 YEAR 26 WHERE BORN: Hamlet N.C.

ANY PARENTS, BROTHERS, SISTERS OR OTHER RELATIVES MUSICALLY INCLINED? GIVE DETAILS. My Father, A Tailor, Enjoyed his spare Time Playing violin, ukelele + clarinet.

WHERE AND WHEN DID YOU STUDY MUSIC? WHAT INSTRUMENTS FIRST? In high school. Eb Alto horn - clarinet + Finally Alto Saxophone. Later at Granoff Studios + Ornstein school of Music.

HOW DID YOU GET INTO THE MUSIC BUSINESS? In Philadelphia with cocktail Trio. This Job was in 1945. I also Joined The musician's union at that same Time.

GIVE FULL DETAILS, WITH DATES, OF ALL BANDS OR COMBOS YOU HAVE WORKED WITH.

1947 - Eddie Vinson's Band Through mid 1948.
Dizzy Gillespie - 1949 - 1951
Earl Bostic - 1952 - 1953
Johnny Hodges - 1953 - 1954
Miles Davis - 1955 - present Date

HAVE YOU EVER WORKED OVERSEAS? IF SO, STATE WHAT TOWNS, COUNTRIES AND DATES

Only in The Naval Band in Hawaii.
Dec. 1945 Through June 1946.

Von John Coltrane ausgefüllter Fragebogen für die Aufnahme in die Jazz-Enzyklopädie von Leonard Feather

WHERE AND WHEN DID YOU MAKE YOUR DEBUT ON RECORDS? In Detroit with Dizzy Gillespie in 1950.

GIVE FULL DETAILS OF ALL IMPORTANT RECORDINGS YOU HAVE MADE, STATING FOR WHAT COMPANIES, AND STATE WHICH YOU THINK IS YOUR OWN BEST SOLO PERFORMANCE ON RECORD. I have only made a few that I liked. These were a group made with Paul Chambers in Los Angeles for Alladin + a recent album with Miles Davis for Columbia.

ANY MOVIE, RADIO OR TV APPEARANCES?

A few TV dates with the Dizzy Gillespie + Miles Davis Bands.

EVER WON ANY MAGAZINE AWARDS? IF SO, WHAT YEAR?

No

WHO ARE YOUR FAVORITE MUSICIANS ON YOUR INSTRUMENT? (IF AN ARRANGER, NAME YOUR FAVORITE ARRANGERS.)

Sonny Stitt, Dexter Gordon, Sonny Rollins, Stan Getz

GIVE ANY OTHER DETAILS ABOUT YOURSELF, YOUR BACKGROUND, YOUR AMBITIONS THAT YOU THINK WOULD BE OF INTEREST FOR INCLUSION IN "JAZZ ENCYCLOPEDIA".

I'm very happy to be in this music world + I have been lucky in being close to many creative musicians. It is a very great pleasure to play in a good, well knit group + i hope that I will be able to stay at it for a long time.

PLEASE RETURN THIS QUESTIONNAIRE <u>PROMPTLY</u> TO

LEONARD FEATHER
340 RIVERSIDE DRIVE
NEW YORK 25, N. Y.

John Coltrane als Mitglied der Miles Davis Band (FOTO: DOWN BEAT)

Jam Session in der Wohnung von John und Naima Coltrane in New York, Ostern 1958.
Von links: Bobby Timmons p; Earl Grubbs as; Carl Grubbs cl; Coltrane ts
(FOTO: E. u. C. GRUBBS)

Example 7. BLUE TRAIN

Auszug aus Zita Carnos Transkription von John Coltranes Solo in *Blue Train*. (JAZZ REVIEW, Nov. 1959)

Sosehr er sich auch bemühte, das Rauchen konnte er sich nicht abgewöhnen . . .
John Coltrane bei den Aufnahmen für *Ascension,* Juni 1965 (FOTO: IMPULSE)

John Coltranes Eintragung in Randi Hultins Gästebuch: links oben der Beginn seiner Lieblingskomposition *Naima;* links unten ein Foto des später verlorengegangenen Porträts, das R. Hultin von Coltrane malte (FOTO: RANDI HULTIN)

Das ,,klassische" Coltrane Quartett, auch in der Kleidung: John Coltrane und McCoy Tyner (oben); Jimmy Garrison und Elvin Jones (unten) (FOTO: RANDI HULTIN)

Zufalls- und Spontantechniken. Genau wie die Musiker verließen sie sich in extremem Maß auf Improvisation, um die Resultate zu erzielen, die sie wollten.

MALCOLM RAPHAEL

Monk war einer der ersten, die mir zeigten, wie man auf dem Tenor zwei oder drei Töne zugleich spielen kann. Das geht mit „false fingering" und einem besonderen Ansatz und wenn man es richtig macht, kann man Dreiklänge hervorbringen. Durch Monk gewöhnte ich mir auch an, lange Soli zu spielen; ich wollte dadurch eine neue Solokonzeption finden. Schließlich war es so, daß ich so lange bei einer Phrase blieb, bis mir wirklich nichts mehr dazu einfiel. Ich war von Harmonien besessen; manchmal schien es mir, als machte ich Musik durch ein verkehrtes Vergrößerungsglas.

JOHN COLTRANE

Ich war der Schlagzeuger in dem Album *Monk's Music* **auf** *Riverside Records,* **für das Monk seine Gruppe zum Septett erweiterte und zwei Tenorsaxophonisten einsetzte; Coleman Hawkins und John Coltrane. Natürlich hatte Monk die ganze Musik geschrieben, aber Hawk bekam damit Schwierigkeiten und bat Monk, ihm und Trane die Musik zu erklären. Monk sagte zu Hawk: „Du bist der große Coleman Hawkins, der Mann, der das Tenorsaxophon erfunden hat, stimmt das?" Hawk nickte. „Und du", fuhr Monk fort, zu Trane gewandt, „du bist der große John Coltrane, stimmt das?" Trane wurde rot und murmelte: „Ach, so groß bin ich nicht." Dann wandte Monk sich an beide: „Ihr seid Saxophonisten, nicht wahr?" Beide nickten. „Nun, die Musik ist auf eurem Horn. Ihr beide solltet imstande sein, sie zu finden!"**

ART BLAKEY

Bob Weinstock ist ein Phlegmatiker mit langsamen Bewegungen; der Ausdruck von Sanftheit auf seinem Gesicht wird durch die dicken Brillengläser noch verstärkt. Die Tatsache, daß er sich im Alter von noch nicht 50 in Florida zur Ruhe gesetzt hat, spricht für sich.

Er führte in den 40er Jahren einen Plattenladen mit Postversand, durch den er in der Welt der Musik ein Begriff wurde; 1949 gründete er seine eigene Plattenfirma, *Prestige Records.* Unter den ersten Musikern, die er aufnahm, waren der Pianist und Komponist Lennie Tristano und der Altsaxophonist Lee Konitz, ein Mann mit sehr persönlichem verinnerlichten Stil, der bis zum heutigen Tag Coltranes Musik studiert und vor allem anderen Tranes künstlerische Ehrlichkeit schätzt. Das *Prestige*-Büro lag damals auf der 8th Avenue in der Nähe des alten Madison Square Garden und oft kamen Musiker bei einem besonders blutrünstigen Boxkampf in die richtige Stimmung, anschließend bei *Prestige* hereinzuschauen und übers Geschäft zu reden.

Andere, vielleicht verbittert über geringere Gagen, als sie erwartet hatten, nannten *Prestige* die „Plattenfirma der Junkies"; viele Musiker, die unter „cold turkey" litten und dringend einen Schuß brauchten, kamen ins Studio, nahmen ein paar Nummern auf und gingen wieder — mit Bargeld in der Tasche. Natürlich darf man nicht vergessen, daß auch Chefs von Plattenfirmen ihren Lebensunterhalt verdienen mußten.

Weinstock kannte Coltrane von den Aufnahmen des Miles Davis Quintetts, die er produziert hatte, bevor Miles zu *Columbia* übersiedelt war; auch in Produktionen mit dem Pianisten Tadd Dameron und Sonny Rollins hatte Trane mitgewirkt; Dameron schrieb später für ihn *Soultrane* und in dem Album *Tenor Madness* war Trane nach Meinung vieler Leute stärker als Rollins gewesen. Einer der erfolgreichsten Plattenstars der Firma war der Pianist Red Garland; auch an seinen Alben hatte Trane oft mitgewirkt und Garland war es, der *Prestige* auf die Idee brachte, Coltrane 1957 einen Exklusivvertrag für zwei Jahre anzubieten. Trane erhielt die von der Gewerkschaft festgesetzte Bandleader-Gage und möglicherweise einen kleinen Vorschuß von ein paar hundert Dollar. Vielleicht lief der Vertrag auch nur ein Jahr mit einer Option auf Verlängerung um ein weiteres, niemand scheint das genau zu wissen.

Das Schallplattengeschäft funktioniert, kurz gefaßt, so:

Eine Firma nimmt einen Künstler unter Vertrag; das kann ein Vertrag für ein einzelnes Album sein, für zwei oder mehr Alben pro Jahr, ein Jahresvertrag mit oder ohne Option auf Verlängerung, oder irgendeine andere praktikable Variante. Der Künstler erhält einen Vorschuß auf seine Tantiemen. Leitet er seine eigene Gruppe oder sucht er sich für die Aufnahme Musiker zusammen, so bezahlt die Firma diese nach Gewerkschaftstarif; weiters bezahlt sie den Toningenieur und seine Assistenten und die Studiomiete. Diese Kosten und dazu noch die Kosten für die Herstellung des Plattencovers werden von den Tantiemen abgezogen, bevor der Künstler einen Cent davon zu sehen bekommt. Die Tantiemen betragen zwischen 4 und 16% von 90% des Ladespreises.

In seinen ersten Alben mischte Trane eigenes Material und Standards etwa halb und halb, in späteren vergrößerte er den Anteil von Originalkompositionen, entweder von ihm selbst oder von Musikern, die er wirklich schätzte; etwa McCoy Tyners *The Believer,* Cal Masseys *Nakatini Serenade* oder Dizzy Gillespies *Birks Works;* nur gelegentlich erschien ein Standard, der Abwechslung wegen. Tranes Eigenkompositionen wurden von *Prestige Music,* dem hauseigenen Musikverlag der Firma, publiziert. Derartige fragwürdige Vereinbarungen waren in der Branche üblich; durch sie kassierte das Unternehmen automatisch 50% der mechanischen Rechte aus dem Plattenverkauf und die Musiker und Komponisten mußten sich mit der Hälfte des Ertrages für ihre kreative Arbeit begnügen. Das war und ist der Grund, daß viele Musiker — auch Coltrane — ihre Kompositionen im Selbstverlag publizierten, damit sie die vollen mechanischen Rechte beanspruchen konnten. Allerdings mußte die Plattenfirma dazu ihr Einverständnis geben und dies tat sie gewöhnlich unter Druck; etwa dann, wenn ein vielversprechender Musiker drohte, zu einem anderen Unternehmen zu wechseln.

Als Coltranes Anhängerschaft größer wurde und seine Schallplatten sich gut verkauften, machte *Prestige* sich diesen Umstand sofort zunutze, wie es auch jede andere Plattenfirma getan hätte. Alle Alben, auf denen Trane als sideman mitgewirkt hatte und die zum Teil gar nicht mehr im Handel waren, wurden mit neuen Covers und liner notes versehen und unter Coltranes Namen wieder auf den Markt gebracht. Die Musiker bekamen dafür keine Extragagen, denn schließlich waren ja keine neuen Plattenalben produziert worden; nur die normalen Tantiemen, die oft ihre Zeit brauchten, bis sie eintrafen.

Der Tenorsaxophonist Hank Mobley, der bei einigen *Prestige*-Sessions mit Coltrane zusammenspielte, erinnerte sich: „Wir spielten beide in den Aufnahmen für ein Album, das dann unter dem Namen des Pianisten Elmo Hope veröffentlicht wurde;* das Projekt war durch das Zusammenspiel der Tenoristen Gene Ammons und Sonny Stitt inspiriert. Einige Nummern schlug ich vor und ich glaube, Trane war am besten in *Avalon*. Das Tempo war mörderisch, aber John schaffte es mühelos, während ich ganz schön ins Schwitzen kam. Nach dieser Session verstand ich seine Musik auf einmal viel besser."

Auch an eine Plattenaufnahme bei *Blue Note* erinnert sich Hank Mobley, mit Coltrane und Johnny Griffin: „Griffin ist wie ein Rennfahrer, ich meine, er ist wirklich schnell. Ich weiß noch, bei *The Way You Look Tonight* hatte ich zwei falsche Starts, weil Griffin so ein Wahnsinnstempo vorgab. Er hielt es ohne Mühe durch und Trane hatte keinerlei Schwierigkeit, mit ihm Schritt zu halten, er trieb Johnny immer mehr an und der wirkte schließlich wie ein Sprinter auf der Zielgeraden. Aber ich — nun ja, ich bilde mir auch etwas ein auf meine Schnelligkeit, aber das, puh! Das war harte Arbeit!"

Auch an Aufnahmen mit vier Tenoristen nahmen Mobley und Coltrane teil; die anderen waren Al Cohn und Zoot Sims. Auch davon weiß Hank Mobley zu erzählen: „*Prestige* gibt den Musikern nicht gerne lange Probezeiten, denn Blowing-Sessions, wo du einfach hereinkommst, kurz die Nummern besprichst und dann aufnimmst, sind wesentlich billiger. So machten es auch wir vier: wir entschieden uns, zu improvisieren, suchten ein paar Nummern aus, die uns gefielen, legten die Reihenfolge der Soli fest und es funktionierte bestens. Am gelungensten fand ich *Tenor Conclave,* aber in *How Deep Is the Ocean* kam Trane wahrscheinlich am besten zur Geltung; er hatte die Changes wirklich drauf und swingte wunderbar."

Dann kam *Blue Train*. Aber nicht für *Prestige,* sondern für *Blue Note*.

Alfred Lion, ein verbindlicher Mann mit europäischen Manieren und großer Begeisterung für Jazz, gründete die Plattenfirma *Blue Note* 1939; sein Freund Frank Wolff stieg 1942 als Partner ein. Der erste Musiker, den sie aufnahmen, war der New Orleans-Klarinettist Sidney Bechet, der später wesentlichen Einfluß auf Coltranes Musik ausüben sollte, damals jedoch nur als der erste Exponent des selten gespielten Sopransaxophons bekannt war. Später wandte sich die Firma zeitgenössischeren Sounds zu und machte etwa Aufnahmen mit Studiogruppen unter Leitung des Bassisten Paul Chambers oder des Trompeters Lee Morgan. Der Letztgenannte war damals, 1957, erst 19 Jahre alt und gerade von einer ausgedehnten Tournee durch den mittleren Osten mit Dizzy Gillespies reaktivierter Bigband zurückgekommen. Später, am 15. Februar 1972, starb Morgan unter eher bizarren Umständen. Er hatte ein Engagement in *Slug's Saloon* an der Lower East Side und geriet während einer Pause mit seiner Frau in Streit. Diese verließ den Club, kam kurz vor Beginn des folgenden Sets mit einer Pistole in der Hand wieder und erschoß ihn.

Lion kannte Coltranes bisherige Arbeit sehr genau und erzählt über das erste geschäftliche Gespräch, das zu dem *Blue Train* — Album führte: „Es war ein warmer Frühlingstag und ich saß in unserem alten Büro am Broadway, Ecke

* *Informal Jazz,* auf *Prestige* — später wiederveröffentlicht als *Two Tenors — John Coltrane with Hank Mobley*

64th Street. Es war ein Freitag, etwa ein Uhr, und ich war ganz allein; mein Partner war zur Bank und die Bürokraft zum Lunch gegangen. Am offenen Fenster sonnte sich unsere persische Katze. Plötzlich blickte ich von meinem Schreibtisch auf und die Katze war weg, sie war aus dem Fenster gefallen. Als ich hinging und hinuntersah, hob eine Frau eben die Katze auf und stieg mit ihr in ein Taxi. Wir haben weder unsere Katze noch die Frau jemals wiedergesehen."

Abgang Katze und „catnapper".

Auftritt John Coltrane.

Der kam etwa eine halbe Stunde später vorbei, um sich über neue Plattenveröffentlichungen zu informieren. Er fragte nach einigen Bechet-Alben und erwähnte, er studiere gegenwärtig Sidneys Spiel auf dem Sopransaxophon. Lion empfahl ein Album, das zwei bestimmte Nummern enthielt: *Summertime* (später nahm Trane diese Nummer mit dem Tenorsaxophon für *Atlantic* auf) und eine Bechet-Originalkomposition, *Blue Horizon*.

Sie diskutierten auch über eine eventuelle Zusammenarbeit und Lion erklärte sich bereit, mit Wolff über einen möglichen Plattenvertrag für Coltrane zu reden.

Mehr wurde über diese Angelegenheit nicht gesprochen, aber in der darauffolgenden Woche lasen die beiden *Blue Note*-Partner in einer Fachzeitschrift, daß Coltrane mit *Prestige* abgeschlossen hatte.

Im August traf Lion im *Five Spot* mit Coltrane zusammen, wo dieser mit Monk spielte. Er sagte dem Saxophonisten, er würde gerne ein Plattenalbum mit ihm als Leader aufnehmen, der neue Kontrakt mit *Prestige* mache dies jedoch wahrscheinlich unmöglich. Trane erwiderte: „Ich möchte trotzdem gerne für Sie aufnehmen. Lassen Sie mich mit *Prestige* reden und wir werden sehen."

Er bekam von *Prestige* die Erlaubnis, ein Album für *Blue Note* aufzunehmen, bei dem er Musiker und Nummern selbst bestimmte. Das Sextett, das er sich auswählte, brachte er am 15. September 1957 zur Aufnahme ins Studio.

Perfektionisten wie Coltrane sind in seltsam paradoxer Weise oft gleichermaßen unsicher; eine häufige Schwäche unter Künstlern, besonders dann, wenn sie nicht immer wissen, woher ihre nächsten Einkünfte kommen werden. Als ob er seine Unsicherheit demonstrieren wollte, verwendete John in der Titelnummer seines *Blue Note-Albums* das Wort Train anstelle seines Spitznamens Trane — zum letzten Mal übrigens, denn die Nummer mit dem exemplarischen Solo über acht Chorusse war sowohl musikalisch als auch finanziell erfolgreich genug, um ihm das nötige Selbstvertrauen zu verleihen, von nun an nur mehr seinen besonderen Spitznamen zu benützen.

Zita Carno, eine klassische Pianistin und Absolventin der Manhattan School of Music, lernte die Musik von John Coltrane 1957 durch ihren Schulkollegen, den Trompeter Donald Byrd kennen. Sie interessierte sich sehr und war schließlich so begeistert, daß sie die vermutlich genaueste Analyse von Coltranes Stil, Konzept sowie improvisatorischen und kompositorischen Fähigkeiten zu Papier brachte. Der Artikel erschien in einem klugen Magazin namens *Jazz Review* in der Ausgabe von November 1959; im folgenden einige Auszüge daraus:

„Sein Ton ist das Resultat der besonderen Kombination von Mundstück und Rohrblatt, die er verwendet, und eines extrem festen Ansatzes. Dieser Ton ist kräftig, volltönend und scharf durchdringend; manche sagen, es sei kein guter Tenorton. Unsinn: ein Ton ist dann gut, wenn er zu Stil und Konzept eines Musikers paßt und das ist bei Trane der Fall. Und was die Intonation betrifft: auch

jene, die behaupten, er intoniere falsch, haben Unrecht; sie lassen sich durch die Schärfe seines Sounds täuschen. Er intoniert richtig — immer! Er hat eine kolossale Wirkung auf die Rhythmusgruppen, mit denen er spielt; in dem Augenblick, in dem er mit seinem Solo beginnt, wird die Rhythmusgruppe sofort dichter und härter in ihrem Spiel. Er treibt sie vorwärts, besonders deutlich erkennbar in mittleren und schnellen Tempi.

Sein kraftvoller Sound besteht aus sehr langen Phrasen, so extrem schnell gespielt, daß die einzelnen Töne oft nicht mehr als solche erkennbar sind, sondern sich in einem konstanten Fluß reinen Klangs verwandeln. Manchmal kommen sie nicht ganz so heraus, wie er es will, dann sagen die Leute, er spielt „nur Skalen". Aber was für Skalen!! — irreguläre, oft arythmische Phrasierung, Variationen in der Dynamik und dieses phantastische Gefühl für Timing. Wenn aber alles richtig herauskommt — und das ist beinahe immer — dann hören wir ein ungeheures Potential von Emotionen, verbunden mit faszinierenden harmonischen Effekten, so dominant, daß das Klavier nicht vermißt würde, wenn es nicht mitspielte. Wenige können mit ihm mithalten. wenn es um den Aufbau eines Solos geht, ganz besonders in Bluesnummern, und gerade da ist es für viele nicht leicht.

Sein Solo in Blue Train *enthüllt viele Facetten seines Stils und seines Konzeptes. Er weiß wirklich, was er mit den Changes seiner Nummern anfangen kann — das erkennt man auch an seiner Schreibweise. Er weiß genau, wann es besser ist, sich an die harmonische Grundstruktur zu halten und wann es Zeit ist, jene ungewöhnlichen Erweiterungen und Alternationen zu verwenden, die manche als „blowing out of the changes" bezeichnen. Zu den Kniffen, die er benützt, um derartige Soli aufzubauen, gehört etwa, von einem einzelnen Ton oder einer kurzen Phrase auszugehen und sich von dorther weiterzuentwickeln, oder seine Art, Sequenzen zu gebrauchen (Lieblingsphrasen). Auch ist es seine Gewohnheit, die Soli dort zu beginnen, wo man es am wenigsten erwartet, und niemals etwas zweimal auf genau die gleiche Art zu spielen. Seine spezifische Methode, die Phrasierung zu modifizieren, beruht auf einem extrem subtilen Verschieben der Akzentuierung, was zunächst oft einen arythmischen Eindruck hervorruft.*

Die Nummer Blue Train *ist ein gutes Beispiel für seine Art zu komponieren, die direkt und geradlinig ist wie sein Spiel; eine kraftvolle Blueslinie, brütend und rätselhaft und mit mehr als nur dem Geist des Blues in sich. Sein Solo steigert sich von Anfang an bis zum letzten Chorus, erreicht aber schon im 6. Chorus einen Höhepunkt. Diese konstante Steigerung ist ein auffälliges Charakteristikum seiner Arbeit, das schon in den Tagen mit Miles feststellbar war. Er tendiert zum oberen Register seines Instruments, er bindet und verschleift die Töne seiner langen Phrasen und spielt sie dennoch so klar — ein Beweis solider Technik und fehlerloser Fingerarbeit."*

Zita Carno transkribierte John Coltranes acht Chorusse umfassendes Solo in *Blue Train* komplett, Note für Note*, und der New Yorker Maler und Dichter Chris Acemandese Hall schuf zu Zita Carnos Transkription einen Text, der hier mit seiner freundlichen Genehmigung abgedruckt wird:

Greetings everybody, ' cuse me...
But-I would-like to say just a word —

* siehe Bildanhang

about John Coltrane now
Speakin' of Trane now
But before I start you better meet some of his friends
On the drums-was Philly Joe Jones
and anybody who's hip to it know that
Philly Joe Jones really
hit some mean licks he sho
is a cooker
and Paul really smoked — a bass on out
and my man Curtis Fuller — you know he really laid some
heavy stuff down on his trombone he's still
out there just a cookin' and a cookin' away
and Mr. Kenny Drew-now-he just dances all-up and
down-the keyboard everything he plays sounds
so pretty it's like sailin' through a dream
from somewhere else.
Now that brings us on over to Lee Morgan
You know he was really somethin' else to be — hold — poor Lee
he-was such a hip cat-he played-some real
slick things-made his trumpet sing-year
like Clif-ford Brown showed him
But i heard some people talkin' 'bout this
wom-an-that he had-said she saved hip soul now
and when he turned his back on her-she-she did it-well
Yes she blew
this young giant on away.
People use to wonder where Coltrane was
comin' from now they're trying to figure out
where he's been but he has already been there and gone somewhere else,
he really went somewhere else
diggin' his soprano or tenor-I-can envision
spirits dancin', elephants prancin', really feel cosmic
vibrations from all over the whole entire solar universe
Hear African drums
taste the best of rums I didn't even have to smoke
on any pot,
I just laid with the music and floated on the
sounds waves sailin' through space like a shootin'
star I dug it I really dug it yes you know I really
had to dig what Coltrane was doing
with his tenor saxophone
always doing somethin' different —
creatin' new things all the time while
other musicians were a-wondering-what's hap'ning.
Blow Coltrane, go on and play them pretty things
make it hip sometimes it's new sometimes,
it's so blue that's when it git —
so close to you
Ohhh-it makes me feel alive and there's nothin'

like the feelin' of A Love-Supreme oh can you dig —
Yes-Trane's really a giant but like a lot of artists he
gave so much and received such a little taste it's
not worth talkin' 'bout... when will people even
be able to really dig a living source I wonder.
Somewhere along the way he met up-with Elvin Jones
and McCoy Tyner they showed us some real new things
Of course that was after I heard Miles and Trane
they were playing-really cookin' „A-Round Midnight" —
they were cookin'
I ain't never heard — no other horn now
really playing all them hip kind of things
like Coltrane play
He dug on Monk and Bird, Hodges and Rollins
were his kind of peo-ple and you really should know-it.
But-of course he developed his own thing
reachin' new heights takin' the music
into a new African bag reminiscent of
african glory, he did all of this in spite
of jealous colleagues and a system that always
dictates adversity-especially for our-black
pe-ople
while he
was tryin' to git-to his goal, he had
Juanita to caress his weary soul.
And it's so good to see a woman dig —
her man's work so she act-ually espoused on it
carry on now Alice Coltrane
cook-Coltrane inspired us all now
maybe one day we can contribute somethin' too...
Sometimes I can hear the screams
of revolu-tion-or I can see —
the beauty of pretty woman, or hear a baby cry —
Hear roaches crawl
a freedom call — see, Bojangles danc-ing
or-Black lovers romanc-ing —
If you really git-into it-you can feel
the heat-of the sun-or the cold-of the
hawk floatin' through — a sound wave from out beyond
And if you open up an car you may even be able to feel...
the sound of a —
sound of a tear and you even smell the fund of,
the games of the mack-and you can-probe the
secrets of the... zodiac
I've been tellin' y'all... 'bout Coltrane and
I hope I said somethin' worth while-well now —
There is only one thing left so say now
and that is that Coltrane is

CHRIS ACEMANDESE HALL

John Coltrane übt.

Er steht im Schlafzimmer seiner Wohnung, das Bandgerät ist eingeschaltet. Beine leicht gespreizt, Zehen nach auswärts gerichtet, Gestalt aufrecht, und 3 kg Tenorsaxophon am Hals; dieses Instrument wiegt 25% mehr als das Alt. Zum Vergleich: eine Pentax-Kamera wiegt nur wenig mehr als ein Kilo, eine Nikon zwei.

Sein Horn ist ein Selmer Mark VI mit einem metallenen Otto Link-Mundstück, 5-star medium, und einem Rohrblatt Rico Nr. 4. Das Sopransaxophon, das er sich später anschaffte, war von der gleichen Firma und hatte die gleiche Rohrblattstärke; das Mundstück war ein metallenes Selmer, Größe E.

Das Saxophon, das er jetzt in der Hand hält, ist das Pariser Modell, obwohl es in Wirklichkeit in Mantes erzeugt wird, einer kleinen Stadt etwa 65 km entfernt. Es ist Handarbeit; das Blech wird nach einer speziellen Formel hergestellt. Die Teile des Saxophons werden daraus ausgeschnitten und auf einer Drehbank geglättet, dann von Hand gehämmert, schließlich zusammengesetzt und in die Selmer-Fabrik in Elkhart/Indiana verschickt. Dort wird das Horn wieder zerlegt, auf Hochglanz poliert und lackiert. Die Tasten und Klappen werden wieder montiert und ein Mechaniker probiert jedes einzelne Instrument aus.

Die Kosten eines Selmer-Saxophons lagen damals, 1958, bei knapp 500 Dollar, aber wenn man Tranes Sound auf diesem Instrument hört, kommt man zu der Meinung, dieses Geld sei wohl angelegt.

Er übt nach einem Buch von Sigurd Rascher, einem deutschen Emigranten, der in der Umgebung von New York lebt, ein Verfechter der französischen Saxophontechnikschule: ein klares Vibrato und einen Ton so geschmeidig (und gelegentlich so klebrig) wie Sahne. Dessen ungeachtet ist Rascher ein Techniker, der das Instrument so gut kennt, daß er immerhin 158 Übungen ausarbeitete; alle ohne Tonartbezeichnungen, Tempoangaben und Taktstriche, die den Übenden einengen könnten. Diese Übungen sind vorwiegend in Achteln notiert, mit konstantem Crescendo und Diminuendo, kontinuierlich steigenden und fallenden Arpeggien; sie sind derart komplex, daß einige von ihnen an das Muster von Schneeflocken erinnern, die man durch ein Mikroskop betrachtet.

Coltrane hört den Klang der Zerlegungen in seinem Ohr, er fühlt, wie seine Finger die Klappen greifen und wie sein Atem stark und voll in das Horn strömt; so drängend ist die Luftsäule, daß das Instrument sie fast nicht aufzunehmen vermag. Sein Ansatz ist so dicht wie die Verbindung zwischen Mundstück und Blatt, aber immer noch verspürt er gelegentlich, manchmal sogar öfter, stechenden Schmerz in seinen sich immer mehr auflösenden Backenzähnen. Einige Brücken befinden sich nun in seinem Mund, aber der Schmerz kommt immer wieder und wühlt sich in seine Nerven wie der Bohrer eines Zahnarztes. John hört jedoch nicht auf; nichts außer vielleicht einem Atomkrieg kann ihn von seinen unablässigen, beinahe zwanghaften Übungsstunden abhalten.

Das Übungsbuch liegt auf dem Bett. Er liest die Noten daraus ab und spielt sie schneller und immer schneller, bis sie gegeneinanderprallen und sich bündeln; sie werden von Wänden und Zimmerdecke reflektiert, vom Teppich gedämpft und von dem leise surrenden Bandgerät aufgesogen.

Dann ist er fertig — nicht mit dem Üben, nur mit dem Saxophonübungsbuch.

Er löst das Tenor von seinem Halteriemen und legt es auf das Bett. Das Saxophonübungsbuch räumt er weg und legt sich ein anderes zurecht, eines für Klavier: *The Thesaurus of Scales and Melodic Patterns* von Nicolas Slonimsky, einem Klavier- und Kompositionslehrer, dem von klassischen und anderen Musikern größter Respekt entgegengebracht wird.

Trane hängt sein Horn wieder an den Riemen, öffnet das Buch und beginnt weiterzuarbeiten.

Zunächst beschäftigt er sich mit Tritonusprogressionen (Intervallen von übermäßigen Quarten) und setzt dann fort mit einer Serie von Skalen, die die Interpolation von vier oder mehr Tönen verlangen. Diese Skalen sind aus einer komplexen Serie von Sechzehntelnoten konstruiert und haben eine erstaunliche Anzahl von Vorzeichen; beinahe vor jeder Note steht ein # oder b und zeigt einen Halbtonschritt nach oben oder unten an.

Wieder ist er allein mit dem Bandgerät.

Vor ein paar Jahren hat Paul Chambers Coltrane in Detroit mit dem Pianisten Barry Harris bekanntgemacht, einem Mann von beachtlicher Reputation als Lehrer und Theoretiker, zu dessen eifrigsten Studenten der Pianist Hugh Lawson, der Trompeter Lonnie Hillyer und der Altsaxophonist Charles McPherson zählten, alle aus Detroit. In seinem Haus spielte Harris oft mit Coltrane im Duett; er war es auch, der Trane auf das Buch von Slonimsky aufmerksam machte. Jedem, der ihm zuhörte, erläuterte Harris seine besondere Theorie, derzufolge es der Improvisation zugutekam, wenn man den Skalen mehr Bedeutung einräumte als den Akkorden. Diese Theorie schloß auch die Wechselbeziehung von gemeinsamen Noten in verschiedenen Skalen und die Möglichkeit ein, sich leicht von einer zur anderen zu bewegen. Er war der Meinung, nicht die Tonika, sondern die Dominantstufe einer Skala sollte das tun, was ihr Name sagt, nämlich dominieren. Oft hielt er Hof am Klavier und demonstrierte alles, worüber er sprach.

Trane setzte seine Übungen fort.

Der Raum ist nun voller Musik; so viel Musik, daß es scheint, als wäre Trane in Tönen und Akkorden versunken wie ein schwimmender Fisch im tiefen Wasser, so tief, daß die Dichte seiner Musik Druck auf seinen ganzen Körper ausübt.

Wenn er mit dem Klavier fertig ist, geht er zur Geige über: Ein Übungsbuch für Violine. Für die Streicher, die dominierenden Instrumente in den Symphonieorchestern, ist die beste klassische Musik geschrieben worden.

Die Violinübungen spielt er ebenso wie die Klavierübungen vom Blatt, wobei er sie für sein Instrument *prima vista* transponiert. Das ist ein zusätzlicher Hindernislauf, den er sich auferlegt, um seine Gewandtheit zu steigern, der aber seine Geduld verdammt auf die Probe stellt.

Coltrane beendet seine Übungsstunde mit einem Buch für Harfe.

Hugh Lawson erläutert: ,,Die Harfe hat einen extrem großen Tonumfang, mehr als sechs Oktaven, und wenn sie richtig gespielt wird, kannst du unglaubliche Läufe hören. Das Saxophon umfaßt nur knapp drei Oktaven und dementsprechend sind die Noten für dieses Instrument geschrieben; Harfennoten hingegen enthalten die höchsten Noten des Diskantregisters. Ich glaube daher, Trane übte nach einem Harfenbuch, um seinen Tonumfang zu erweitern und höher spielen zu können. Vielleicht kam er dadurch zum Sopransaxophon, denn er sagte oft, er höre Dinge, die zu hoch waren, um sie auf dem Tenor spielen zu können.''

Die Musik geht in John Coltranes Kopf herum; sie dringt aus seinem Instrument, als er seine kreativen Forschungen weiterführt, auf die einzige Art, die einem Künstler möglich ist, wenn er dieser Bezeichnung würdig sein will:

Allein.

Ich dachte immer, John las das ganze Zeug, das er spielte, vom Notenblatt und ich versuchte meine eigene Fähigkeit im Notenlesen zu verbessern. Als Earl und ich John an einem Wochenende besuchten, übte er gerade irgendwelche komplizierten Akkordprogressionen, aber nirgends war ein Notenblatt zu sehen.

CARL GRUBBS

Mit derart intensiver besessener Hingabe ein Ziel zu verfolgen, sei es nun Musik oder Missionsarbeit oder sonst etwas, mag von manchen extrem genannt werden. Im Zusammenhang mit John Coltrane war es das auch.

Ich glaube, Coltrane war ein Extremist, denn er machte alles entweder ganz oder gar nicht; es gab keinen Mittelweg.

LOUIS HAYES

Trane sagte einmal zu mir: „Ich kann nichts tun, wenn es nicht ins Extreme geht."

HAROLD LOVETTE

Ernie Smith ist ein Ex-Werbemann, der Jazzfilme sammelt; jegliche Film- oder TV-Aufzeichnung, in der Jazzmusiker vorkommen, vom kurzen Clip bis zum Feature. In seiner Kollektion findet sich eine 18-minütige Version von *So What* mit Miles Davis aus einer einstündigen Show mit dem Titel *The Sound of Miles Davis,* die 1957 im Rahmen der Serie „Robert Herridge Presents" entstand. Zu sehen und zu hören ist das Miles Davis Sextett dieser Periode minus Cannonball Adderley und mit Wynton Kelly anstelle von Bill Evans am Klavier. Das ist einer von insgesamt nur drei Auftritten John Coltranes im amerikanischen Fernsehen. Später in Europa entstanden mehr als 50 TV-Aufzeichnungen von Trane, sowohl mit Miles als auch mit seiner eigenen Gruppe.

Dieser *So What*-Film ist Teil einer zweistündigen Präsentation, die Smith an verschiedenen Colleges und bei Musikfestivals durchführt. Das komplette Programm umfaßt Filmausschnitte von Bessie Smith, Louis Armstrong, Billie Holiday, Lester Young, Charlie Parker, Thelonious Monk und anderen, aber offensichtlich ist es John Coltrane, der das Publikum am tiefsten berührt. Smith sagt: „Wenn Billie erscheint, gibt es Applaus; aber wenn Trane zu sehen ist, wird das Publikum geradezu andächtig."

„In dem Miles Davis-Segment", fährt Smith fort, „kommt zuerst ein Solo von Miles. Ich spüre immer, wie sehr die Leute darauf stehen, aber auch eine Art von Erwartung, als ob sie in Wirklichkeit auf Trane warten würden. Knapp bevor er einsteigt, gibt es ein beifälliges Murmeln im Publikum, und wenn Coltrane dann zu spielen beginnt, kannst du richtig die Verwandlung von Freude in Ekstase fühlen. Miles mögen die Leute; Trane aber lieben sie."

Ich weiß noch, wie John und ich Bartok spielten; ich besaß einige Platten. Besonders das *Concerto für Orchester* **hörten wir oft und spielten dazu mit;**

manchmal die genauen Linien, manchmal improvisierten wir auch darüber. John interessierten besonders die Violinstimmen des ersten und dritten Satzes.

BIG NICK NICHOLAS

Coltrane unterteilte den Jazzrhythmus. Rhythmisch betrachtet, dachte Louis Armstrong in Viertel- und Charlie Parker in Achtelnoten. Coltranes Phrasen und Akzente besagen, daß er rhythmisch in Sechzehntelnoten dachte.

MARTIN WILLIAMS

Wenige Kritiker, jedoch viele Fans waren der Ansicht, daß John Coltrane und Miles Davis in den Jahren 1955/56 denkwürdige Musik miteinander gemacht hatten. Ende 1957 war Cannonball Adderley der Saxophonist der Miles Davis-Gruppe, aber dennoch wünschte sich Davis die Rückkehr Coltranes, besonders, nachdem er ihn während jenes langen Engagements im *Five Spot* mit Monk gehört hatte.

So ging Miles eines Tages zum Telefon, rief Trane an und sagte einfach: ,,Ich will dich zurückhaben.''

Und Trane, mit der gleichen Einfachheit, erwiderte: ,,All right.''

Miles war einmal an Akkorden um ihrer selbst willen interessiert gewesen, aber nun, so schien es, bewegte er sich in die entgegengesetzte Richtung und verwendete Nummern mit weniger Akkordwechseln und frei fließende melodische Linien; damit gab er dem Solisten die Möglichkeit, sowohl akkordisch (vertikal) als auch melodisch (horizontal) zu spielen. Ich fand es nun leichter, meine harmonischen Ideen zu verwenden. Ich konnte Akkorde übereinander stapeln — sagen wir, auf C 7 legte ich manchmal ein Es 7, ging weiter zu Fis 7 und herunter auf F; auf diese Weise konnte ich drei Akkorde darüberlegen. Auf der anderen Seite konnte ich, wenn ich wollte, melodisch spielen. Miles' Musik gab mir eine Menge Freiheit.

JOHN COLTRANE

Ich schrieb den ersten *Down Beat*-Artikel über Coltrane; er erschien in der Ausgabe vom 16. Oktober 1958. Wegen der dichten Texturen, die er verwendete, nannte ich seine Musik ,,Sheets of Sound''.* Seine Improvisationen flossen scheinbar von selbst aus dem Horn, komplex, gedrängt und reichhaltig, ein kontinuierlicher Fluß von Ideen ohne Unterbrechung, der mich wirklich umwarf. Es war beinahe übermenschlich; mit seinem Aufwand von Energie hätte man ein Raumschiff antreiben können.

IRA GITLER

1958 nahmen John Coltrane und Miles Davis an einer Aufnahmesitzung teil, die den Saxophonisten mit einigen der kniffligsten Voicings und Texturen konfrontierte, denen er in der ,,populären'' Musik jemals begegnet war. Die Songs

* Klangflächen

waren komplex, mit ungewöhnlichen harmonischen Strukturen; die Arrangements waren schwierig, mit ständig sich ändernden Tonarten und Tempi. Der Mann, der für diese Musik verantwortlich zeichnete, war der französische Komponist und Orchesterleiter Michel Legrand; das Album hieß *Legrand Jazz*.

Ich liebte die Musik von Miles Davis und John Coltrane, aber ich hatte auch ein wenig Angst; ich fragte mich, wie sie wohl auf meine Arrangements reagieren würden. Miles sagte gar nichts, aber John fragte: „Wie möchtest du, daß ich mein Solo spiele?" Ich war verblüfft; alles, was ich sagen konnte, war: „Höre auf das, was rund um dich geschieht, und dann spiele so, wie du es fühlst." Und als John dann seine Soli spielte, integrierte er sich völlig in meine Arrangements, ohne dabei auch nur einen Ton von seinem persönlichen Konzept zu opfern. Ich dachte später darüber nach, als ich seine weitere Karriere bis zu *Ascension* und *Meditation* verfolgte. Ich begann, Parallelen zu ziehen, zwischen seiner Musik und der einiger klassischer Komponisten, die ich kannte, Luciano Berio und Luigi Nono. Ich finde, es sollte keine Demarkationslinie geben zwischen Jazz und klassischer Musik, denn beide haben dasselbe Ziel: das Endresultat soll einfach gute Musik sein.

MICHEL LEGRAND

Als John Coltrane im November zu Miles Davis zurückkam, war es wie in alten Zeiten. Die Rhythmusgruppe war noch immer die gleiche; Red Garland, Paul Chambers und Philly Joe Jones. Mit Cannonball Adderley am Alt nahm das Sextett das Album *Milestones* auf. Es enthielt Nummern wie Monks *Straight No Chaser* — mit Tranes bestem Solo in diesem Album — und *Dr. Jackle* von dem Altsaxophonisten Jackie McLean (mörderisch falsch als *Dr. Jekyll* buchstabiert).

Trane freute sich besonders über Philly Joe Jones, der ihm und der ganzen Band vom Schlagzeug aus die Sporen gab. Jones war der kraftvollste Perkussionist seit Max Roach, ein starker treibender Drummer, dessen rim shots und Akzente auf der snare drum den Solisten Stimulationen lieferte, wann immer sie sie brauchten. Sein Spiel auf den Becken ließ den Rhythmus fließen, seine Geschwindigkeit und Gewandtheit auf dem Schlagzeug war mit der Johns auf dem Tenorsaxophon vergleichbar. Vermutlich war die Zusammenarbeit mit Jones die Ursache, daß Coltrane später immer kraftvolle Drummer hinter sich haben wollte; in seiner eigenen Band probierte er einige aus, bis er schließlich Elvin Jones fand, der später durch Rashied Ali abgelöst wurde. Coltrane arbeitete später auch mit afrikanischen Drummern, vielleicht in dem Bestreben, zu den tiefsten Wurzeln seiner Musik zurückzugehen (der Schlagzeuger Beaver Harris sagte einmal, seiner Meinung nach sei das allererste Musikinstrument ein Mann gewesen, der sich auf die Brust schlug). Er erhielt dabei wesentliche Unterstützung durch den nigerianischen Perkussionisten Babatunde Olatunji, der mit einem afrikanischen Schlagzeugensemble Aufnahmen für *Columbia* machte.

Kurz gesagt, Trane hörte Trommeln in seinem Kopf, amerikanische und afrikanische.

Levada Countiss ist eine große elegante Dame und sieht eher aus wie eine Schauspielerin, nicht wie eine Schutzpatronin der Musiker. Vielleicht ist das der

Grund, warum manche von ihnen sie ,,Gräfin'' nennen und nicht ,,Moms'', was ihr lieber ist. Sie und ihr Gatte Elliott besitzen ein zweigeschoßiges Ziegelhaus in einer angenehmen Gegend der Chicagoer South Side, nahe der 76th Street. Wann immer durchreisende Musiker ein freundliches Wort oder eine Übernachtungsmöglichkeit brauchen, steuern sie wie heimkehrende Tauben Moms' Haus an, wo sie freundlichen Empfang, Essen, Getränke und Zuwendung erwarten können.

Im Februar 1959 wohnten John Coltrane, der Saxophonist James Moody und der Sänger Eddie Jefferson bei Moms. Eines Nachts saßen die drei noch zu später Stunde um den Küchentisch, sprachen über Musik und der Name Sidney Bechet tauchte so oft in diesem Gespräch auf, daß die Saat, die schon früher in Tranes Gehirn gepflanzt worden war, am nächsten Morgen voll aufging. Schon um 8 Uhr weckte er Moody und Jefferson, die ihn verschlafen anstarrten.

,,Ich muß dringend nach Elkhart'', sagte er, ,,kann mich einer von euch hinbringen?''

Elkhart, Indiana; die Selmer-Saxophonfabrik.

Moody hatte ein Auto, aber er brauchte eine Stunde, bis er wach genug war, um fahren zu können und zwei weitere Stunden dauerte es, bis sie bei der Fabrik ankamen. Tony Rulli empfing Trane und führte ihm mindestens ein Dutzend Sopransaxophone vor, denn dieses Instrument war Trane seit den Gesprächen über Bechet in der vergangenen Nacht nicht aus dem Kopf gegangen. Er probierte alle aus, eins nach dem anderen; in einigen Fällen testete er ein Instrument zwei- oder dreimal, als traue er seinen Ohren nicht. Endlich, nachdem er komplizierte Akkordwechsel und knifflige Skalen gespielt und sich übernMundstücke und Blätter informiert hatte, zeigte er sich mit einem der Saxophone zufrieden und nahm es gleich mit.

Rulli erinnert sich: ,,Marcel Mule machte in Frankreich Aufnahmen mit einem Saxophonquartett, in dem das Sopran die Leadstimme hatte und ich empfahl Trane, sich das anzuhören, was er auch tat, wie ich glaube. Ich weiß, andere Musiker hörten diese Aufnahmen. Wir sprachen auch viel über die Arbeit von Sidney Bechet. John sagte mir immer, er hätte Schwierigkeiten, die Dinge, die er in seinem Kopf hörte, auf dem Tenorsaxophon zu spielen; sie waren zu hoch, weit über dem Tonumfang seines Horns. Nachdem er all die Sopransaxophone ausprobiert hatte, war er so fasziniert, daß er eines haben mußte.'' Pause. ,,Und du weißt genau, was dann passierte.''

Auf einer Tournee durch England im März 1960 spielte Trane zum letzten Mal mit Miles. Er hatte nur seine Instrumente, einen Handkoffer und ein Toilettetäschchen mit; ursprünglich wollte er gar nicht mitfahren, aber Miles überredete ihn. Im Bus saß er neben mir und wirkte, als wäre er jederzeit bereit, die Band zu verlassen. Die meiste Zeit sah er aus dem Fenster und spielte orientalisch klingende Skalen auf dem Sopransaxophon.

JIMMY COBB

Jimmy Cobb war der Schlagzeuger und Bill Evans der Pianist, als Miles Davis im März 1959 *Kind of Blue* aufnahm. Evans verglich diese Musik mit japanischer Malerei und er war kompetent für eine solche Äußerung; nicht nur, weil sein eigener Pianostil Subtilität und Kraft auf ähnliche Weise vereinte, sondern auch, weil er alle Stücke dieses Albums arrangierte, und nicht nur das: zwei der Stücke, *Flamenco Sketches* und *Blue in Green* hat Evans nach seinen eigenen Worten auch komponiert, obwohl Miles als Komponist aller Nummern angeführt wird.

Die Musik war modal, Kompositionen von exquisiter Einfachheit, strukturiert nach einer oder wenigen Skalen. Diese Aufnahmen waren richtungweisend in der Geschichte der amerikanischen Musik; sie boten den Solisten noch nie dagewesene improvisatorische Freiheit bei minimaler akkordischer Restriktion und besaßen die Subtilität von Kammermusik ebenso wie den Swing des Jazz. Es war Musik von Schönheit und Brillanz und enthielt die fesselndsten und fortgeschrittensten Coltrane-Soli, die bis zu diesem Zeitpunkt auf Platte erschienen waren.

Der Producer des Albums war Teo Macero, der Nachfolger von George Avakian bei *Columbia*. Er war einer der wenigen ausübenden Musiker, die eine derartige Funktion innehatten; er hatte die Juillard School absolviert und bei Charles Mingus und anderen Tenorsaxophon gespielt. Sein Vater war Eigentümer eines Speakeasy gewesen und Teo war seit frühester Kindheit an Musiker gewöhnt; darum brachte seine Zusammenarbeit mit Miles bei *Kind of Blue* ein Minimum an Hektik, aber ein Maximum an Freiheit.

„Was mir von Coltrane abgesehen von seiner Musik in Erinnerung geblieben ist", meinte Macero, „das ist sein liebenswürdiges Wesen. Er lächelte wie ein kleiner Junge, wenn Miles etwas spielte, das ihm gefiel."

Coltrane konnte über eine an sich schon komplizierte Akkordstruktur noch eine ganze Welt von Durchgangs- und Substitutionsakkorden und harmonischen Erweiterungen legen. Oft schien er imstande zu sein, jeden möglichen Ton herauszustoßen, seinen Weg Schritt für Schritt durch jeden komplexen Akkord zu finden, in Schräglage jede Skala zu durchqueren und sogar diese Überfülle noch zu steigern, indem er unrealisierbare Töne und Klänge dennoch zu realisieren versuchte, sodaß man das Gefühl bekam, das Tenorsaxophon würde unter dieser Belastung in Stücke springen.

MARTIN WILLIAMS

Wir spielten einmal im *Sutherland* in Chicago; Trane näherte sich gerade dem Ende eines seiner 30-Minuten-Soli. Ich war so erschöpft von dem langen Spielen, daß mir ein Stock aus der Hand rutschte und ganz knapp an Tranes Kopf vorbeiflog. Als der Set vorbei war, sagte ich zu ihm: „Tut mir leid, Mann, der Stock ist mir aus der Hand geflogen." Er erwiderte: „Ich dachte schon, du wirfst nach mir, damit ich endlich zu spielen aufhöre."

JIMMY COBB

Die vorhin erwähnte Zita Carno ist eine gesellige und dynamische Lady; ihre Wirkung ist mit der eines Coltrane-Solos vergleichbar und man vergißt sie nicht so schnell, wenn man ihr einmal begegnet ist. So war es auch bei Coltrane selbst, dem sie zum Spaß eine exakte Transkription aller acht Chorusse seines Solos über *Blue Train* sandte, die sie Note für Note mit Gehör, Talent und Beharrlichkeit zu Papier gebracht hatte. Sie verschwieg ihren Namen und schrieb nur dazu: „Kommt Ihnen das bekannt vor?"

Zehn Tage später bekam sie über einen gemeinsamen Freund Tranes Nummer heraus, rief ihn an und bekannte sich als Urheberin. ,,Was haben Sie nur für ein Gehör?" fragte er und lud sie in seine Wohnung ein. Sie kam, er spielte die Platte von *Blue Train* und sie zeigte ihm jeden Ton auf dem Notenblatt.

Als die Platte zu Ende war, bat sie ihn, das Solo noch einmal zu spielen, vom Blatt.

Trane sah auf die Transkription, dann auf sie und sagte schließlich mit einem traurigen Lächeln: ,,Ich kann es nicht, es ist zu schwierig."

Carl und ich hörte John oft mit Miles, als sie im *Showboat* hier in Philadelphia auftraten. Wir waren noch Teenager und färbten unsere Schnurrbärte dunkel, um älter auszusehen; meistens ließen sie uns rein. John kam in den Pausen an unseren Tisch und sprach mit uns und alle im Lokal fragten sich, wer wir wohl wären. Er nahm sich immer Zeit für uns, erklärte uns verschiedenes an seiner Musik und half uns mit unserer eigenen Musik weiter.

EARL GRUBBS

Meine Söhne spielten einmal in South Philadelphia und John kam vorbei, um sie zu hören. Er saß ganz allein in einer Ecke, aber bald wurde er erkannt; die Leute drehten sich um und glotzten ihn an. Er wollte nur hören, was Earl und Carl dazugelernt hatten, seit dem letzten Zusammensein. In der Pause ging er auf den Bandstand und sprach mit ihnen, direkt vor dem Publikum.

LUCY GRUBBS

Earl und Carl Grubbs sind die Söhne von Naimas Bruder Earl Grubbs und seiner Frau Lucy und damit John Coltranes Neffen. Earl spielt Tenor- und Sopransaxophon, Carl Altsaxophon und Klarinette und beide beherrschen soviel Klavier, um ihre eigenen Nummern schreiben zu können. Eine ihrer gemeinsamen Kompositionen, *The Visit,* war durch Johns Besuch in Philadelphia und ihre Gegenbesuche bei ihm in New York inspiriert. Die Häufigkeit dieser Zusammenkünfte war auch der Grund, daß die Brüder Grubbs ihre Band, die aus ihnen plus einer Rhythmusgruppe bestand, The Visitors nannten.

Sie waren nicht die einzigen häufigen Besucher in Coltranes Wohnung. Charles Davis, ein früherer Altsaxophonist, der auf das Bariton gewechselt hatte, war da, witzelte mit Zita Carno über ihr absolutes Gehör und nannte sie die ,,flatted fifth lady"*, bezugnehmend auf das charakteristische Intervall des Bop. Charles Greenlee alias Hernifan Majeed kam vorbei, in Begleitung von Tranes Cousine Mary: er bot willkommenen komischen Kontrast zu der Überernsthaftigkeit, mit der Wayne Shorter und John Coltrane Tenorsaxophonduette spielten. Einmal brachte der Posaunist die beiden zum Lachen, indem er sagte: ,,Warum spielt ihr Burschen nicht mit dem Gesicht gegen die Wand, einer gegen diese und der andere gegen die gegenüberliegende? Und wer den anderen zuerst spielen hört, bekommt den Gegen-die-Wand-Preis!"

Später komponierte Trane eine Nummer namens *Up 'Gainst the Wall.* Ob ihn dieser Vorfall dazu inspiriert hatte, sagte er aber nicht.

* flatted fifth = verminderte Quinte.

Zita hingegen sagte immer, was ihr durch den Kopf ging. Einmal ließ sie sich nicht davon abbringen, daß Tranes neueste musikalische Experimente an Hindemith erinnerten, besonders an die Streicherparts im zweiten Satz von *Concerto für Horn und Orchester.* Aber Coltrane meinte: „Das kann nicht sein, Zita; ich habe Hindemith nie gehört."

„Dann hat Hindemith *dich* gehört, Trane", mischte sich nun Paul Jeffrey ein, „denn Zita hat recht: ihr klingt wirklich sehr ähnlich." Jeffrey meinte dann aber, in Coltranes Musik seien unendlich mehr Einflüsse von Monk als von Hindemith; wieviel mehr das war, merkte er, als er später mit Monk spielte und sich mit dessen kniffliger Musik genauer auseinandersetzen mußte.

Tranes Antwort in diesem Moment war: „Paul, gehen wir ins Schlafzimmer und lesen wir die Bücher." Das klang bedrohlich; es hieß, nun würde vom Blatt gespielt werden und Jeffrey wußte genau, wie schwierig das Übungsbuch von Rascher war, denn er selbst besaß auch eines. Aber er hatte keine Wahl, er mußte die Herausforderung annehmen und so gingen sie ins Schlafzimmer. Zunächst spielten sie unisono, Note für Note, dann folgten harmonische Improvisationen und immer schwierigere Akkordwechsel. Schließlich sagte John: „Paul, machen wir Pause und dann hol deine Klarinette." Jeffrey hatte als Klarinettist einmal einen Preis gewonnen und John nahm seine Klarinette dann und wann immer noch zur Hand; also hieß das, als nächstes waren Klarinettenduette dran.

Die Bürder Grubbs erinnern sich, daß ihr Onkel zu dieser Zeit immer noch Probleme mit seinen Zähnen hatte. Coltrane arbeitete damals mit einem Doppellippenansatz, er verwendete beide Lippen am Mundstück, um zusätzliche Stabilität zu erzielen. Außerdem legte er ein Gummiblättchen auf das Mundstück, um seine Zähne vor den Vibrationen zu schützen. Earl und Carl wußten nicht, welchen Sinn das Blättchen haben sollte und während der Klarinettenduette zwischen John und Paul entfernten sie es, weil sie dachten, John könnte ohne es besser spielen. Als John das bemerkte, rügte er sie und sagte: „Das ist für meine Zähne, nicht für eure."

Schließlich gingen alle wieder ins Wohnzimmer zurück. John und Zita setzten sich an das Pianino und spielten miteinander komplizierte Duette, während die anderen zuhörten.

John nannte mich Toni, manchmal auch „Bony"*, weil ich als kleines Mädchen so mager war. Wenn er frei hatte, nahm er mich überallhin mit: im Sommer nach Coney Island, wo ich mit der Berg- und Talbahn fahren durfte, während er mir zusah; im Winter gingen wir in Vincent Price-Horrorfilme und er grinste, wenn ich vor Angst mit den Zähnen klapperte. Und wenn er von einer Tour zurückkam, schenkte er mir immer das Kleingeld aus seinen Taschen für mein Sparbuch.

ANTONIA COLTRANE

John Coltrane tat für Toni noch mehr als das. Er machte ihren Moslemnamen unsterblich durch seine Komposition *Saida's Song Flute,* die er für sein *Giant Steps*-Album aufnahm. Die Inspiration dazu kam von Tonis oft erfolglosen Versuchen, auf einem Kazoo-ähnlichen Kinderinstrument Musik zu machen.

* von bone = Knochen

1967, als sie ihren High School-Abschluß machte, war Trane schon mit einer anderen Frau verheiratet. Aber er vergaß Naimas Tochter nicht; er betrachtete sie auch als seine Tochter und das Geschenk, das sie zum Schulabschluß von ihm erhielt, sagte alles über die Gefühle, die er der nun erwachsenen Antonia Saida Coltrane entgegenbrachte: es war eine Konzertflöte.

Nesuhi und Ahmet Ertegun sind die Söhne eines früheren türkischen Botschafters in Amerika, zwei leidenschaftliche Jazzliebhaber, die 1948 die Plattenfirma *Atlantic Records* gründeten. Vorher hatten sie die gesetzten Diplomatenkreise Washingtons durch gemischtrassige Jam Sessions beunruhigt, die sie an Sonntagnachmittagen in der türkischen Botschaft veranstalteten. Sie gründeten ihre Firma mit einem Startkapital von 10.000 Dollar, die sie von einem befreundeten Zahnarzt ausliehen, verkauften das Unternehmen 1967 an *Warner Communications* für 22 Millionen Dollar und bewiesen damit, daß man unter Umständen mit Sorgfalt und Umsicht auch durch Jazz reich werden kann.

Als erstes verpflichteten sie die Sängerin Ruth Brown, denn sie hatten auch zum Blues eine starke Affinität. Aber am bekanntesten sind sie wahrscheinlich durch das Modern Jazz Quartet, von dessen Plattenaufnahmen sie während der langen Zeit seiner Existenz beinahe alle produzierten, abgesehen von einigen frühen Aufnahmen bei *Prestige* und einigen späten bei *Apple,* der vom Pech verfolgten Plattenfirma der Beatles.

Ahmet ist der größere der beiden Brüder, kahlköpfig und mit Ziegenbärtchen; Nesuhi ist kleiner, grauhaarig und wedelt mit den Armen wie ein Verschubbeamter bei der Bahn. Ihre Büroräume und Studios hatten sie zuerst auf der 56th Street zwischen Broadway und 8th Avenue, später, 1963, übersiedelten sie auf den Broadway, Nummer 1841.

Es war Nesuhi Ertegun, der zuerst auf John Coltrane aufmerksam wurde.

Er hörte den Saxophonisten 1956 im *Cafe Bohemia* mit Miles Davis. „Coltrane war damals schon den Platten, die er bis dahin gemacht hatte, weit voraus; seine Musik schien völlig verschieden von dem zu sein, was der Rest der Band spielte", erzählte Nesuhi. „Der Aufbau seiner Soli, seine fortgeschrittene Harmonik, die seltsame Art, wie die Töne aufeinanderfolgten und die Geschwindigkeit, mit der sie gespielt wurden, all das fand ich überaus fesselnd, aber bei nur einmaligem Hören nicht verständlich."

Davis, ein langjähriger Freund der Ertegun-Brüder, stellte Coltrane Nesuhi Ertegun vor und dieser war, wie so viele andere vor ihm, sofort beeindruckt von der Aufrichtigkeit, Freundlichkeit und Bescheidenheit des Saxophonisten. Aus der darauffolgenden Freundschaft der beiden entwickelte sich im April 1959 auch eine geschäftliche Verbindung: nach dem Ablaufen seines *Prestige*-Kontraktes unterschrieb Coltrane einen Zweijahresvertrag mit *Atlantic;* genauer gesagt war es ein Einjahresvertrag mit Option auf Verlängerung um ein weiteres Jahr und mit einem vierstelligen Betrag als Vorschuß. Nicht gerade großartig, aber besser als der vorige Kontrakt; und dazu kam das persönliche Interesse, das ihm die Erteguns entgegenbrachten.

Auch Harold Lovette fand, es war ein guter Abschluß.

Er hatte die Columbia Law School absolviert, wurde wegen dieses juristischen Backgrounds von vielen Musikern „Counselor"* genannt und managte damals

* Rechtsbeistand

Miles Davis. Er kannte Coltrane, seit dieser mit Davis spielte und war schlau genug, auch den Saxophonisten unter seine Fittiche zu nehmen. Zunächst half er ihm, den Vertrag mit *Atlantic* auszuhandeln. Als Trane dann seine eigene Band formierte, brachte ihn Lovette bei der Shaw-Agency unter, die seit 1955 auch Miles betreute und wo sich Larry Myers und Jack Whittemore mit sorgsamer Aufmerksamkeit und großem persönlichen Einsatz um ihn kümmerten.

Welch seltsamer Zufall, daß er gerade bei dieser von Billy Shaw gegründeten Agentur gelandet war, die so lange Zeit Charlie Parker betreut hatte.

John Coltrane war sehr penibel, was die Aufnahmetechnik betraf. Er hatte ganz präzise Vorstellungen, wie er und die Gruppe klingen sollten und er sagte es immer sofort, wenn er etwas hörte, das ihm nicht gefiel. Wir gaben uns sehr große Mühe, ihm genau den Sound zu geben, den er wollte.

NESUHI ERTEGUN

Giant Steps, **die Titelnummer in Coltranes gleichnamigem Album, beruht auf einer schwierigen und raffinierten Reihe von Akkorden über drei tonalen Zentren; der Solist hat die Möglichkeit, sich die Richtung auszusuchen, die er gehen will.***

MARTIN WILLIAMS

Das Album *Giant Steps* enthielt auch die Ballade *Naima,* die Coltrane seiner Frau gewidmet hatte und die zusammen mit der Titelnummer zu den Coltrane-Kompositionen gehört, die am häufigsten von anderen Musikern nachgespielt wurden und werden: den erdhaften Blues *Cousin Mary* mit seinem offensichtlich nostalgischen Titel; *Saida's Song Flute,* eine Zueigung an Tochter Antonia, wie vorhin erwähnt und schließlich Coltranes Bearbeitung von *Tune Up,* einer Komposition von Eddie Vinson, deren Akkorde er modifiziert hatte und die er *Countdown* nannte. Dieses Album etablierte Trane als Bandleader, wenn er auch zum Zeitpunkt der Aufnahme noch Mitglied von Miles Davis' Gruppe war; jedoch er wußte, daß er sich nun bald völlig auf eigene Beine stellen würde, es war nur noch eine Frage des passenden Augenblicks und der richtigen Begleitmusiker.

Unter der rechtlichen Beratung von Lovette unternahm er noch einen weiteren vorbereitenden Schritt für seine Tätigkeit als Bandleader: er gründete seinen eigenen Musikverlag. Sämtliche Kompositionen in dem Album *Giant Steps* wurden von Tranes eigenem Verlag „Jowcol" publiziert; Broadcast Music, Inc. wurden mit der Überwachung der Rundfunksendungen beauftragt.

Wie Nesuhi Ertegun berichtet, war *Atlantic* eine der ersten Firmen, die 8-Spur-Magnetophone benützten, die anderen verwendeten nach wie vor die 2-Spur-Technik. Bei Coltranes Aufnahmen gab es keine Probenzeit und nie mehr als zwei Takes pro Nummer. „John und die Musiker kamen ohne irgendein Notenblatt ins Studio. Ich machte mir zuerst Sorgen, aber dann merkte ich, daß sie offensichtlich schon vorher geprobt hatten. Es fiel mir auf, daß viel weniger

* Martin Williams ist Kritiker; alle Musiker behaupten einstimmig das genaue Gegenteil: die Nummer läßt dem Improvisator wenig Freiheit.

argumentiert wurde als bei allen anderen Gruppen, die ich jemals aufgenommen hatte. John sprach fast überhaupt nicht; er signalisierte den Musikern, was er wollte, und das schien er immer ganz genau zu wissen. Als die Aufnahmen im Kasten waren, zogen die Musiker einfache ihre Jacken an, packten die Instrumente ein und verschwanden."

Giant Steps erregte die Aufmerksamkeit vieler Plattenkritiker; nicht alle waren Trane wohlgesinnt. Als Sideman hatte er gewisse Kontroversen hervorgerufen; als Leader stand er nun in vorderster Front und war der Kritik aus jeglicher Quelle ausgesetzt. Die Hitze, mit der sich gewisse Kritiker und ebenso einflußreiche Zuhörer für den Rest seiner Karriere mit Trane auseinandersetzten, war beachtlich.

Auszüge aus zwei Kritiken von *Giant Steps* mögen das verdeutlichen.

Whitney Balliett schrieb im *New Yorker:*

„Daß Häßlichkeit auch schön sein kann, wie im Leben, ist die überraschende Entdeckung, die man bei dem Versuch macht, sich Coltranes Herausforderung zu stellen."

Er setzte fort: „Coltranes Ton ist rauh, flach, nörgelnd und zeitweise beinahe rachsüchtig, er ist freudloser als es nötig wäre und seine rhythmischen Methoden erinnern an Kleider, die überall im Raum verstreut liegen. Jedoch ungeachtet seiner Lärmerei ist Trane ein einfallsreicher leidenschaftlicher Improvisator, der den Zuhörer vor allem anderen mit dem Unerwarteten einfängt."

Im Minneapolis schrieb Charles Hanna in der *Sunday Tribune:*

„Schon lange hatte uns Coltrane bedeutsame Dinge mitzuteilen, aber erst kürzlich fand er die richtige Art, sich auszudrücken. Er spielt einen Akkord auf fünf verschiedene Arten und quetscht dabei jeden nur möglichen Sound aus der Struktur. Die Gefahren eines sterilen Klanges vermeidet er durch sein ausgeprägtes Rhythmusgefühl und seinen tief emotionellen Ton... Coltrane hat seinen Weg gefunden."

Als die Coltranes am 23. Dezember 1959 in das St. Albans-Viertel im New Yorker Stadtteil Queens übersiedelten, war das erste, was John tat, nachdem die Übersiedlung beendet war, seiner Familie ein frohes Fest zu wünschen, Naima und Toni ihre Geschenke zu überreichen und nach Chicago abzureisen, wo er einen Gig mit Miles Davis hatte. Weihnachten in Chicago war damals eine Gewohnheit von Miles.

Ihr neues Heim war ein zweigeschoßiges Ziegelhaus mit einem kleinen Vorgarten und einem noch kleineren Hinterhof; oben drei Schlafzimmer und ein Bad, unten ein Wohnraum, ein Eßzimmer, eine große Küche und ein kleiner Alkoven. Auch der Keller war ausgebaut; abgesehen von seinem normalen Üben und Arbeiten mit dem Tonbandgerät trainierte John hier an einem Sandsack und mit Gewichten. Auch die Brüder Grubbs taten das.

Als Coltrane von seinem Chicagoer Engagement zurückkehrte, fand er das Haus mit einfachen modernen Möbeln eingerichtet, ein neues Klavier war da und die Anrichte war voll mit Süßkartoffelkuchen. Dieser Versuchung konnte er nicht widerstehen; vergessen war die Diät, durch die er abnehmen wollte. McCoy Tyner, Zita Carno und John Coltrane entwickelten auch eine unstillbare Begierde nach Zwiebelkuchen, die Spezialität des Hauses in einer nahegelegenen Pizzeria, das Stück um 2,25 Dollar. Dann wieder stopfte Trane sich voll mit Butter Rum Life Savers, ein weiterer sinnloser Versuch, seine Sucht nach Süßigkeiten unter Kontrolle zu bekommen.

Sein Gewicht schwankte auf und ab, aber gelegentlich wog er 15 kg zu viel. Auf Anraten von Freunden begann er mit Reformkost: Tigermilch, rohes Gemüse, biologisches Obst, koscheres Fleisch und alle Arten von Bohnen. Ebensooft wie er beim Sam Goody's die letzten Neuerscheinungen auf dem Plattenmarkt durchsah, ging er nun auch in Reformkostläden. Johns Eßgewohnheiten und Naimas strenge Beachtung der moslemischen Speisevorschriften riefen schließlich Tonis Protest hervor. „Mommy", beschwerte sie sich, „kann ich nicht einmal Hot Dogs oder Hamburger haben? Mir hängt dieses Reformzeug schon zum Hals heraus!"

So wie mit den Zahnärzten hatte Coltrane auch mit den Friseuren offensichtliche Schwierigkeiten, was die Resultate ihrer Bemühungen betraf. Mehr als einmal, besonders unterwegs, war es geschehen, daß er in Friseurläden erbarmungslos geschoren wurde — nicht finanziell, sondern ästhetisch. Er liebte kurzes Haar, aber so mancher Friseur interpretierte diesen Wunsch, indem er ihn beinahe kahl schor. Nach einer besonders deprimierenden Erfahrung dieser Art, bei der ihn der Haarkünstler außerdem noch um ein blutiges Stück Fleisch aus seinem linken Ohr erleichterte, beschloß John, sich unabhängig zu machen, besorgte sich einen Satz geeigneter Scheren und schnitt sich von da an selbst seine Haare, sowohl zu Hause als auch unterwegs.

Paul Jeffrey war ein häufiger Gast im neuen Heim der Coltranes. Er und John nahmen die Bücher, gingen in den Keller, schalteten das Tonbandgerät an und arbeiteten.

Alle paar Monate kamen Earl und Carl Grubbs in die Stadt und brachten ihre Hörner und Kompositionen mit. Coltrane gab seine Meinung darüber ab, aber niemals kritisierte oder korrigierte er die beiden; wenn sie ein technisches Problem hatten und nicht wußten, wie sie es lösen sollten, sprach er mit ihnen darüber, erläuterte die Situation und machte Vorschläge, mit der gleichen Sorgfalt und Geduld, mit der es Monk früher bei ihm selbst getan hatte.

Einmal entdeckte Earl in Coltranes Plattensammlung ein Album von Ravi Shankar und fragte ihn danach. John spielte den beiden Brüdern daraus eine Morgen-Raga vor und schrieb ihnen einige pentatonische Skalen zum Studium auf. Seit einiger Zeit hörte er indische Musik, wahrscheinlich durch den Einfluß von Yusef Lateef. Dieser war seit Jahren tief in östliches Musikgut involviert und Coltrane konnte das klar aus seinem Spiel heraushören. Diese sparsame abstrakte indische Musik mit ihrer überwältigenden Emphase auf Melodie und Rhythmus ohne harmonisches Gerüst ergriff ihn, so seltsam das erscheinen mag, mit solcher Vehemenz, daß er 1961 einen Briefwechsel mit Shankar begann, der 1965 zum ersten persönlichen Zusammentreffen der beiden führte.

Neben Spielen und Komponieren schien John Coltrane einen großen Teil seiner Zeit mit Büchern zu verbringen, vorwiegend mit solchen, die nichts mit Musik zu tun hatten. Nicht, daß er in den Buchläden herumlungerte, jedoch im Laufe der Jahre übten viele Menschen deutlichen Einfluß in dieser Richtung auf ihn aus und überredeten ihn, einigen Buchklubs beizutreten und eine sorgsame Auswahl zu treffen. Besonders interessierte er sich für religiöse und philosophische Themen. Sonny Rollins empfahl ihm die *Autobiographie eines Yogi,* Bill Evans Krishnamurtis *Commentaries on Living*. Edgar Cayce, Kahlil Gibran, Ägyptologie, Scientology, Plato, Aristoteles — Hunderte von Büchern türmten sich auf den Regalen oder lagen in den Zimmern verstreut herum, vor allem neben seinem Bett, wo auch oft das Tenor- und Sopransaxophon lagen; denn John liebte vor dem Schlafengehen sowohl das Spielen als auch das Lesen.

Wann er wirklich Zeit fand, zu lesen, weiß Naima eigentlich nicht. Oft lief der Fernseher, wenn auch vorwiegend für Toni. Seine Klänge waren für John einfach Hintergrundgeräusche, die ihn nicht hinderten, mit Zita über Raumfahrt und die Möglichkeiten von Leben auf anderen Planeten zu diskutieren. Auch über Einstein sprachen sie; John war von Themen wie Gravitation und Elektromagnetismus fasziniert und las alles über Relativität, was er bekommen konnte — mit eigenartig prophetischen Ergebnissen.

Er liebte auch das Autofahren. Zu dieser Zeit hatte er einen Plymouth Sedan, dem später ein Mercury Combi folgte; danach fuhr er immer Chrysler Combis. Im ersten Jahr der Existenz seines Quartetts fuhren die Musiker in dem Mercury kreuz und quer durch die Vereinigten Staaten; das war seine Vorstellung von einem Bandbus für vier.

Zita Carno erinnert sich: ,,Ich kam vorbei, um mit John Kaffee zu trinken, dann fuhren wir in den Club, falls er gerade in New York auftrat. John war ein Pünktlichkeitsfanatiker. War er spät dran, dann überfuhr er die roten Ampeln gleich im Dutzend und ich fürchtete mich zu Tode. Ich war immer überrascht, daß er nie einen Unfall baute und nie von der Polizei beanstandet wurde; zumindest nicht, wenn ich dabei war.''

Naima und Toni erinnern sich noch an viele angenehme und gemächliche Sonntagsausflüge; aber so war es nicht immer, denn manchmal kam Johns latente Impulsivität an die Oberfläche. Es konnte vorkommen, daß er abends heimkam, das Essen kostete und sagte: ,,Ich bin nicht in Stimmung für das. Kommt, wir essen auswärts!'' Dann stopfte er seine Familie in den Wagen und raste so lange herum, bis er ein Restaurant fand, das ihm paßte. Oft war es ein indisches Restaurant, denn John interessierte sich nicht nur für die Musik, sondern auch für die Küche und überhaupt die gesamte Kultur dieses Landes.

Einmal sagte Naima mit einem Seufzer: ,,Ich mußte den Musiker und den Menschen trennen, um mit ihm leben zu können.''

Gelegentlich mußte sie den Musiker und den Musiker voneinander trennen, und das war eine noch viel schwierigere Aufgabe: Zum Beispiel, als er eines Tages eine Harfe mit nach Hause brachte, sie im Wohnzimmer in eine Ecke stellte und Naima aufforderte: ,,Schau, was du damit anfangen kannst.''

Sie wußte genau, was sie damit am liebsten angefangen hätte, nämlich, das Ding sofort wieder loszuwerden. Sie spielte gelegentlich ein bißchen auf dem Klavier, aber *Harfe*?? Sie lehnte es ab, Harfenunterricht zu nehmen, und dabei blieb es.

Ab und zu brachte Zita eine klassische Harfenistin mit, die ihnen ein paar symphonische Passagen vorspielte. Dann saß John jedes Mal da, seine Augen saugten die Szene auf, sein Kopf nickte träumerisch und wenn die Darbietung zu Ende war, wandte er sich an Naima und fragte mit einem verschmitzten Lächeln: ,,Möchtest du nicht auch so spielen können?''

Es war seine Gewohnheit, die Programme der TV-Sender zu studieren, um zu sehen, ob irgendwo ein Film der Marx Brothers angesetzt war. War das der Fall, dann sorgte er dafür, daß er rechtzeitig zu Hause war, sah zu und wartete, bis Harpo zu spielen begann. Dann drehte er auf volle Lautstärke, nahm auf dem Fußboden eine Art von Lotussitz ein — er studierte auch Yoga — und widmete dem TV-Gerät seine ungeteilte Aufmerksamkeit. Wenn das unwirklich schöne

Harfensolo vorbei war, blickte John jedes Mal sehnsüchtig auf die Harfe in der Ecke, dann auf seine Ehefrau und sagte schließlich: ,,Weißt du, dieser Harpo kann *wirklich* spielen!"

,,Nun, ich kann es nicht, und das weißt du", erwiderte Naima dann.

Und einmal knirschte sie in gespieltem Zorn mit ihren Zähnen und fügte hinzu: ,,Aber *reden* kann ich, und ich habe meine eigenen Zähne, um es zu beweisen."

John lachte sanft, denn ihre Anmerkung traf ins Schwarze. Auf Naimas fortgesetztes Drängen hatte er schließlich einen Zahnarzt gefunden, der ihm die Wahrheit ins Gesicht sagte: seine Zähne waren wie verfaulte Baumstrünke; je eher sie entfernt würden, desto besser. John war gezwungen, sich zu entscheiden; so schmerzhaft es auch sein mochte, er wußte, es war notwendig, und das Resultat dieser weisen Entscheidung trug er nun in seinem Mund: ein komplettes brandneues System von Brücken.

An manchen Abenden, wenn das Wetter es erlaubte, war es Zeit für das Teleskop, ein weiteres Interessengebiet der Coltranes.

,,Neet, komm, laß uns die Sterne ansehen, es ist eine klare Nacht", sagte er dann und benützte dabei seinen Lieblingskosenamen für sie, die Abkürzung von Juanita. Dann brachten sie das Teleskop in Position, das er einmal von einem Gig in San Francisco mitgebracht hatte, Naimas wegen; sie interessierte sich für Astrologie und er wollte, daß sie ,,meine Sterne liest und mir etwas über mich erzählt, das ich nicht weiß." Das Teleskop, das nun im Hinterhof aufgebaut wurde, war ein Refraktormodell mit äquatorialer Aufhängung, Gegengewicht und Sucher, mit vier Linsen ausgestattet, verzeichnungsfrei und etwa 1,20 m lang. Es war auf einem dreibeinigen Stativ befestigt und mit seiner Hilfe konnte man alle Himmelskörper betrachten und sie dem menschlichen Begriffsvermögen näherbringen.

Er bot ihr an, zuerst durchzublicken; sie überprüfte die Position bestimmter Sterne und brachte damit sein Horoskop auf den letzten Stand. Waren die Vorzeichen schlecht, so schwor er, im Bett zu bleiben und zu üben, bis sich wieder bessere Tage ankündigten.

Dann war er dran und richtete das Teleskop nicht auf die Sterne, sondern auf die Planeten; besonders auf einen: dem roten Planeten, Mars. Von dessen Farbe und Symbolik war er so fasziniert, daß er später seine Komposition *Miles' Mode,* die er für seinen früheren Chef geschrieben hatte, in *Mars* umbenannte.

Seltsam: in der Mythologie repräsentiert der Planet Mars den Gott des Krieges, John Coltrane aber war ein Mann des Friedens.

Naima erstellte einmal ein persönliches Horoskop für ihren Gatten, aber es ist nicht mehr auffindbar. Darum folgt hier für alle, die dran glauben, eine Analyse von John Coltranes astrologischem Profil durch die New Yorker Astrologin und Autorin Edith Niles:

,,John William Coltrane ist am 23. September 1926 um 5.30 Uhr geboren, als die Sonne gerade das Zeichen der Jungfrau verließ.

Der Jungfrau-Mann ist präzise, produktiv und arbeitet hart; wie sehr das auf ihn zutrifft, zeigt die große Anzahl seiner Kompositionen. Jungfrau ist auch in seinem Haus der Partnerschaften, daher fühlte er sich bei der Arbeit zu Menschen ähnlicher Charakteristik hingezogen, die sich ebenso wie er voll einsetzen, wenn sie seine Musik spielen.

Nach den Regeln der Handlesekunst zeigen seine langen ausgeprägten Finger seine Fähigkeit für analytische Arbeiten.

Beachte, daß sich seine Sonne sofort nach seiner Geburt in die Waage weiterbewegte und dort für den Rest seines Lebens blieb. Er nahm offensichtlich die Eigenschaften dieses Zeichens an, was ihn künstlerisch und schöpferisch machte und ihm die Liebe zur Harmonie verlieh; dies sowohl musikalisch als auch persönlich, denn Waage sucht immer nach dem Idealen in einer Beziehung und wird daher meist enttäuscht. Die häufigen Wechsel seiner musikalischen Umgebung — der Bands, in denen er spielte und der Musiker, die in seiner Band spielten — reflektieren die Suche der Waage nach Perfektion und Gleichgewicht, die er nur selten und nie für länger finden konnte.

Zur Zeit seiner Geburt stieg das Zeichen der Fische gerade auf, das ihm soziale und musikalische Fähigkeiten und mitfühlendes Verständnis für andere mitgab; jedoch mag dieser Aszendent auch dazu beigetragen haben, daß Coltrane oft von anderen ausgenützt wurde und dadurch seine Energiequellen erschöpfte. So entstand ein wesentlicher innerer Konflikt, da Coltrane sein Leben lang bestrebt war, anderen etwas zu geben und dennoch genug Zeit und Energie für sein eigenes kreatives Werk zu bewahren.

Zu beachten ist auch, daß Uranus zur Zeit seiner Geburt aufstieg. Dieser Planet beherrscht das progressive Symbol des Wassermannes, und da Coltrane den Jupiter, welcher Karriere symbolisiert, im Wassermann hat, ist sein Werk von radikalen revolutionären Ideen erfüllt. Der wegbereitende Mond im Mars weist auf einen Mann der aufsehenerregenden Innovationen hin, Uranus kann auch Aufmerksamkeit der Öffentlichkeit und Bekanntheit bedeuten und Jupiter im 12. Haus bezieht sich oft auf Angelegenheiten nach dem Tod, was in diesem Fall heißen kann, daß Coltrane erst posthum die größte Würdigung zuteil geworden ist.

Sein nördlicher Mondknoten befindet sich am Scheitelpunkt des 5. Hauses (Kreativität) und ein wechselnder Mond im 2. Haus (praktische Angelegenheiten) weist auf ständige Suche nach Abwechslung. Dieses Bedürfnis beeinflußte auch seine Beziehungen zu Frauen, denn der Liebesplanet Venus in der Jungfrau machte ihn wählerisch auf diesem Gebiet.

Mit dem glanzvollen Planeten Neptun im Löwen, der seinen Aszendenten Fische dominiert, ist er eindeutig ein Mann, der beim Publikum Erfolg haben kann, außerdem ergibt sich daraus ein Hang zum Romantischen und Mystischen. Weil sich dieser Planet im 6. Haus (Arbeit und Dienen) befindet, verwendete Coltrane seinen starken Magnetismus dazu, Kunst für seine Mitmenschen zu schaffen.

Sein früher Tod, möglicherweise durch seinen Drogen- und Alkoholmißbrauch verursacht, konnte vorausgeahnt werden: durch Pluto im 5. Haus, was auf hemmungslose Genußsucht hinweist, und durch Jupiter, der im 12. Haus (Tod) über die Leber gebietet. Da sein großer Trigonalaspekt auf den „bösen" Planeten Saturn, Uranus und Pluto beruht, ist es denkbar, daß der Tod für ihn eine willkommene Erlösung war."

Wir erreichen das Zeitalter des Wassermanns und die Musiker, die in derartigen Dingen sehr sensitiv sind, fangen diese Schwingungen auf und kommen durch ihre Musik mit den spirituellen Lebenskonzepten in Einklang. Ich glaube, wir können John Coltrane danken, daß er uns den Weg gewiesen hat.

HORACE SILVER

Trane überträgt die menschliche Stimme auf das Tenorsaxophon und verfügt auf seinem Instrument über die gesamte emotionelle Ausdrucksskala des Menschen: er lacht, schreit, flüstert, weint, tanzt, stöhnt, liebkost, fleht, fordert, plaudert, erzählt eine Geschichte.

BJORN FREMER

Ornette Coleman erzählte seine persönliche Art von Geschichte, als er im Herbst 1959 nach New York kam. Die Geschichte seiner notorischen Allbekanntheit kann in zwei Worten zusammengefaßt werden: Freak Show.

Das Establishment, die Inhaber von Machtpositionen auf allen Gebieten machen das jedes Mal; sie wählen sich das unheimlichste und wildeste Mitglied der Avantgarde und werben für ihn oder sie wie für ein neues Hundefutter, ohne Rücksicht auf künstlerische Qualität oder deren Abwesenheit, nur um zu demonstrieren, wie vorurteilslos und großherzig sie doch alle sind. Was den Überlebenskampf der anderen jungen Künstler angeht, die noch immer darum ringen, für ein paar Minuten Gehör zu finden, so ist das Establishment selbstverständlich in keiner Weise interessiert.

Auf diese Weise wurde der Saxophonist Coleman vom musikalischen Establishment zum neuesten Freak vom Dienst gekürt. Sein weißes Plastiksaxophon, die Kleidung, die er und seine Mitspieler trugen, seine häufige Verwendung des Wortes „love" beim Beschreiben seiner Musik, diese unkonventionellen Dinge machten ihn vielen Mitgliedern der „Elite" lieb und wert. John Lewis, der Pianist und Leiter des Modern Jazz Quartetts, stellte Coleman Leonard Bernstein als den „neuen Bird" vor; Bernstein ließ sich nicht lumpen und präsentierte den aus Texas stammenden Saxophonisten den versammelten Mitgliedern des New York Philharmonic, wobei er ihn als „Genie des Jazz" pries. Nesuhi Ertegun nahm Coleman für *Atlantic Records* unter Vertrag und bald machten vier neue Plattenalben seine Musik jedem zugänglich, der sich einen Plattenspieler leisten konnte.

All dies in deutlichem Kontrast zu John Coltrane, der zu dieser Zeit noch bei Miles Davis spielte und von beinahe allen Kritikern ebenso wie vom „Establishment" entweder ignoriert oder heruntergemacht wurde.

Ornette Coleman muß man zugestehen, daß er ein ungewöhnlicher Neuerer mit großer melodischer und kompositorischer Begabung ist; jedoch findet er sich kaum in einer anderen als seiner eigenen Musik zurecht und besitzt nicht annähernd die Technik und Ausbildung, die Trane sich durch jahrelanges diszipliniertes Studieren und Üben angeeignet hat. Dessen ungeachtet kamen die beiden Saxophonisten miteinander in Kontakt und diskutierten in den frühen 60er Jahren oft über musikalische Probleme; es gibt jedoch kaum Hinweise darauf, daß sie einander künstlerisch beeinflußt hätten.

Colemans Einfluß auf andere kam weniger durch seine Musik als durch die Medien. Noch bevor er ein Jahr in New York war, erschien mindestens ein Dutzend Artikel über ihn; nicht nur in den Musikmagazinen, sondern ebenso in der allgemeinen Presse, so daß auch viele Leser, die an Musik nicht weiter interessiert waren, wußten, wer Ornette Colemann war — wenn schon nicht, was er machte.

John Coltrane, der im krassen Gegensatz zu Ornette Coleman mit einigen Mitgliedern des Jazz-Establishments gespielt hatte (Hodges, Gillespie, Davis), war dagegen außerhalb des harten Kerns der Jazzkreise immer noch relativ unbekannt. Dazu kam, daß über ihn nicht einmal ein einziger tiefschürfender Artikel in einem Massenmedium erschien, was aber ohne Zweifel auf seinen Mangel an persönlichem Charisma und sein Desinteresse an Publicity zurückzuführen ist. Ein paar Plattenbesprechnungen, vielleicht; und das war schon alles.

Im April 1960 formierte Coltrane das musikalische Ensemble, mit dem er — von wenigen Ausnahmen abgesehen — für den verbleibenden Rest seiner Karriere arbeiten sollte:

das John Coltrane Quartett.

Es war nicht das „klassische" Quartett, das mit McCoy Tyner am Klavier, Jimmy Garrison am Baß und Elvin Jones am Schlagzeug; noch nicht. Keiner dieser drei Musiker war in der ersten Gruppe, obwohl Trane bei den Pianisten als erstes an Tyner dachte. Er kannte Tyner seit dessen 17. Lebensjahr; sie hatten in Philadelphia miteinander gespielt, in Cal Masseys Band und bei anderen Gelegenheiten. Jedoch Tyner war im Augenblick nicht verfügbar, er war der Pianist des Art Farmer/Benny Golson Jazztets und vertraglich gebunden.

Dennoch hatte Coltrane sich entschlossen, diesen Schritt jetzt zu unternehmen. Der Zeitpunkt dafür war nicht ungünstig. Sonny Rollins machte gerade wieder eine seiner schöpferischen Pausen; schon vor einem Jahr hatte er sich zurückgezogen und sein nächstes Auftreten in der Öffentlichkeit sollte noch ebensolange auf sich warten lassen. Machte Rollins wieder „Platz" für Coltrane, wollte er durch seine Abwesenheit von der Szene Tranes Karriere unterstützen, sodaß die Aufmerksamkeit von Publikum und Kritik sich auf ihn als den neuen Tenoristen konzentrieren konnte?

Rollins hat sich nie dazu geäußert.

Coltrane brauchte also einen Pianisten, zumindest so lange, bis McCoy Tyner seine Verpflichtungen erfüllt hatte und zur Verfügung stand. Schließlich entschied er sich für einen 22-jährigen Harvardabsolventen namens Steve Kuhn, der in der Band des Trompeters McKinney Dorham spielte. Kuhn war ein talentierter Musiker, der sich bei Bach ebensogut auskannte wie bei Tranes Blues und von allen Pianisten, die sich anboten, der einzige, der sowohl bei Standards als auch bei Coltranes Kompositionen die richtigen Akkorde spielen konnte.

Der Pianoplatz war damit besetzt; als Bassist kam Steve Davis aus Philadelphia, mit dem Trane schon in der Hausband des *Show Boat* zusammengearbeitet und in dessen Haus er Naima kennengelernt hatte. Jedoch der Platz des Drummers war noch offen. Trane wußte über Elvin Jones und dessen Arbeit Bescheid; er hatte ihn öfters in Detroit gehört, wo der in Pontiac geborene Jones spielte, bis er 1955 nach New York übersiedelte. Im Augenblick saß Jones aber im Gefängnis von Rikers Island wegen einer Rauschgiftsache und Coltrane war sich aus diesem Grund auch nicht sicher, ob er ihn später in seiner Band haben wollte. Steve Kuhn empfahl ihm schließlich Pete La Roca als Schlagzeuger. Dessen wirklicher Name war Sims, aber er hatte jahrelang in Latin Bands gearbeitet und sich dabei ein spanisches Pseudonym zugelegt. La Roca spielte gerade bei Slide Hampton, nahm aber Tranes Angebot sofort an, gerade rechtzeitig für ein achtwöchiges Engagement in der *Jazz Gallery*.

Die *Jazz Gallery* war der neue Club der Brüder Termini und lag nur ein paar hundert Meter vom *Five Spot* entfernt. Die Terminis erfüllten ihr früher gegebenes Versprechen, Coltrane zu engagieren, sobald er ihnen mitteile, er habe eine eigene Band.

Jedoch die Band existierte in dieser Besetzung nur sechs Wochen, dann schied Steve Kuhn aus.

,,Ich fühlte mich nicht so richtig wohl in dieser Gruppe", erinnerte er sich, ,,ich glaubte immer, mein Beitrag war nicht so, wie er hätte sein sollen. Mein eigenes Spiel begann mich zu langweilen und ich war soweit, von selbst zu gehen."

Daß es dazu nicht kam und daß John ihn bat, zu gehen, so diplomatisch und feinfühlig er es auch anfing, hinterließ ein bitteres Gefühl bei Kuhn. Eines Abends nach dem letzten Set legte John seinen Arm um Steves Schultern, nahm ihn zur Seite und sagte in der exakten Formulierung, die er in Zukunft immer wieder verwenden sollte, wenn persönliche oder künstlerische Angelegenheiten nicht zu seiner Zufriedenheit verliefen: ,,Steve, ich muß eine Veränderung vornehmen." Als Kuhn nach dem Grund fragte, meinte Coltrane: ,,Es gibt Dinge, die ich hören will und die du nicht bringst."

Später, nachdem er imstande war, die Situation mit größerer Objektivität zu analysieren, sagte Kuhn: ,,Das Problem war, daß ich zu sehr ausuferte, daß ich es Trane gleichtun wollte, Solo für Solo. Das wollte er nicht. Er wollte einen Pianisten, der ihn begleitet, der ihm mehr Backup gibt als irgendetwas sonst."

Diese Funktion erfüllte McCoy Tyner perfekt.

Er schaffte es, von seinen Verpflichtungen im Jazztett freizukommen und übernahm Kuhns Platz für die restlichen zwei Wochen des *Jazz Gallery*-Jobs.

Ebenso wie John Coltrane freute sich Steve Davis, wieder mit McCoy Tyner spielen zu können. Die beiden waren in derselben Gegend von Philadelphia aufgewachsen, hatten eine Zeitlang bei demselben Lehrer studiert und zwei Schwestern geheiratet, was sie zu einer Art von Schwägern machte. Alle vier waren Moslems; Davis' Frau hieß Kadija und Tyners Frau Aisha. Erstaunlicherweise benützten die beiden Musiker ihre arabischen Namen in der Öffentlichkeit nicht und so wußten nur wenige über ihr Religionsbekenntnis Bescheid.

Davis und Tyner waren, wie ihr Chef, ruhige und bescheidene Menschen. Davis war klein und schlank, Tyner größer und breiter. Beide trugen kleine Schnurrbärte, auch Coltrane hatte einen, der allerdings so unauffällig war, daß nur eine genaue Überprüfung seine Existenz enthüllte.

Trane lächelte nun häufiger, denn die Band klang Nacht für Nacht immer besser. Kuhn war ein subtiler aber sanfter Pianist; Tyner dagegen, nicht weniger subtil aber wesentlich kraftvoller, näherte seine akkordische Begleitung viel mehr dem an, was Coltrane hören wollte. Davis war ein kräftig swingender Bassist mit exzellenten harmonischen Kenntnissen; er fügte sich mit viel Finesse und Geschicklichkeit in die Rhythmusgruppe ein, folgte den Soli des Leaders und gab ihm verläßliche, flexible Unterstützung.

Aber John Coltrane lächelte noch bei weitem nicht genug.

Nicht, daß er sich in der Öffentlichkeit irgendetwas anmerken ließ; jedoch er fühlte, wenn er die Band hinter sich hörte, daß trotz der Verbesserungen noch nicht alles so war, wie es sein sollte. Tyner und Davis waren so weit in Ordnung; La Roca war lebendig und swingend, aber nicht stark genug, er besaß nicht die Power eines Philly Joe Jones, den Trane während seiner Zeit bei Miles oft wegen seiner Unverläßlichkeit verflucht, dessen Sound er aber geliebt hatte. La Roca war auch kein Jimmy Cobb, ebensowenig wie ein Elvin Jones, an den John Coltrane dauernd denken mußte.

Jedoch Jimmy Cobb war immer noch bei Miles. Und Elvin Jones war immer noch im Gefängnis.

Gerald McKeever war aus dem Gefängnis entlassen.

Sie nannten ihn „Spliby", was ähnlich wie „fly" einen gerissenen, mit allen Wassern gewaschenen Typ bedeutet, was sich aber auch auf die Sounds beziehen konnte, die er aus seinem Behelfs-Schlagzeug herausholte. Das hatte er in dem Gefängnis in der Umgebung von New York gelernt, wo er fünf Jahre wegen Einbruchs absitzen mußte. Sein rhythmisches Gefühl entwickelte er durch eine nächtliche Jazzsendung, während der seine Finger auf den kalten Metallrahmen seiner Pritsche trommelten.

McKeever war ein magerer ausdrucksloser brutal wirkender Mann mit den kalten Augen des Ex-Sträflings. Verbittert, feindselig und ohne Job lebte er bei seiner Mutter in einer Brooklyner Wohnung. Die ganze Welt war ihm egal und konnte ihm gestohlen bleiben, bis auf zwei Ausnahmen: eine war seine Mutter, die er liebte und die gut und freundlich zu ihm war; die andere war ein Mann, den er wie einen Gott verehrte: John Coltrane.

Spliby hörte im Gefängnis *Kind of Blue* und Tranes Solo in *So What* traf ihn ins Mark: dieser treibende energiebeladene Strom von Tönen, jeder einzelne so unglaublich fest unter Kontrolle, diese Intelligenz hinter der Leidenschaft, diese Disziplin, die der Kreativität die Richtung wies!

Eines Nachts hing McKeever in einer Bar im Greenwich Village herum und spielte immer wieder Coltrane-Platten in der Juke Box. Der Barkeeper, der das bemerkte, sagte schließlich: „Wenn du so sehr auf ihn stehst, Mann, dann hör ihn dir doch live an!"

„Huh?" Pause. „Wo denn?"

Der Barkeeper sagte es ihm.

Minuten später stand Spliby in einer Warteschlange vor der *Jazz Gallery*. Nach weiteren 20 Minuten zahlte er seine eineinhalb Dollar Eintritt und drückte sich in die „bleachers", den Teil des Zuschauerraums, wo man ohne Konsumationszwang zuhören konnte. Auf dem Bandstand, am äußersten Ende des tunnelförmigen Raumes, war das John Coltrane Quartett. Die Musiker sahen hübsch und nett aus in ihren dunklen Anzügen, die der Leader bevorzugte. Der Ex-Sträfling in ausgebleichten Jeans, einem Hemd, an dem zwei Knöpfe fehlten und abgetretenen Schuhen fühlte sich unbehaglich und begann sich zu fragen, was er eigentlich hier suche; es schien ihm, als sehe er noch schlimmer aus als der zerlumpteste Schnorrer aus der Bowery.

Solange, bis Trane zu spielen begann. Das Lied war *Summertime.*

„Ich saß da, völlig außer mir, ich schrie, ich weinte", erzählte Spliby, „ich fühlte alles, was er sagen wollte, und ich hätte auf einmal selbst soviel zu sagen gehabt, der ganzen Welt, aber ich wußte nicht, wie ich es herausbringen sollte. Er war mein Gott!"

Der Club schloß um vier; Spliby war immer noch da. Nach der letzten Nummer ging er nach vorne zum Bandstand und sagte: „Mr. Coltrane, Sie sind mein Gott!"

Coltrane blickte ihn an. Seine Augen waren voll Mitgefühl und seine Stimme sanft, als er erwiderte: „Bitte, sagen Sie nicht so etwas." „Ich kann nichts dafür; Sie geben mir einfach dieses Gefühl", sagte McKeever und ging weg.

Am folgenden Abend kam er wieder und brachte sein Kazoo mit; ein ganz gewöhnliches grünes Kazoo, ein Kinderspielzeug, 49 Cents bei Woolworth's. Wieder saß er in den Bleachers und während der Pausen blieb er dort und spielte

Coltrane-Nummern auf seinem Kazoo. Er war gut damit, denn er hatte fleißig geübt; außerdem besaß er ein gutes Gehör und einen geschmeidigen Mund. Er beschäftigte sich mit den Akkorden einer Ballade, die Coltrane gerne spielte; *I Want to Talk About You.*

Wieder blieb er bis zum Schluß und ging dann hinüber, um mit Trane zu reden, nur sagte er diesmal nichts von Gott. Der Saxophonist war berührt; er konnte sich in die Situation des anderen hineinversetzen und fühlte intuitiv, daß Gerald McKeever, indem er ihn Gott nannte, sein tiefstes Inneres bloßgelegt hatte, wie ein gläubiger Katholik seine Sünden beichtet.

Gerald McKeevers Leben änderte sich in vieler Hinsicht dadurch, daß er und John Coltrane einander näherkamen. Durch den Einfluß Tranes lernte er, seine Feindseligkeit gegenüber der Gesellschaft abzubauen und viel mehr Menschen Liebe entgegenzubringen, als er jemals für möglich gehalten hätte, allerdings ohne die von tief eingewurzelter Naivität getragene Ansicht des Saxophonisten über die Welt anzunehmen. Er wurde so involviert in Tranes Musik, daß er rein nach dem Gehör die richtigen Changes von Kompositionen wie *Naima, Dear Lord* oder *Wise One* erlernte; er spielte sein Kazoo in perfektem Unisono mit Tranes Soli auf den Schallplatten. Spliby hörte auch auf mit Alkohol und Drogen — solange, bis John Coltrane starb. Danach, wohl um die immense Leere auszufüllen, die Coltranes Tod in seinem Leben hinterließ, griff er wieder sowohl nach der Flasche als auch nach der Nadel. Inzwischen aber muß er längst auf beides verzichten; seine Nieren sind in einem Zustand, der ihn zwingt, jede Woche für zwei oder drei Tage zur Dialyse in ein Krankenhaus zu gehen. An den übrigen Tagen sitzt Spliby still zu Hause bei seiner Mutter, spielt immer noch auf seinem Kazoo mit Coltranes Schallplatten mit und hält sich aufrecht durch die Musik und die Erinnerungen an John Coltrane.

An diesem Abend nahm Coltrane Spliby schließlich in ein Restaurant mit und lud ihn zum Essen ein; anschließend fuhr er ihn mit dem Wagen nach Hause. Auf dem Weg nach Brooklyn spielte Spliby auf seinem Kazoo einen vollen Chorus von *Cousin Mary.*

Als Trane ihn vor seiner Wohnung absetzte, sagte er: ,,Du kennst meine Musik besser als ich selbst!"

Das John Coltrane Quartett ging auf Tournee.

Im Mercury-Combi des Leaders fuhren die Musiker gegen Westen. Sie verdienten mindestens 200 Dollar die Woche, in manchen Clubs auch mehr. Sie wohnten in Hotels, die für reisende Musiker eingerichtet waren, manchmal um nur 6 Dollar die Nacht, in einfachen Lokalen bezahlten sie oft nur 1,25 Dollar für eine Mahlzeit. Trane allerdings suchte überall nach einem Reformkostladen und einem Drugstore; im ersten kaufte er seine rohen Karotten und seinen Pflaumensaft, im zweiten versorgte er sich mit Butter Rum Live Savers.

Wenn er nicht spielte oder an neuen Nummern arbeitete, zog Trane sich in einen stillen Winkel oder in sein Hotelzimmer zurück und übte; oft auf dem Tenor, in letzter Zeit aber häufiger auf dem Sopransaxophon. Seit mehr als einem Jahr studierte und arbeitete er nun mit dem kleinen geraden Horn, das durch sein extrem hohes Register nur schwer zu stimmen war und außerdem einen engeren festeren Ansatz verlangte, wenn es richtig gespielt werden sollte.

Die Band spielte im *Minor Key* in Detroit und hier, in der Motorstadt, ereilte Pete La Roca sein Schicksal.

Es war ganz einfach so, daß Trane La Roca nicht mehr hörte. Er entließ den Drummer, bezahlte ihm eine Abfindung und ein Flugticket nach New York. Dann nahm er Kontakt mit Billy Higgins auf, der zuletzt in Los Angeles, dem nächsten Ziel der Band, mit Ornette Coleman gespielt hatte. Als sie dann das erste Mal mit Higgins probten, war das Problem wieder da: auch er klang nicht so, wie Trane es von ihm erwartete. La Roca hatte hinter dem Beat gespielt, Higgins spielte genau auf dem Beat.

Das war auch nicht das, was John Coltrane wollte. Es war eine jener Situationen in seinem Leben, wo er selbst nicht genau wußte, was er wollte, solange bis er es dann bekam.

Während er in Los Angeles war, traf Trane den Trompeter Thad Jones, der mit der Basie Band unterwegs war und der ihm erzählte, sein Bruder Elvin würde demnächst aus dem Gefängnis entlassen. Thad gab Trane eine New Yorker Telefonnummer, unter der Elvin zu erreichen war. Das Quartett mit Billy Higgins am Schlagzeug trat seinen nächsten Gig in San Francisco an und mindestens einmal, manchmal auch zwei- oder dreimal täglich, rief Trane in New York an und versuchte, Elvin Jones zu erreichen.

Endlich, am Ende der ersten Woche des zweiwöchigen Engagements, bekam er Antwort.

„Elvin?"

„Yeah... Hey, bist du nicht..."

„John Coltrane." Pause. Dann: „Elvin, bist du sauber?"

Lange Pause. Dann Elvin, leise: „Ich bin sauber."

Ein langer Seufzer der Erleichterung. „Kannst du nächste Woche in Denver zu uns stoßen?"

„Hey, Trane, mit dir spiele ich überall, sogar auf dem Scheißhaus!!"

Nun wurde Coltrane rührig: er sorgte für die Rückfahrt von Billy Higgins nach Los Angeles und sandte Elvin Jones ein Flugticket nach Denver. Als dieser dort eintraf, wartete auf dem Bandstand ein nagelneues Schlagzeug auf ihn; ein Geschenk vom Boss.

Steve Davis erzählte: „Die erste Nacht, als Elvin in der Band war, spielte er so laut und kraftvoll, daß du ihn draußen einen Häuserblock weit hören konntest. Aber das war es, was Trane haben wollte. Er wollte einen Drummer, der richtig loslegte, und Elvin war einer der stärksten wildesten Drummer der Welt. Als wir in dieser Nacht fertig waren, legte Trane seinen Arm um Elvins Schultern, führte ihn in ein Barbecuelokal um die Ecke und lud ihn auf Schweinsrippchen ein. Von da an waren die beiden dicke Freunde."

Das nächste Engagement des Quartetts war in der *Sutherland Lounge* in Chicago.

Drei Sets pro Abend waren zu spielen, dazwischen übte Coltrane unaufhörlich auf Tenor- und Sopransaxophon und stillte seinen Hunger in Miss Fortune's Reformrestaurant Ecke Cottage Grove und 63th Street, aber dennoch fand er Zeit für Gespräche mit Don DeMicheal, der gerade im Magazin *Down Beat* den Posten eines leitenden Redakteurs übernommen hatte. 1961 wurde DeMicheal zum Herausgeber und *Down Beat* zum einzigen regelmäßig erscheinenden Jazzmagazin, da *Metronome* im gleichen Jahr sein Erscheinen einstellte. *Down Beat* erlangte damit große Wichtigkeit für Musiker und Fans, obwohl die Musiker mit dem Hang des Magazins zu unfachmännischer Kritik des zeitgenössischen Jazz alles anders als zufrieden waren. Es war einfach so, daß viele Kritiker von Trane mitten zwischen die Tasten ihrer Schreibmaschinen getroffen wurden, und das zu einem Zeitpunkt, wo sie nicht einmal noch Birds Musik richtig verdaut hatten und noch schwankten, ob sie diesem Coltrane ernsthaft zuhören oder ihn nicht lieber als einen Erzeuger seltsamer Geräusche abtun sollten.

Das Dilemma löste sich für keine Seite befriedigend, weder für die weißen Kritiker noch für die schwarzen Musiker. Der aus dem Süden stammende DeMicheal, ein großer magerer Mann mit dichtem schwarzem Haar, das ihm ständig ins Gesicht fiel, liebte jedoch Jazz im allgemeinen und schwarze Musiker im besonderen und bemühte sich ehrlich, Coltranes Musik zu verstehen, wenn er auch, nachdem er den Saxophonisten erstmals live gehört hatte, fragte: ,,Wozu spielt er nur all diese vielen Töne?''

Die Musik beunruhigte ihn und verursachte ihm auf mehreren Ebenen Unbehagen. Er unterdrückte den Impuls, aufzustehen und wegzugehen und zwang sich zu ungeteilter Aufmerksamkeit. Aber *Summertime,* der Song, der den schwarzen Gerald McKeever so tief berührt hatte, verfehlte auch nicht seine Wirkung auf den weißen Don DeMicheal, der später Bill Quinn als Herausgeber-Assistent engagieren sollte. Quinn war der erste schwarze Journalist, dem von einem weißen Magazin eine solche Ehre zuteil wurde.

Dann, gerade als DeMicheal sich langsam an Coltranes Gershwin-Interpretation zu gewöhnen begann, erschreckte ihn der Saxophonist von neuem durch einige extrem hohe Töne, gefolgt von einem grob kreischenden Sound, den der Journalist als schrecklich geschmacklos empfand. In der Pause erklärte es Coltrane, indem er mit einem angedeuteten Lächeln sagte: ,,Das war nur, um die Rhythmusgruppe auf gleich zu bringen.''

Diese Offenheit und Ehrlichkeit ohne die üblichen Ausflüchte anderer Musiker, mit denen er Kontakt gehabt hatte, erweckte in DeMicheal den Wunsch, einen Artikel zu schreiben und seinem Leserpublikum darzulegen, was an Coltrane und seiner Musik wirklich dran war. John stand diesem Projekt zunächst zögernd gegenüber, jedoch Don erschien jede Nacht im *Sutherland* und erläuterte präzise, wie er sich alles vorstellte: John sollte in der Ich-Form über sich und seine Musik erzählen, der Artikel sollte unter seinem Namen erscheinen, mit Don als Mitarbeiter. Coltrane, der schon gelegentlich mit dem Gedanken gespielt hatte, etwas zu schreiben, willigte schließlich ein.

Der Artikel erschien im *Down Beat* in der Ausgabe vom 29. September 1960 und enthüllte ebensoviel über den Menschen wie über den Musiker, ganz wie DeMicheal es gehofft hatte. Über Johnny Hodges etwa sagte Coltrane: ,,Und wie überzeugend Rabbit spielt! Ich wollte, ich könnte auch mit dieser Überzeugungskraft spielen!'' An anderer Stelle, als von Respekt vor der musikalischen Tradition und deren fortgesetztem Studium die Rede war, meinte er: ,,Ich bin daraufgekommen, du mußt auf diese alten Dinge zurückblicken und sie in einem neuen Licht sehen. Ich bin mit meinen Studien noch nicht zu Ende; ich habe noch nicht alles in mein Spiel integriert.''

Aber das wahrscheinlich bedeutendste Statement, das er machte und das bei Kritikern, Musikern und Publikum haften blieb, solange er lebte, war das folgende: ,,Ich möchte mich weiterentwickeln, aber nicht so weit, daß ich nicht mehr sehen kann, was die anderen machen.''

Wir verließen Denver mit dem Mercury, es war knapp vor dem Morgengrauen. John war müde und überließ nach einiger Zeit Elvin das Steuer, weil er ein

wenig schlafen wollte. Ich schlief auf dem Beifahrersitz, John und McCoy auf den Rücksitzen. Kurz nachdem Elvin John abgelöst hatte, wachte ich auf und sah auf dem Tachometer, daß Elvin fast 150 fuhr; er arbeitete mit Lenkrad und Gaspedal, als wären sie ein Schlagzeug. Ich weckte McCoy und der weckte John, und wir überredeten John gemeinsam, sich wieder selbst ans Steuer zu setzen.

STEVE DAVIS

Ich hatte einmal ein Rendezvous und John borgte mir das Auto. Nachher brachte ich das Mädchen nach Hause und dann war ich schon ziemlich spät dran; ich fuhr zu schnell, rutschte von der Fahrbahn und gegen einen Baum. Der Wagen war ein Wrack, ich trug nur ein paar Beulen und Schrammen davon. Als ich es Trane beichtete, sagte er nur: „Ein Auto kriege ich immer wieder, aber es gibt nur einen Elvin."

ELVIN JONES

Schon in der High School nahm Elvin Jones privat Musikunterricht, so wie Steve Davis und McCoy Tyner. Sein erster Berufswunsch war, Arzt zu werden; nachdem aber seine perkussiven Talente groß, die Finanzen seiner Familie hingegen klein waren, wandte er sich der Musik zu und verließ vorzeitig die High School, möglicherweise aus denselben Gründen. In der Folge verdiente er sich seinen Lebensunterhalt mit einer Reihe von manuellen Jobs, nahm in seiner Freizeit Schlagzeugunterricht und verschlang ähnlich wie John Coltrane jedes Musikbuch, das ihm in die Hände geriet.

Mit 1,83 m Körpergröße und 70 kg Gewicht ist er extrem schlank; seine ungewöhnlich langen Arme erleichtern ihm die Arbeit am Schlagzeug. Sein Stil ist beinahe atavistisch, dominiert von roher primitiver Kraft; er spielt einander überlagernde Rhythmen und stimuliert sich dabei selbst durch eine Folge von Sechzehntelschlägen, Akzenten und schnellen Breaks; beim Spielen schwitzt er jede Nacht mehr als ein Kilogramm ab. Aufmerksame Kritiker haben darauf hingewiesen, daß Elvin am Schlagzeug alles nachvollzog, was immer Trane auf dem Saxophon spielte.

Von den vier Musikern des Coltrane Quartetts ist Jones der einzige, der sich äußerlich Lebhaftigkeit anmerken läßt. Während John, McCoy und Steve auf dem Bandstand so seriös wirken, als wären sie drei Viertel des Modern Jazz Quartetts, hebte sich Elvin deutlich von ihnen ab, durch sein wild grinsendes Zähneblecken und seine ekstatischen Grunzlaute ebenso wie durch sein grimmig-intensives Spiel.

Mit ihm als Drummer besaß das Quartett nun endlich den Sound, den sein Leader immer in seinem Inneren gehört hatte. In diesem Herbst, als sie im *Half Note* in New York spielten, war alles so, wie es sein sollte, besonders Tranes Sopransaxophon; es klang nun im oberen Register wie die Klage eines Gespenstes und im unteren wie das Schluchzen eines Kindes. Coltrane verwendete oft Triller und Arabesken in der Art wie Sidney Bechet, der seine ursprüngliche Inspiration gewesen war; jedoch im Gegensatz zu Bechets bewußt hauchigem Sound erinnerte sein Stil eher an den Klang einer Oboe oder eines der verwandten indischen Instrumente. Bei Trane klagte und schrie das Sopransaxophon, wenn er die hohen

Töne zersplitterte und die tiefen überblies; er verwendete dieses Instrument vorwiegend bei Themen, die ihm einfache lyrische Melodielinien als Startpunkt für seine überquellenden Improvisationsexkursionen boten.

McCoy Tyner erzählte: ,,Ich glaube, es war ein Typ von einem Musikverlag, der uns eines Nachts die Noten dieser Nummer in die *Jazz Gallery* brachte. Ich mochte den Song zuerst überhaupt nicht, aber Trane gefiel er und so spielten wir ihn, und langsam fand ich auch Gefallen daran. Das Publikum war begeistert, wegen des Dreivierteltaktes; wahrscheinlich war es der erste Jazzwalzer, den sie seit Sonny Rollins' *Valse Hot* zu hören kriegten. Schließlich entschloß sich John, die Nummer für sein nächstes Album aufzunehmen.''

Die Nummer, um die es hier geht, war *My Favorite Things.*

In drei Tagen voller Hektik nahm das Quartett im Oktober 1960 genug Material für drei Plattenalben auf. *Coltrane Plays the Blues* und *Coltrane's Sound* wurden erst ein Jahr später veröffentlicht; *My Favorite Things* hingegen war schon ein paar Monate später in den Plattengeschäften und bei den Rundfunkstationen. Innerhalb eines Jahres wurden 50.000 Exemplare verkauft. Ein Jazzalbum, von dem mehr als 5.000, oder allerhöchstens das Doppelte verkauft wird, ist etwa mit einem Millionenhit der Rolling Stones vergleichbar.

In San Francisco schrieb C. H. Carrigues im *Examiner:* ,,Ohne Frage ist es das beste bisherige Album Coltranes, und ebenso ohne Frage eines der wichtigsten Alben der 60er Jahre.

Wer Tranes langes komplexes Solo hört und anschließend verfolgt, wie gewandt und kunstgerecht der Pianist McCoy Tyner das Fundament für Coltranes zweites langes komplexes meisterhaftes und überaus logisches Solo aufbaut und auch dieses Solo in sich aufnimmt, dem wird klar, daß hier wundervolle Dinge geschehen.''

In der *Sunday Tribune* in Minneapolis kommentierte Charles Hanna: ,,Coltrane ist kein Künstler, den man nebenbei hören kann. Bevor du auch nur annähernd seine Talente erfassen kannst, verlangt er deine vollkommene ungeteilte Aufmerksamkeit. Der Strom musikalischen Bewußtseins, den er ausstößt, kann meiner Meinung nach mit einigen Werken von James Joyce verglichen werden. Die Musik, die er kreiert, mag manchem Hörer unverständlich sein; ihr Gewicht und ihre Bedeutung liegen jedoch in Coltranes innerem Bedürfnis, in blitzartiger Schnelligkeit ein vollständiges musikalisches Gewebe zu schaffen.''

Er schließt mit der Feststellung: ,,*My Favorite Things* ist eine seiner besten Aufnahmen.''

Ich hörte John Coltrane zum ersten Mal, als sein Album ***My Favorite Things*** **1962 in Frankreich erschien. Ich war beeindruckt, nein, ich war verblüfft über die wunderschöne Intonation, die er auf seinem Horn erzielte. Ich kannte Sidney Bechets Musik sehr gut, schließlich lebte er viele Jahre in Paris. Aber vor Coltrane habe ich niemand gehört, der das Sopransaxophon so spielte, ohne Vibrato und doch mit einem so klaren singenden Sound.**

JEAN-PIERRE RAMPAL

Bill Harris spielt akustische Gitarre, aber ihn einen klassischen Gitarristen zu nennen ist, als würde man J. S. Bach als Kirchenorganisten oder John Coltrane als Bebopsaxophonisten bezeichnen. In seinen Solokonzerten bringt der Gitarrist üblicherweise sowohl Musik von Bach als auch von Coltrane. „Beide waren große Künstler ihrer Zeit“, pflegt er zu sagen, „und die Musik eines großen Künstlers ist immer zeitlos.“

Harris lebt und unterrichtet in Washington, D. C. und lernte Coltrane kennen, als dieser bei Johnny Hodges spielte. „Ich saß im Korridor vor Johns Hotelzimmer und hörte ihm beim Üben zu“, erzählte er. „Er ließ die Oberlichte über seiner Zimmertür immer offenstehen und ich saß mit dem Rücken gegen die Tür und hörte stundenlang zu.“

1962 nahm Harris einige Coltrane-Kompositionen auf, darunter *Naima* und *Saida's Song Flute,* die Aufnahmen wurden nicht veröffentlicht. Er spielte sie Coltrane vor; dieser hörte aufmerksam zu und meinte dann: „Du kennst meine Musik, Bill.“

Harris wußte auch, daß der Saxophonist mehr als nur flüchtiges Interesse an Gitarristen hatte. Grant Green und Wes Montgomery waren manchmal bei ihm eingestiegen und Trane hatte Montgomery sogar einmal einen Job angeboten, den dieser jedoch nicht annehmen wollte. „Das wäre zuviel Musik für mich gewesen“, sagte Wes zu Bill, „ich konnte nicht gleichzeitig Johns Musik und meine eigene machen.“

Sowohl aus professionellen als auch aus persönlichen Gründen pflegte John anderen Musikern aufmerksam zuzuhören. Ende 1960 verfolgte er oft in einem inzwischen geschlossenen Village-Club das Spiel des Bassisten Reggie Workman und des Drummers Roy Haynes. Er hatte Haynes noch mit Bird gehört, Workman kannte er von Philadelphia her. „Reggie hatte sich wirklich entwickelt“, erzählte Steve Davis. „Sein Spiel war stärker geworden und dominierender als meines: Ich weiß, manche Leute beklagten sich bei John, sie könnten den Baß nicht hören. Vielleicht hat das seine Entscheidung beeinflußt, ich bin nicht sicher.“

Sicher ist nur eines: als das Quartett kurz nach Beginn des nächsten Jahres einen Gig in der Quäkerstadt absolvierte, legte John seinen Arm um Steves Schultern, nahm ihn beiseite und sagte: „Steve, ich muß eine Veränderung vornehmen.“ Er fügte noch hinzu: „Es gibt Dinge, die man tun muß, auch wenn man nicht will.“

Also war Steve Davis draußen.

Und Reginald Workman war drinnen.

Coltrane und ich waren einmal auf Tournee mit einer ganzen Reihe von Saxophonisten, darunter Lester Young. Wir waren im Bus unterwegs zu unserem letzten Gig, als einer von den Typen unruhig wurde; er begann mit seinem Horn im Mittelgang auf- und abzumarschieren und spielte alle Bopklischees, die ihm in den Sinn kamen. Wir hörten alle zu, keiner sagte etwas. Nachdem der Typ keine Reaktionen bekam, richtete er sein Horn direkt auf Lester Youngs Ohr und spielte minutenlang die vertracktesten Bird-Phrasen. Dann unterbrach er und sagte: „Hey, was sagst du dazu? Geht dir das nicht unter die Haut, Baby?“ Und Pres schaute ihn nur an, schenkte ihm sein allwissendes Lächeln und erwiderte: „Yeah, Mann... aber kannst du mir einen Song singen?“

STAN GETZ

Stan Getz kann Songs singen auf seinem Instrument, und darum reihte ihn John Coltrane unter seine vier Lieblingssaxophonisten ein, denn er selbst wäre gerne ein Sänger gewesen. Wie McCoy Tyner einmal erzählte, ,,wenn wir unterwegs waren, fing John oft hinter dem Lenkrad plötzlich an, aus voller Brust *O Sole Mio* zu singen. Er verarschte sich dabei ein bißchen selbst, er wußte am besten, daß er keine so gute Stimme hatte; aber ein bißchen ernst war es doch gemeint, denn er bemühte sich sehr, richtig zu singen.''

Getz spielte in jeder Tonart richtig und seine lyrischen melodischen Improvisationen, stark von Lester Young beeinflußt, aber äußerst individuell, sind nach wie vor bezwingend genug, um so gut wie jedes Publikum in Atem zu halten. In seinem Ton schwingt eine leise Melancholie mit, eine tiefinnere Traurigkeit, ähnlich jener, die man immer stärker in Coltranes Musik fühlen konnte.

,,Natürlich hörst du da Trauer heraus; in meinem Leben hat es auch eine Menge trauriger Dinge gegeben'', sagte Stan Getz und meinte damit, die Melancholie in seinem Spiel sei auf niemanden als ihn selbst bezogen. Johns Melancholie jedoch war von mehr universeller Art, sie beruhte nicht so sehr auf eigenen Erfahrungen als auf den Leiden und Entbehrungen anderer, den Sorgen und dem vergeudeten Leben so vieler Menschen, die er in vielen Jahren des Umherreisens beobachtete. In seinem fortgesetzten Streben nach Vollkommenheit in seiner Musik und seinem Mitgefühl für andere nahm er die Funktion eines Predigers an; nicht im abschätzigen Sinn, nicht, indem er anderen sagte, was sie tun oder lassen sollten, sondern indem er versuchte, das Leben anderer Menschen durch seine Musik bedeutungsvoller zu machen. Und jene, die ihm genau zuhörten, erkannten, *fühlten* die beschwörende Intensität und die persönliche Botschaft in seiner Musik. Er ,,sprach'' zu ihnen mit seiner Saxophonstimme und sein Sound drückte auf vollendete Weise das aus, was die Musiker den ,,Ruf'' nannten; den Ruf eines Predigers, eines Mystikers, eines Propheten.

,,Ich möchte eine Kraft für das Gute sein'', sagte John Coltrane oft.

Gutes tat er unter anderem für Stan Getz; die beiden Saxophonisten traten oft zur gleichen Zeit in Clubs wie der *Jazz Gallery* auf. Getz war der führende weiße Saxophonist, so wie etwa Rollins der führende schwarze Tenorist gewesen war, bevor Trane sich so stark nach vorne spielte. Getz gewann auch die meisten Polls, und das mit gutem Grund. Er hatte seinen Spitznamen ,,Stanley the Steamer'' von dem Pianisten Oscar Peterson nicht nur wegen des Wortspiels erhalten; er konnte in schnellen Nummern ebenso kraftvoll loslegen, wie er in Balladen rhapsodieren konnte, ohne den Rhythmus zu verschleppen.

,,Ich stand als etablierter Star meist am Schluß des Programms'', erzählte er, ,,aber das Publikum stand auf der Seite des benachteiligten Coltrane. Ich kam immer schon früher, um Johns Set hören zu können, und er spielte so wunderbar in seinem Stil, daß ich mich dann doppelt zusammenriß, wenn die Reihe an mir war. Wir versuchten nicht, einander auszustechen, obwohl das einige Fans und Kritiker gedacht haben mögen. Ich freute mich wirklich, daß das Publikum uns beide hören konnte, zwei verschiedene Tenorstile, denn das ist es, was Musik ausmacht: viele Leute, die auf ihre persönliche Art verschiedene Dinge sagen; und alle sind hörenswert.''

Was die Polls jener Periode betrifft, so haben einige davon recht interessante Ergebnisse, etwa der *Playboy*-Poll, wo Stan Getz seit 1957 einen der beiden Tenoristenplätze in der All-Star Band innehat.

Den anderen übernahm John Coltrane, wobei er ironischerweise Coleman Hawkins, den ersten Titan des Tenorsaxophons, verdrängte.

John Coltrane war im *Down-Beat*-Poll 1960 der beste Tenorsaxophonist; dazu wurde er sowohl von den Lesern als auch von einem internationalen Kritikerforum gewählt, das ihm außerdem den jeweils ersten Platz in den Kategorien „Combo" und „Verschiedene Instrumente" (Sopransaxophon) zuerkannte.

Außerdem gewann er die Liebe einer Lady, die ihrem eigenen Wunsch gemäß anonym bleiben soll. Es gibt keine Erklärung, nur Umstände, und Naima hatte nichts zu tun mit diesen Umständen. Nicht sie, sondern John war der Wechselhafte, der Rastlose, der Suchende; ganz so als wäre, ungeachtet der scheinbaren Stabilität und Gediegenheit seiner südstaatlichen Erziehung, eine treibende Kraft in ihm, die er nicht kontrollieren konnte; als ob sein Leben eine einzige lange Suche wäre, die sich oft in einer Frage äußerte, und in der Art, wie er sie stellte, an Steve Kuhn und an viele andere: „Erzähl mir etwas Neues!"

„Etwas Neues" war in Coltranes Leben in diesem Fall eine weiße Frau, die wir „Tranes Lady" nennen wollen, die in den späten 50er Jahren nach New York übersiedelt war, um einen Job als Sekretärin anzunehmen und der Musik und den Musikern, die sie zu lieben gelernt hatte, näher zu sein. Sonny Rollins machte sie mit John Coltrane bekannt, aber erst auf das Drängen von Benny Golson hin begann sie, seine Musik intensiv zu hören; sie lernte, sie zu lieben — die Musik und schließlich auch den Mann, der sie machte.

Sie war groß und schlank, so, wie Coltrane seine Ladies mochte, mit hübschem Gesicht und sanftem Gemüt. Als Person und als Persönlichkeit war sie John nicht unähnlich.

Sie führte Tagebuch in der Zeit ihrer Beziehung zu John; so nannte sie ihn immer: John.

21. Mai 1960: Früh aufgestanden, nach Brooklyn zu Mama Gracie gegangen, gelernt, wie man Süßkartoffelkuchen macht. Abends Jazz Gallery, sprach nach dem ersten Set mit John. „Ich hab dir etwas mitgebracht." Er kostete von dem Kuchen, den ich ihm gebacken hatte, leckte seine Finger ab und sagte: „Wir müssen einmal miteinander reden."

31. Mai 1960: Mit meiner Freundin Dee in der Jazz Gallery. Keine Möglichkeit, dort zu reden, also fuhr John mich nach Hause. Küßte mich zärtlich und sagte, er werde mich anrufen. Um 5.15 Uhr zu Bett.

2. Juni 1960: John rief um 8.15 Uhr abends an. Er fragte: „Bist du für mich jederzeit verfügbar?" Ich sagte ja.

8. Juni 1960: John rief um 2.15 Uhr morgens an, wollte mich sehen. Holte mich um 1/2 5 ab, wir gingen in ein Hotel in Harlem. Er war mehr als rücksichtsvoll, er wußte Bescheid über meinen Mangel an Erfahrung und behandelte mich mit äußerster Zartheit. Ich brauchte weniger als eine Woche, um mich in ihn zu verlieben; es begann mit dem Kuchen.

4. Juli 1960: John rief um 2.20 Uhr morgens an, wollte mich am Nachmittag treffen. Ich schlug Mama Gracies Lokal vor, er nannte mich „Honeybun". Rief wieder an um 5.30 Uhr nachmittags, sagte, er hätte den ganzen Tag geschlafen. Seine Mutter hätte aus Philadelphia angerufen und ihn gebeten, sie zu besuchen. Sie habe vielleicht Weißkuchen für ihn, ohne Zuckerguß, das ruiniert einen

Kuchen, sagt er. Wird versuchen, mir ein Stück mitzubringen, ruft mich morgen an.

5. Juli 1960: Premiere in Small's Paradise. John hat nicht angerufen.

16. Juli 1960: John rief um 1.20 Uhr morgens an, möchte mich um 3 Uhr nachmittags bei Doris treffen. Brachte ihm Hafermehlbrot mit Bananen mit. John sagte, er geht nächste Woche auf Tournee, werden uns vorher wahrscheinlich nicht mehr sehen.

16. September 1960: John rief um 9 Uhr morgens an, kam eine Stunde später vorbei. Schenkte ihm ein Kassabuch für die Buchhaltung seiner Band und Vollweizenbrot mit Feigen — er ist auf Diät, sagt, er wiegt 86 kg.

22. September 1960: Schenkte John Taschentücher aus Irisch-Leinen zum Geburtstag. Er sagte, sie seien viel zu schön, um sie zu benützen, er werde Eau de Cologne drantun und sie aufheben. Ich brachte ihn dazu, Bergman's Men Cologne zu benützen; früher nahm er English Leather.

Tranes Lady machte aus ihm auch einen Kunden von Breidbart, einem piekfeinen Herrenmodesalon Ecke 46th Street und Avenue of the Americas, wo man damals für einen Anzug aus Mohair und Seide 200 Dollar bezahlte. Der Saxophonist benötigte einen ganze Menge Anzüge, denn er hatte das gleiche Problem wie Alfred Hitchcock und besaß wie dieser zwei komplette Garderoben: je eine für die ,,dünnen" und die ,,dicken" Zeitabschnitte. Seine Gewichtsprobleme schienen ihm überallhin zu folgen.

Auch mit seinen Füßen hatte er oft Schwierigkeiten; eine vertraute Situation für jeden, der seinen Beruf vorwiegend im Stehen ausübt. Die Methode, mit denen er diesen Schwierigkeiten zu begegnen versuchte, war durchaus nicht nach dem Geschmack von Tranes Lady. Die Fußbekleidung, die er wählte, paßte in keiner Weise zu seinen feinen und geschmackvollen Anzügen, aber das spielte für ihn keine Rolle: er wollte Bequemlichkeit und er verschaffte sie sich. Ohne Rücksicht auf die Proteste der Lady trug Trane jede Nacht zu allen seinen Anzügen Hush Puppies, 4 Dollar 95 das Paar.

Das Eindrucksvollste an der Arbeit mit Trane war das Gefühl eines ständigen kollektiven Lernprozesses.

ELVIN JONES

Als ich Elvin das erste Mal erlebte, flippte ich aus. Er klang wie Donner. Jedes Mal, wenn er auf die Baßtrommel niederfuhr, brüllte ich: ,,Donner!!!"

GERALD McKEEVER

Du mußt dir John Coltranes Sound ganz genau anhören.

Laß dich nicht beirren von der harten rauhen Außenseite seiner Musik. Seine Melodielinien kommen wie die Wellen des Meeres; jede musikalische Explosion gebiert eine Welle, die sich aufbaut und dann am Ufer bricht, dahinter aber folgt schon die nächste Welle, noch höher und kräftiger als die vorangegangene. Und das ist nur die Oberfläche seines Sounds, ganz so, wie die Wellen nur an der Oberfläche des Ozeans sind; es ist wie die äußere Kruste der Erde, wo dieses reichhaltige Gewebe aus Tönen, diese Musik mit ihrer Dichte, den unvorbereiteten Hörer vor den Kopf stoßen kann. Denn Trane ist ein Zeitreisender; seine Musik ist aus der Vergangenheit, aus der Zukunft und aus der Gegenwart. Er führt den Zuhörer zurück in eine Zeit, als die Erdoberfläche noch kaum abgekühlt war und die Kreaturen des Meeres ihren langen Marsch auf das Land noch nicht begonnen hatten, und nach vor in eine noch unerforschte unvorhersagbare zukünftige Ära, wo Musik vielleicht von Seele zu Seele übertragbar sein wird, spontan und mit einer Vollkommenheit, die herkömmliche Instrumente überflüssig macht.

Jetzt mußt du tiefer gehen, auf die nächste Ebene, entsprechend der nächsten Schichte der Erdoberfläche, dem massiven Fels. Hier sind die Akkorde, die Dreiklänge; sie streben empor an ihren steilen Hügeln, sie schaffen weite offene Räume inmitten dieser Vielfältigkeit von Tönen, sie ermöglichen dem Hörer, den Musiker noch tiefer zu erforschen.

Und immer tiefer; jetzt in die nächste Schicht, die Oxyd-Sulphidzone des Erdballes, wo die Rhythmen der Natur sind, der Zyklus von Leben und Tod, vorherbestimmt von allem Anfang her. Noch mehr Raum. Näher... immer näher an den Kern, an das Innerste von John Coltrane.

Das Innerste der Erde: kochend-flüssiges Eisen und Nickel, nach außen strahlend, ganz so wie des Musikers spiritueller selbstloser Wesenskern, seine übermäcrtege Sehnsucht, guten Willen und Frieden zu verbreiten.

Der sanfte empfindsame Kern von John Coltrane.

Zita hat mich oft mitgenommen, wenn John irgendwo spielte. Ich bin kein Connoisseur, aber die emotionelle Kraft seiner Musik überwältigte mich und machte mich beinahe zu nervös, um stillzusitzen. Einige Male sprachen wir miteinander und er behandelte mich mit soviel Höflichkeit, daß ich das Gefühl hatte, ich sei *seine* und nicht Zitas Mutter.

LUCIA CARNO

Als meine Mutter 75 war, stand sie eine Dreiviertelstunde Schlange, um John Coltrane zu hören. Jetzt ist sie 87 und steht noch immer auf alle Leute, auf die ich stehe.

JIMMY ROWLES

Ein Musiker, ebenfalls Saxophonist, trat in Coltranes Leben — zuerst als Landsmann, dann als Mitarbeiter. Und aus dem Quartett wurde ein Quintett, durch die Mitwirkung von Eric Dolphy.

Lange Zeit hatten Eric Dolphy und ich uns über alle Arten von Improvisationstechnik unterhalten. Schließlich dachte ich, es sei sinnvoll, solange die Band ständig Arbeit hatte, daß Eric bei uns mitmacht.

JOHN COLTRANE

Ich habe ein Buch über Eric Dolphy geschrieben, aber ich habe auch Coltrane immer zugehört, seitdem mich sein *Good Bait* auf dem *Soultrane*-Album umgeschmissen hat. Ich liebte sie beide, aber aus verschiedenen Gründen: Trane war in existenzieller Pein und schrie aus den Tiefen seiner Seele, während Erics Musik überwältigende Freude ausdrückte.

VLADIMIR SIMOSKO

Eric Dolphy, zwei Jahre Jünger als John Coltrane, war in Los Angeles geboren und lebte dort, bis er 1959 als Mitglied des Chico Hamilton Quintetts nach New York kam und zu bleiben beschloß.

Dolphy begann ebenso wie Coltrane mit der Klarinette und wechselte erst später zum Saxophon; auch Flöte lernte er. Er studierte bei Buddy Collette, einem angesehenen Reedman und vielbeschäftigten Studiomusiker, am Los Angeles City College und bei dem Konservatoriumslehrer Lloyd Reese. Collette vermittelte ihm auch den Kontakt zu dem Klarinettisten Merle Johnston, der ihm Unterricht auf der schwierigen kniffligen Baßklarinette erteilte, jenem Instrument, für dessen Perfektionierung Adolphe Sax seinerzeit so viel Zeit und Mühe aufgewendet hatte.

Dolphys Eltern, die in Watts lebten, bauten hinter ihrem Haus einen Arbeitsraum für ihren Sohn; hier übte, studierte und probte er. Die Altsaxophonistin und Sängerin Vi Redd erinnert sich: ,,Wenn jemand vier Chorusse spielte, dann spielte Eric acht. So war er; er arbeitete immer schwerer als irgendjemand anderer.'' Tenorsaxophonist Clifford Salomon, der mit Dolphy in der Roy Porter Band spielte, fügte hinzu: ,,Eric war unser bester Blattleser und hatte die beste Technik von uns allen, aber er war immer bereit, den anderen behilflich zu sein. Jeder respektierte ihn.''

Dolphy kannte Coltrane schon seit 1954, als dieser bei Johnny Hodges spielte. Als Eric dann nach New York kam, half ihm Trane, Fuß zu fassen und machte ihn mit einigen Leuten bekannt, von denen er glaubte, sie könnten etwas für Eric tun. Der aber letzten Endes am meisten für ihn tat, war Trane selbst.

Er ließ Dolphy die Arrangements für die Alben *Olé* und *Africa/Brass* schreiben, wo das Quartett durch zusätzliche Musiker verstärkt wurde. Er liebte Erics sprachähnliche Schnellfeuerphrasierung am Alt, sein flüssiges trillerndes Flötenspiel und die quäkenden räuspernden Sounds, die er der widerspenstigen und selten gebrauchten Baßklarinette entlockte. Die Clubbesitzer beschimpften Dolphy, die Kritiker priesen ihn. Und Coltrane, dem üblicherweise das genaue Gegenteil widerfuhr, unterstützte Dolphy, engagierte ihn und behielt ihn 1961 und 1962 als Sideman in seiner Band.

1961 schloß John Coltrane seinen ersten Vertrag mit *Impulse Records* ab. Die Firma war von der American Broadcasting Company ins Leben gerufen worden, die auf ihrem Label *ABC-Paramount* vorwiegend populäre Musik herausbrachte; *Impulse* sollte sich um den aufblühenden Jazzmarkt kümmern. Der Sitz der Firma war am Broadway auf Nr. 1501, im Gebäude von Paramount Pictures; 1965 übersiedelte sie in das ABC-Gebäude, Avenue of the Americas 1330. Nach der Firmengründung 1961 war John Coltrane der erste Künstler, der unter Vertrag genommen wurde.

Der Kontrakt war das Ergebnis vielseitiger Verhandlungen zwischen Harold

Lovette, der Shaw Agentur, dem *Impulse*-Präsidenten Larry Newton und natürlich Coltrane selbst, dessen Kontrakt mit *Atlantic* auslief und der bereit war, eine Veränderung vorzunehmen. Als man sich einig geworden war, hielt Coltrane einen Vertrag in Händen, der ihn — abgesehen von Miles Davis — zum höchstbezahlten Plattenkünstler des Jazz machte.

Es war ein Einjahresvertrag mit zwei Optionen auf Verlängerung um je ein weiteres Jahr; angesichts von Tranes steigender Popularität jedoch war es im Grunde ein Dreijahresvertrag, der mindestens zwei Alben pro Jahr umfaßte. Der Vorschuß betrug 50.000 Dollar und sollte in Raten von 10.000 im ersten und je 20.000 in den beiden folgenden Jahren bezahlt werden. Um hohe Steuern zu vermeiden, wurde vereinbart, daß Coltrane vierteljährlich 2.500 Dollar erhalten sollte; der verbleibende Rest sollte nach Ablaufen des Vertrages fällig werden.

Sein erstes *Impulse*-Album nahm er in den Monaten Mai und Juni auf. Es hieß *Africa/Brass;* die Titelnummer zeigte Trane vor einem großen Ensemble und deutliche Bezüge zu afrikanischen Rhythmen und indischen Ragas. Konventioneller waren dagegen *Greensleeves* und *Blues Minor,* letzteres mit einer unglaublich erdhaft-urwüchsigen Linie, die es zur überzeugendsten, wenn nicht sogar zur interessantesten Nummer des Albums machte. Der Producer war Creed Taylor, der kurz danach die Firma verließ; an seiner Stelle kam Bob Thiele und damit begann eine Zusammenarbeit, die für den Rest von Coltranes Leben aufrecht bleiben sollte.

Thiele produzierte alle *Impulse*-Platten Coltranes ab dem ersten Livemitschnitt im *Village Vanguard.* Vorher hatte er Musiker wie Joe Sullivan, James P. Johnson, Louis Armstrong und Lester Young für Plattenfirmen wie *Decca, Roulette* und *Dot* produziert. Der gedrungene pfeifenrauchende Thiele verfolgte mit äußerstem Interesse und Fachkenntnis das, was er die ,,neue schwarze Musik" nannte und bemühte sich, so viele ihrer Repräsentanten als möglich für *Impulse* zu verpflichten: Pharoah Sanders, Archie Shepp, Albert Ayler und, natürlich, John Coltrane.

Sein Kontrakt sicherte Coltrane ein Mitspracherecht in allen Details der Plattenherstellung wie Graphik, Layout und Verpackung. *Impulse* war die erste Firma, die auch für einfache Alben doppelte Covers verwendete und den so gewonnenen Raum mit Fotos, liner notes und Informationen über die Mitwirkenden füllte; das fesselte John ganz besonders. *Impulse* berechnete darum auch einen Dollar mehr und verkaufte die Alben um 5 Dollar 98; das war der damals höchste Preis für Jazzalben, der aber von den Käufern anstandslos bezahlt wurde. Wie die Buchhaltung mitteilte, verlor *Impulse* dadurch kein Geld.

Ebensowenig tat dies die Shaw Agentur, die Coltranes Auftritte buchte.

John Coltrane *wollte* arbeiten; in Sachen Arbeitsmoral hatte er immer schon einen extrem puritanischen Standpunkt eingenommen. Tag für Tag im Studio, Nacht für Nacht auf dem Bandstand; er war immer da. Sein Publikum konnte sich verlassen: wenn er angekündigt war, dann erschien er auch und das war einer der Gründe für die Anhänglichkeit seiner Fans; er hielt sein Wort, immer. Die Agentur war mit dieser Situation überaus zufrieden; sie erhielt 10 Prozent für alle Auftritte und das gleiche für die Vermittlung des *Impulse*-Vertrages.

Larry Myers und Jack Whittemore buchten den Saxophonisten in Clubs wie *Olivia's Patio* in Washington, D. C., *The Crawford Grill* in Pittsburgh, den *Cotton Club* in Cleveland, den *Plugged Nickel* in Chicago, *Shelley's Manne-Hole* in Los Angeles und weitere schon vorher erwähnte, zu Gagen von 2500 bis 3000

Dollar pro Woche und gewöhnlich ohne Unterbrechung. Einmal organisierten sie für Miles Davis, Thelonious Monk und Gerry Mulligan eine Show im *Apollo Theater*. Als Trane das erfuhr, bat er sie, auch für ihn Auftritte in Theatern und Konzertsälen zu arrangieren.

Sie taten es; er spielte einige Konzerte in der New Yorker Philharmonic Hall mit ihren 2700 Plätzen und seine Anhänger sorgten dafür, daß all diese Konzerte nahezu ausverkauft waren.

Aus dem Tagebuch von Tranes Lady, 1961:

11. Februar: John rief an, sagte, unsere Beziehung könne nicht mehr weitergehen, wegen anderer Belastungen in seinem Leben; er wünschte, das Ganze wäre vor ein paar Jahren geschehen. Er meinte: „Ich weiß nicht, was ich sagen soll, ich verliere eine Freundin..." Korrigierte sich sofort: „Nein, ich weiß, das stimmt nicht."

20. März: Elvin versprach, mich ins Apollo hineinzubringen. Fragte dort nach ihm, heraus kam John. Sagte, es sei zu kompliziert, gab mir 5 Dollar für ein Ticket.

8. Juli: John kam vorbei, entschuldigte sich, weil er nicht angerufen hatte, sagte: „Laß mich nicht fallen!" Hatte Aufnahmen mit Bigband, wurden nicht so, wie er wollte. Sagte, er fühle sich verwirrt.

7. August: Nat Adderley rief aus Detroit an, sagte, Cannonball habe John Diätpillen gegeben und John sei darauf schwindlig geworden, Nat glaubt, er hätte zwei genommen statt einer. Erinnerte sich, daß John einmal sagte, er nehme niemals und von nichts nur eine. Nat erzählte, das Publikum brüllte nach My Favorite Things, genauso wie nach Bobby Timmons' This Here.

25. August: Jazzfestival auf Randall's Island. Guter Erfolg für Cannonball, Achtungserfolg für John, Horace Silver stahl die Show mit Filthy McNasty.

16. Oktober: John in San Francisco, wurde von Ralph Gleason interviewt. Ralph erzählte mir, er sei sehr beeindruckt gewesen, John hätte über Bücher gesprochen, die er lesen wolle und gute Fragen darüber gestellt. Er sagte auch, John sage nie etwas, wenn er sich nicht sicher darüber sei, oft denke er vorher lange nach.

30. Oktober: John besuchte mich für zwei Stunden. Hat Probleme mit seiner Musik, möchte etwas anderes versuchen, möchte aber auch Geld verdienen. Er war auf Diät, ich fütterte ihn trotzdem mit Kuchen. Als er mich packte, bekam er meinen Lippenstift auf sein Hemd, wir hatten einander so lange nicht gesehen. Bemerkte unter meinen Büchern eine Bibel, fragte: „Bist du Christin? Wenn nicht, ist es aus mit uns." Ich sagte ja. Ende der Diskussion.

10. November: John in der TV-Show PM West mit Carmen McRae. Spielte My Favorite Things, wirkte nervös. Spielte am Anfang und am Ende der Show, litt unter Bemerkungen wie „far out" und „führt uns in den Weltraum."

Ich übte Schlagzeug bei Jam Sessions auf den Instrumenten anderer Leute, zu Hause trommelte ich zu Tranes Platten mit meinen Stöcken auf das Sofa. Eines Nachts im *Half Note* sagte Elvin zu mir: ,,Ich hab etwas zu erledigen; spiel den nächsten Set für mich!" Er ging weg und ich erzählte es John. ,,Möchtest du spielen?" fragte John. ,,Wenn du nichts dagegen hast, möchte ich schon", sagte ich. Also setzte ich mich hinter Elvins Schlagzeug und Trane spielte *Softly As in a Morning Sunrise, I Want to Talk About You* und *Naima,* lauter ruhige Nummern, aber ich paßte genau auf, was die anderen machten und wir kriegten es hin. John bedankte sich und fragte, ob ich Noten lesen könne. Als ich nein sagte, meinte er: ,,Spliby, du hast ein gutes Feeling!" Als ich dann vom Bandstand runterging, sah ich Naima und Cousine Mary, die total überrascht waren, daß ich und nicht Elvin am Schlagzeug war.

GERALD McKEEVER

In den Nächten des 2. und 3. November 1961 befanden sich zwei Männer im *Village Vanguard,* die John Coltrane nicht nur zum Vergnügen zuhörten: Aufnahmeleiter Bob Thiele und Toningenieur Rudy Van Gelder. Sie nahmen Tranes erstes Livealbum auf.

Für Coltrane und Van Gelder war es eine Wiedervereinigung, denn die meisten *Prestige*-Alben Johns waren in Rudys Studio in New Jersey aufgenommen, das damals in Wirklichkeit das Wohnzimmer seiner Eltern in Hackensack war. Ursprünglich ein gelernter Optiker, wurde er nach jahrelangen Hobbyaufnahmen ein autodidaktischer Toningenieur und seine verzehrende Leidenschaft für Musik führte schließlich zu einem eigenen Aufnahmestudio in Englewood Cliffs.

Thiele saß an einem der vorderen Tische, nippte an seinem Drink und erfreute sich an der Musik, von der er allerdings nicht viel verstand; *noch* nicht. Einerseits fühlte er vage Bedenken, Coltrane aufzunehmen, anderseits war er feinfühlig genug, um das Verhalten des Saxophonisten richtig einzuschätzen, der ihm damit zu verstehen gab: ,,Du bist der Aufnahmeleiter, also mußt du wissen, was du tust." Van Gelder, ausgerüstet mit einem Zweispurmagnetophon und einigen Mikrophonen, setzte seine Nervosität in Bewegung um; während ihm die Haare immer wieder über sein Gesicht fielen, verfolgte er Trane, der sich beim Spielen über den Bandstand bewegte und änderte alle paar Minuten die Positionen der Mikrophone, um sicherzugehen, daß der Sound der Band richtig eingefangen wurde.

Clubeigentümer Max Gordon, ein kleiner weißhaariger Mann mit dem Ausdruck eines behutsamen Kobolds, wanderte wie gewöhnlich ruhelos umher, zählte die Gäste, beobachtete die Musiker, überprüfte die Bar und setzte sich schließlich an einen der hinteren Tische, wo er der Musik zuhörte, mit dem Kopf nickend und das Lächeln eines glücklichen Kindes auf dem Gesicht.

John Coltrane und Eric Dolphy (letzterer ist bei den Aufnahmen nur in *Spiritual* zu hören) standen vor der Rhythmusgruppe, eröffneten jede Nummer mit knappen Ensemblepassagen und fielen in lange Solostatements, einer nach dem anderen, Chorus um Chorus. McCoy Tyner und Reggie Workman unterstützten die Saxophonisten mit einfühlsamer harmonischer Begleitung, während Elvin Jones mit urwüchsiger Kraft die ganze Band vor sich her trieb. Elvin spielte sich immer mehr in den Vordergrund; sein rastloses Spiel in immer größerer Lautstärke erdrückte oft die beiden Hörner.

Softly As in a Morning Sunrise war dennoch sanfter. Elvin verwendete hier zunächst die ,,brushes", zeichnete forsch und flüssig hinter McCoy und Reggie die Konturen der Melodie nach und wechselte erst zu den Stöcken, als John mit dem Sopransaxophon zu einem seiner beschwörenden Chants ansetzte.

Und dann kam der Moment, wo das aufgenommen wurde, was später den Titel *Chasin' the Trane* erhielt.

Es war ein Blues. Wie Coltrane sagte, ,,bei einem Blues brauchst du dir keine Sorgen zu machen. In diesem besonderen Fall war die Melodie nicht niedergeschrieben, ja, sie war nicht einmal konzipiert, bevor wie anfingen. Wir einigten uns über das Tempo und setzten einfach ein."

Tyner setzte aus, komplett; ,,stroll" nennt man das, das verlangte Coltrane von ihm und er tat es. So waren es nur Coltrane, Workman und Jones in dem noch unbenannten *Chasin' the Trane* mit einem Debussy-Motiv als Thema, mit seinen knapp 16 Minuten energiegeladener ausdrucksvoller Akkorde und Gegenakkorde, Einschübe und Improvisationen in einem ununterbrochenen empfindungsreichen schöpferischen Prozeß, der die Zuhörer ihre Köpfe schütteln ließ — nicht in Ablehnung, sondern in Verwunderung: sie konnten es nicht fassen, daß etwas so Schwieriges nicht nur versucht wurde, sondern auch derart gelungene musikalische Resultate brachte.

Max Gordons Kopf nickte so heftig, daß man jeden Augenblick erwartete, er würde herunterfallen.

Bob Thiele klopfte sich beinahe die Absätze von den Schuhen und zog so kräftig an seiner Pfeife, daß er in der selbsterzeugten Rauchwolke nahezu unsichtbar war.

Rudy van Gelder bot eine Studie fast unaufhörlicher Bewegung; er folgte Coltrane wie ein Kartenverkäufer und bemühte sich, eines seiner Mikrophone stets in kurzem Abstand von dem Saxophon des Bandleaders zu halten, obwohl er dazu über einige Zuhörer klettern mußte.

Und als die Nummer zu Ende war und sich die Frage stellte, wie man sie nennen sollte, war es van Gelder, der einen Vorschlag machte, wobei er nicht nur an die Musik dachte, sondern ebensosehr an die Strapazen, die er auf sich genommen hatte, um diese Musik aufzunehmen. Der Titel, den er vorschlug, beschrieb genau das, was er, Rudy Van Gelder, die ganze Nacht getan hatte: *Chasin' the Trane.* *

Wir waren alle junge jüdische Burschen, wuchsen in New York auf und hörten Coltrane. Seine Musik half uns, das kollektive Schuldgefühl loszuwerden, den eigenen Gefühlen gegenüber offen zu sein und über kreative Möglichkeiten nachzudenken, mit denen wir uns artikulieren konnten. Ich spielte Schlagzeug mit Damita Jo, als ich das erste Mal *Chasin' the Trane* hörte, aber meine Ohren waren noch nicht so weit, es war zuviel für mich. Ich brauchte einige Jahre, um mich wirklich hineinzufühlen, aber dann benützte ich es, wenn ich seelischen Auftrieb benötigte. Es brachte mich immer dazu, zu denken: Trane geht seinen Weg, ungeachtet aller Schwierigkeiten; warum nicht auch ich?

LES PERLMAN

* to chase = nachjagen, verfolgen

Im *Renaissance Club* in Hollywood hörte ich musikalischen Nonsens, der derzeit unter dem Namen ,,Jazz" angeboten wird. Im Jazz gibt es eine kollektive Verschmelzung der spielenden Individuen, die der Musik jenes schwer zu beschreibende Element verleiht, das man Swing nennt. Coltrane und Dolphy scheinen die Absicht zu haben, dieses essentielle und wichtige Ingrediens mutwillig zu zerstören; sie scheinen einer anarchistischen Richtung zu folgen und ihre Musik kann nur als ,,Anti-Jazz" bezeichnet werden.

JOHN TYNAN

Noch im gleichen Monat, November 1961, ging das John Coltrane Quartett auf Europatournee. Es war das erste Übersee-Engagement und John war so zufrieden mit seinen Musikern, daß er ihre Gagen auf 300 Dollar pro Woche erhöhte. Norman Granz veranstaltete die Tournee und brachte die Gruppe nach England, Frankreich, Deutschland und Skandinavien. Die europäischen Kritiker waren, im Gegensatz zu ihren amerikanischen Kollegen, viel eher bereit, die Musik als Kunstform zu betrachten und nicht als eine Geräuschkulisse, zu der man Bier trinkt; einige schrieben exzellente Besprechungen. Noch bedeutungsvoller war die positive Reaktion des Publikums, das der Band überall mit frenetischem Applaus und donnerndem Getrampel seine Begeisterung demonstrierte und den Musikern das Gefühl vermittelte, sehr willkommen zu sein.

Frankreich war die Ausnahme. Paris, normalerweise kultiviert und urteilsfähig genug, um so verschiedenartige Künstler wie Bechet, Picasso und Voltaire zu bewundern, war offenbar außerstande, Coltrane zu akzeptieren. Während einer ausgedehnten Version von *Impressions,* das ironischerweise ebenso wie *Chasin' the Trane* auf einer debussyhaften Skala basiert, brachten einige Dummköpfe ihr Mißfallen zum Ausdruck, indem sie Geldstücke auf die Bühne des *Olympia* warfen. Elvin sagte hinterher: ,,Geld kann man immer brauchen; und außerdem hätte es ja viel schlimmer kommen können: was, wenn sie mit Weinflaschen geworfen hätten?"

England zeigte sich gastfreundlicher. Bob Dawborn vom *Melody Maker* interviewte Coltrane; der Saxophonist sagte, als suchte er eine Erklärung für die Ungezogenheit der Pariser: ,,Wir sind sehr unerfahren, was Konzerte betrifft. Wir sind von den Clubs her gewöhnt, lange zu spielen und es ist schwierig, besonders mit Eric, sich auf die Zeitbegrenzungen in einem Konzert umzustellen."

Als ich 1961 aus Pittsburgh nach New York kam, gab es nur zwei Musiker, mit denen ich spielen wollte: Ornette Coleman und John Coltrane. Ich hatte gehört, John suchte einen Bassisten, also rief ich ihn an und er lud mich in sein Haus ein, damit ich ihm vorspielen könne. Er spielte sowohl Saxophon als auch Klavier und ich improvisierte über die Akkorde, die er spielte. Obwohl er reizend zu mir war, hatte ich doch das Gefühl, daß ich mich ihm musikalisch nicht so richtig mitteilen konnte und daß ich nicht so gut war, wie ich gedacht hatte. Also ging ich wieder nach Hause, um weiterhin zu üben und zu studieren; später spielte ich dann bei Ornette.

DAVID IZENZON

Ich glaube, Reggie Workman ging zu Art Blakey und Jimmy Garrison verließ Ornette Coleman und kam zu uns; das war im Dezember 1961. Warum

Reggie von uns wegging, weiß ich nicht mehr genau. Über Jimmy muß ich eines sagen: sein Rhythmusgefühl und seine Wahl der Töne waren besser als bei allen Bassisten, die John vorher gehabt hatte. Er blieb im Hintergrund und das war es, was John wirklich wollte.

McCOY TYNER

Seit *Chasin' the Trane,* wo er durch Abwesenheit glänzte, zog sich McCoy Tyner selbst mehr in den Hintergrund zurück, während Coltranes Soli immer länger und Jones'Schlagzeugspiel immer lauter wurden. Das Quartett war auf dem Weg, ein Duo zu werden und als Eric Dolphy ab Mitte 1962 nicht mehr mitmachte, verstärkte sich dieser Eindruck noch; John und Elvin deckten McCoy Tyner und Jimmy oft bis an die Grenze der Unhörbarkeit zu.

Als Eric noch mitspielte, boten die fünf Musiker auf dem Bandstand einen unglaublichen optischen Kontrast.

John krümmte sich während des Spielens viel mehr als früher; im Gegensatz zu seiner einstigen makellosen Haltung bewegte er nun oft sein Instrument und seinen Körper, als tanze er zu seiner eigenen Musik. Elvin saß aufrecht hinter seinem Instrumentarium, schwitzend und brüllend; sein Gesicht verzog sich zu unbeschreiblichen Grimassen, die von manchen als dämonisch empfunden wurden. McCoy hing im rechten Winkel über dem Klavier, sein Kopf näherte sich den Tasten. Jimmy, den Spliby ,,Half Pint" taufte, war gute 20 cm kleiner als seine Baßgeige, hinter der er meistens verschwand, nur gelegentlich sah man sein Grinsen aufblitzen. Seine Freizeit verbrachte Garrison meist mit Jones und ließ sich unglücklicherweise auch von dessen Lebensgewohnheiten beeinflussen, denn Elvin hielt sich nicht an sein Versprechen, das er Trane gegeben hatte. Die Musik war nicht das einzige, das ihn berauschte; er sniefte auch Heroin, und Jimmy tat es ihm gleich. Eric, größer als die Baßgeige, lang und biegsam wie eine dünne Wurst, bewegte sich kaum beim Spielen; seine großen leuchtenden Augen absorbierten alles um ihn herum, beinahe wie die seines Chefs und in ähnlicher Weise, sein struppiger Bart ragte wie ein Pinsel über sein vorstehendes Kinn. Er war sanft und fröhlich, er liebte Coltrane und er liebte es, mit ihm zu spielen.

Wie Tranes Lady einmal erzählte: ,,John sagte immer zu mir, abgesehen von Sonny Rollins sei Eric Dolphy sein einziger wahrer Freund."

Als ich sie kennenlernte, hörten Trane und Eric gerade Aufnahmen eines südafrikanischen Pygmäenstammes. Trane war überaus interessiert an afrikanischen Rhythmen; er erklärte mir, daß dort jeder Drummer einen bestimmten Rhythmus spielt und nicht versucht, alle Rhythmen auf einmal zu spielen. Auf den Aufnahmen, die er hörte, wurden die Polyrhythmen von mehreren Drummern erzeugt. Aber in seiner Band verlangte er, Elvin solle ganz allein Polyrhythmen spielen.

LEON THOMAS

Ich besitze ein Bekleidungsgeschäft in Johannesburg/Südafrika und spiele den ganzen Tag im Laden meine Schallplatten. Meine Kunden sind hauptsächlich Schwarze und die stehen sehr auf die Musik. Oft spiele ich Coltrane, besonders *My Favorite Things,* aber es ist seltsam, daß diese Typen auf Coltrane

lange nicht so abfahren wie etwa auf Jimmy Smith oder James Brown. Ich kann das überhaupt nicht verstehen.

GERRY ROSENBERG

Don DeMicheal machte sich Sorgen über die schlechte Presse, die Coltrane und Dolphy erhielten, gemeinsam und jeder für sich. Um dem entgegenzuwirken, schlug er einen besonderen Artikel vor, in dem die beiden Musiker Gelegenheit bekommen sollten, sich persönlich zu ihrer Musik zu äußern. Der Artikel erschien in der Ausgabe des *Down Beat* vom 12. April 1962. Bemerkenswert ist dabei, daß Dolphy sich mehr mit technischen und interpretativen Aspekten auseinandersetzte; Coltrane hingegen, als der philosophischere der beiden, nahm vorwiegend auf die abstrakten und mystischen Eigenschaften der Musik Bezug.

Eric sprach über das Imitieren von Vogelstimmen, besonders mit der Flöte; er wies darauf hin, daß ,,Vögel Töne hervorbringen können, die zwischen unseren Tönen liegen, etwa zwischen F und Fis, und genau so ist es in der indischen Musik mit ihren verschiedenen Skalen und Vierteltönen.'' John empfand Musik als ,,eine Art, auszudrücken, daß es ein großes wundervolles Universum ist, in dem wir alle leben. Musik ist einfach eine Reflektion des Universums, wie das Leben *en miniature*. Du nimmst einfach eine Lebenssituation oder eine Emotion und machst Musik daraus.''

Und Erich machte den Schluß mit einer persönlichen Anklage an die Adresse der Kritiker. Diese sollten, schlug er vor, ,,mit den Musikern sprechen, wenn ihnen die Musik nicht gefällt oder wenn sie sie nicht verstehen. Was sie schreiben, ist manchmal wirklich schmerzhaft, denn ein Musiker liebt seine Arbeit nicht nur, sondern ist auch von ihr abhängig für seinen Lebensunterhalt.''

Coltrane und ich trafen uns oft und sprachen über Mundstücke, Rohrblätter und Musik. Eines Nachts waren wir unten im Village und hörten Max Roach und da sagte John, er fühle sich in seiner Musik ,,up 'gainst the wall''*, denn einige Musiker hätten gemeint, was er mache, sei nicht hip genug. Solche Reden stürzten John immer in eine schlimme Bluesstimmung.

RAHSAAN ROLAND KIRK

Drei Kritiken des Albums *Coltrane Plays the Blues:*

Im *Kansas City Star* schrieb James Scott, Coltranes Tenorsaxophon ,,klingt wie ein verstimmtes Cello, auf dem jemand albern herumkratzt. Sein Sopransaxophon klingt sicherer, gibt aber dennoch denselben orientalischen Singsang von sich, der offensichtlich der zukünftige Trend ist.'' Dann verglich er Trane mit Bird und meinte, ,,Parkers Ziel war Schönheit und anders zu sein, bedeutet nicht unbedingt Schönheit. Coltrane klingt zweifellos anders, aber das kann man auch über ein Flugzeug sagen, das durch die Schallmauer bricht.''

Philip C. Gunion im *Sunday Journal* in Providence nannte das Album ,,etwas, das du immer und immer wieder hören kannst und alles, was sich dabei abnützt, ist die Nadel deines Plattenspielers. Eine wunderschöne Sammlung von Musikstücken, alle von Coltrane komponiert; nur eines stammt von Elvin Jones.''

* wörtlich: gegen die Wand; Titel einer Coltrane-Komposition, siehe auch Seite 89

Don De Micheal selbst besprach das Album im *Down Beat* und wies besonders darauf hin, daß Coltrane, „obwohl kein Bluesspieler wie etwa Milt Jackson, ein Bluesfeeling in einem anderen Rahmen erwecken kann, abstrakter und musikalisch mehr sophisticated. Seine Rauhheit im oberen Register erzielt denselben Effekt wie die Stimme eines Bluessängers. Das ist Coltrane in Bestform, ungemein aufregend." Er setzte jedoch einen gegensätzlichen Gedanken hinzu: „Wie lange kann Coltrane noch neue und aufregende Dinge in einem Bereich finden, der eng geworden ist, so stimulierend er auch sein mag?"

In den frühen 60er Jahren war ich Kellner im *Village Vanguard* und für mich stand Coltrane auf einer Stufe mit Bach; beide sind meiner Meinung nach ohne Vergleich. Was mich am meisten an ihm beeindruckte, war seine Menschlichkeit. Ich hatte immer das Gefühl, daß er mit mir kommunizierte, auch wenn wir nicht miteinander sprachen und wenn wir es gelegentlich taten, gab er mir den Eindruck, daß er meinte, was er sagte. Was ich jedoch nie verstehen konnte ist, wie ein so grundanständiger Mensch wie er unter dem Druck leben konnte, dem Musiker ständig ausgesetzt sind. Mir erscheint es als ein Wunder, daß Coltrane es fertiggebracht hat, in dieser Welt so lange zu überleben und dennoch er selbst zu bleiben.

BURT BRITTON

Einige Auszüge aus dem Tagebuch von Tranes Lady, 1962:

4. Mai: Besuchte San Francisco. John wohnte im Civic Manor Motel. Schenkte ihm Bergdorf Goodman Cologne, er freute sich sehr. Ralph Gleason nahm mich mit zu dem Jazz Workshop, wo John spielte.

1. Juni: Wieder in New York. John rief um 11.15 Uhr vormittags an, hat immer noch Mundstückprobleme. Beschreibt sich als nervösen kleinen Mann, der mit einem Saxophon herumläuft, zeigt es aber äußerlich nicht. Möchte mit Jack Whittemore über mehr Geld reden, damit er Wes Montgomery engagieren kann. Sagt, er hätte abgenommen und hoffe, bald auf unter 80 kg zu kommen.

31. Juli: John kommende Woche nirgends gebucht, behauptet Shaw.

7. Dezember: Habe gehört, Elvin wurde bei der Rückkehr aus Europa wegen versuchten Rauschgiftschmuggels verhaftet. Ich glaube, es war in Boston.

Einmal war ich in Indianapolis, als John dort in einem Club spielte und ich hörte ihm zu, wie er sich auf seine harmonischen Forschungsreisen begab. In der folgenden Nacht bemerkte ich bei meinem eigenen Job, wie sehr einige seiner Ideen mein Spiel beeinflußt hatten; ich spielte auf einmal komplexere Harmonien und längere Soli als vorher. Dann begann ich, immer öfter *Giant Steps* zu hören; ich transkribierte es von der Platte und begann, mit seiner Akkordstruktur zu experimentieren. Und dann spielte ich es, aber als Ballade; die Akkorde waren so wunderschön, daß ich sie nicht so schnell vorbeisausen lassen

wollte und in dem langsameren Tempo machte es mir richtig Freude, sie zu spielen

MARIAN McPARTLAND

In den frühen 60er Jahren, als John Coltrane seine Soli immer mehr auszudehnen begann, entwickelte er auch ein fanatisches Bedürfnis nach Aufnahmen und Bob Thiele brachte ihn oft noch spät nachts ins Studio. Nachdem der Vertrag des Saxophonisten lediglich zwei Alben pro Jahr verlangte, war es nicht überraschend, daß sich die Leitung von *Impulse* über das Ausmaß aufgenommenen Materials beschwerte, das Thiele und Coltrane ansammelten. Dessen ungeachtet machte Coltrane im Laufe des Jahres 1962 drei Plattenalben, die alle in unterschiedlichem Ausmaß seine Karriere beeinflußten.

Das erste hieß schlicht und einfach *Coltrane.* In seinem Mittelpunkt stand ein aufwühlendes sich windendes Solo über *Out of this World,* das dem Titel der Nummer voll entsprach; so sehr, daß man den Eindruck gewann, zwei verschiedene musikalische Einheiten zu hören; Coltrane selbst auf der einen und die Rhythmusgruppe auf der anderen Seite, denn der Saxophonist spielte wohlartikulierte Rubato-Passagen mit überwältigender Wirkung. Das Album enthielt außerdem zwei Widmungskompositionen: *Miles' Mode* für Coltranes früheren Chef, und *Tunji* für den nigerianischen Drummer und Musikologen Olatunji, dessen urwüchsige afrikanische Rhythmen Coltranes Konzept beeinflußten, als spielte ein Trommelensemble in seinem Kopf.

Auf Bob Thieles Vorschlag entstand das Album *Ballads;* der Producer wollte Trane damit einem breiteren, will sagen wohlhabenderen Publikum nahebringen. Unglücklicherweise ließ er Coltrane bei der Auswahl der Songs offensichtlich wenig mitreden. *Too Young To Go Steady* ist eine Schnulze, *Say It Over and Over Again* ist genau so monoton, wie es der Titel suggeriert und *Nancy* ist ein viel zu augenscheinlicher Versuch, sich den Fans von Frank Sinatra anzubiedern, der mit dieser Ballade identifiziert wird.

Das dritte Projekt war *Duke Ellington and John Coltrane,* und das war nun *das* Album dieses Jahres; eine gut überlegte Kombination, dir für alle Beteiligten befriedigend war. Auch das war Bob Thieles Idee, der damit auch Coltrane helfen wollte, seine überkritische Einstellung gegenüber der eigenen Arbeit zu mildern. Wahrscheinlich war ein paradoxes Schwanken zwischen Unsicherheit und Perfektionismus die Ursache, daß Trane in immer zunehmendem Maße Wiederholung um Wiederholung verlangte, wodurch die Aufnahmesessions nicht nur zeitraubend, sondern auch unnötig kostspielig wurden. Ellington, die Kombination aus Genie und Praktiker, würde Coltrane auf den richtigen Weg führen, überlegte Thiele und wenn man an die musikalische Kreativität dachte, zu der jeder den anderen stimulieren würde, konnte das Resultat einfach nur großartig sein.

Wie Rudy Van Gelder berichtete, war John ,,richtiggehend ehrfürchtig in Dukes Gegenwart; noch dazu war Ellington makellos gekleidet im Studio erschienen und John trug nur Hemd und Hose. Ellington kam auch zu mir in den Kontrollraum und ich erwartete ein Kompliment über meine Aufnahmetechnik, wie ich es von den meisten Musikern gewöhnt war. Aber er wollte nur wissen, wo das Klosett war.''

Coltranes Spiel bei dieser Aufnahmesession war seltsam ,,konservativ'', im positiven Sinn dieses Wortes, denn er konservierte die besten musikalischen Ideen aus der Vergangenheit und verband sie mit seinem Sound und seiner Auffassung. Er hielt sich eng an die Melodien, ohne Zweifel aus Respekt vor dem Duke. Von den sieben aufgenommenen Stücken stammten sechs entweder von Duke Ellington oder von Billy Strayhorn; die Ausnahme war Coltranes Komposition *Big Nick,* eine Widmung an den üppigtönigen Tenorsaxophonisten Big Nick Nicholas, der seit langem ein Liebling von Coltrane war.

Nachdem der erste Take von *In a Sentimental Mood* im Kasten war, entspann sich das folgende Gespräch zwischen den Beteiligten.

Bob: ,,Duke, was meinst du?"

Duke: ,,Das war gut."

Bob: ,,John, findest du, wir sollten es noch einmal machen, oder nicht?"

John: ,,Nun..."

Duke: ,,Warum noch einmal machen? Dieses Feeling kann man nicht wiederholen. Das *ist* es!"

Und das war es auch.

Als Johnny Hodges die Aufnahme hörte, meinte er: ,,So lange ich diesen Song auch schon kenne, ich finde, die Interpretation von Coltrane ist die schönste, die ich jemals gehört habe."

Hodges wußte, wovon er sprach; der Duke hatte ihn jahrzehntelang in dieser Nummer groß herausgestellt.

Als ich Anfang der 60er Jahre aus der Armee entlassen wurde, brachte ich eine Coltraneplatte mit nach Hause. Als ich sie dann spielte, fragte meine Mutter: ,,Was ist das?" ,,Eine neue Coltraneplatte." Daraufhin fragte sie: ,,Hast du die nicht schon?" Sie fand, seine Musik klinge immer gleich.

BILL COSBY

Bill Cosby kam oft ins *Birdland,* damals, in jener Zeit, als er als junger schwarzer Komiker bekannt war, der keine Witze über Rassenfragen machte und sich auf komische Predigten spezialisierte wie etwa seine vergnüglich-bissige Version von Noah.

Wenn Cosby in den Club kam, blödelte er oft mit dem Manager Johnny Gary herum; manchmal sprachen die beiden noch miteinander, wenn Coltrane eintraf. Der Saxophonist zog dann ein Säckchen Erdnüsse aus der Tasche und bot sie den beiden an, noch in der Schale; dann ging er weiter zu seiner Garderobe, wo er sich zunächst über die neuesten Baseballergebnisse informierte, denn der Garderobier hatte sein Transistorradio meist auf Sportnachrichten eingestellt.

Das *Birdland* hatte seinen Namen zu Ehren Charlie Parkers erhalten und lag am Broadway auf der Höhe der 53rd Street. Es war ein Kellerlokal mit 400 Plätzen, der Eintritt kostete 2 Dollar und auch hier gab es die ,,bleachers", wo das Publikum einfach zuhören konnte, ohne ein Getränk bestellen zu müssen.

Coltrane kannte Cosby; einmal hatte er ihn auf den Bandstand geholt und gesagt: ,,Bill, unterhalte die Leute, während ich ein bißchen spazierengehe."

Cosby hatte insgeheim eine Coltrane-Imitation einstudiert, ein komplizierter Akt der Nachahmung, in dem er die Haltung des Saxophonisten beim Spielen einnahm und in seiner Kehle seltsame Scatsounds erzeugte, die frappierend dem Klang von Coltranes Tenorsaxophon ähnelten. Der Augenblick schien geeignet:

Cosby führte seine Nummer vor und das Publikum, einschließlich Coltrane, hatte seinen Spaß daran.

Immer, wenn Cosby in der Stadt war, tauchte er im *Birdland* auf und wenn Coltrane dort spielte, wurde der Komiker meist aufgefordert, seine Coltrane-Imitation zum besten zu geben. Er benützte dazu die Rhythmusgruppe als Begleitung und die Musiker trieben ihn in erstaunliche Improvisationsfeuerwerke, die oft wie Jodeln klangen.

Eines Abends kam Cosby früher als erwartet. Die Rhythmusgruppe war auf der Bühne, jedoch kein Saxophonist in Sicht. Cosby fühlte sich in Stimmung für seine Imitationsnummer, also wandte er sich an Elvin, der grinsend zu den anderen sagte: „Was meint ihr, sollen wir diesen Typen als Ersatz für Trane ausprobieren?" Die anderen waren einverstanden und der Komiker kletterte auf den Bandstand. Pee Wee Marquette, der zwergenhafte Emcee*, dessen heisere Falsettostimme kraftvoll und durchdringend war, krächzte in das Mikrophon: „And now... Ladies and Gentlemen... Birdland, the Jazz Corner of the World... proudly presents..." — Pause — „The Bill Cosby Quartet!"

Cosby begann mit *Out of This World.* In Coltranes typischer Haltung stand er da, aufrecht, seine Arme vorgestreckt, als spiele er ein Saxophon, seine Augen geschlossen, seine Finger über imaginären Tasten tanzend, seine Zähne und Lippen geschlossen über ein nichtexistentes Mundstück. Und seine Stimme folgte exakt, Note für Note, bis in die kleinsten Nuancen der Coltrane-Aufnahme.

Zwei Minuten vergingen.

Cosbys Körper nahm eine geduckte Haltung ein, sein Ausdruck ging immer mehr in die ekstatisch-angestrengte Widerspiegelung von Tranes transzendentem Gehabe über. Das Publikum folgte ihm gebannt.

Vier Minuten vergingen. Dann, als Cosby einen großartigen überschwenglichen Höhepunkt erreichte, erklang von hinter der Bühne plötzlich ein Tenorsaxophon, in perfektem Unisono mit allem, was Cosby von sich gab.

Cosby unterbrach sich, stand steif, wie angewurzelt, auch das Saxophon in seinen Ohren stoppte zu gleicher Zeit. Dann setzte er fort, wo er aufgehört hatte und wieder war das Saxophon da und folgte ihm Ton für Ton, Phrase für Phrase.

Und endlich kam Coltrane spielend auf die Bühne, als wolle er den wohlbekannten großen Auftritt von Sonny Rollins imitieren; sein wirklicher Sound mischte sich vollkommen mit Cosbys Imitation dieses Sounds. Der Saxophonist näherte sich dem Komiker, bis sein Horn nur mehr Zentimeter von ihm entfernt war, und sie fuhren fort in ihrem Duett, während das Publikum, das dem Geschehen zunächst wie hypnotisiert gefolgt war, spontan in donnernden Applaus ausbrach.

Naima begleitete John, als die Band im November 1962 auf Europatournee ging. Es war das erste Mal, daß sie den Atlantik überquerte, jedoch ihr Gatte hatte keine Zeit, ihr die Sehenswürdigkeiten zu zeigen; er komponierte, er probte, er spielte, er wurde interviewt, aber sie war bei all dem die meiste Zeit an seiner Seite und war damit zufrieden.

Weniger zufrieden war sie mit einem immer mehr anwachsenden Gefühl der Entfremdung zwischen ihr und John.

* M. C. = Master of Ceremonies = Programmansager, Conferencier

Nicht, daß John etwas tat oder sagte, das verschieden war von dem, was er vorher getan oder gesagt hatte. Sie fühlte nur, daß er nicht mehr so mit ihr kommunizierte wie früher. Sie fragte ihn danach. Ihre beiden Fehlgeburten, 1957 und 1961, brachten sie auf den Gedanken, daß John vielleicht auf Grund dieser Unglücksfälle auf Distanz gegangen sein könnte; oder hatte sie irgendetwas gesagt oder getan, oder nicht gesagt oder getan, das ihm mißfiel? John verneinte und betrachtete die Angelegenheit damit als erledigt; allerdings, ganz so, als habe er von Monk mehr als nur musikalische Dinge gelernt, zog er es danach vor, seine Kommunikation zu ihr ,,abzuschalten", in einer so unübersehbaren Art, daß sie vor Nervosität begann, ihre Fingernägel abzukauen.

Als sie dann nach New York zurückkamen, verschwand John für einen ganzen Tag und kehrte erst abends zurück — mit einem neuen Chrysler Station Car. Er lud Naima und Toni zum Abendessen in ein indisches Restaurant ein. Seine Vorliebe für die Küche dieses Landes stieg proportional zu seiner Vertiefung in die indische Musik, die durch fortgesetzte und wachsende Korrespondenz mit Ravi Shankar genährt wurde.

Mit seiner Ehefrau verblieb er jedoch *incommunicado*. Und während John allnächtlich den Blues spielte, erfuhr ihn Naima in ihrem Inneren.

Im Jahre 1959 legte ein Frachter im Hafen von Buenos Aires an, ein Matrose ging von Bord und überreichte seinem argentinischen Freund Leandro Barbieri ein Paket Schallplatten, worin sich unter anderen Miles Davis *'Round Midnight* und John Coltranes *Soultrane* befanden. Barbieri studierte bei einem Privatlehrer Altsaxophon und war Satzführer in der Band von Lalo Schifrin.

Als der Matrose 1961 seinen Freund Leandro wieder traf, nannte dieser sich Gato und spielte Tenorsaxophon. Die Platte, die er diesmal erhielt, war *Giant Steps* und als Barbieri sie hörte, war sein erster Impuls, wieder zum Altsaxophon zurückzukehren; es wurde ihm klar, wieviel er auf dem Tenor noch zu lernen hatte.

Bald darauf verließ er Argentinien und ging nach Europa. Jedoch vorher übergab er seinem Freund ein Geschenk für Trane, um diesem damit für alles zu danken, was er von ihm gelernt hatte.

Es war ein Tenorsaxophonfutteral, handgearbeitet aus grünem Leder mit Seidenfutter, außen mit der Aufschrift TRANE, das Gato und seine Frau Michelle anfertigen ließen.

Das Futteral wurde übergeben, aber Coltrane wußte nicht, wem er es verdankte; auf dem Zettel, den Barbieri beigelegt hatte, stand lediglich: ,,Von einem Freund aus Buenos Aires."

Im darauffolgenden Jahr übersiedelten die Barbieris nach Rom. Als sie erfuhren, John Coltrane trete in Mailand auf, kamen sie hin, um ihn zu hören. Nach dem Konzert gingen sie hinter die Bühne, um Coltrane persönlich kennenzulernen und hier, in einer Ecke des Garderoberaums, lehnte das grüne Lederfutteral.

,,Oh, ihr kommt aus Buenos Aires?" fragte Coltrane und deutete auf das Futteral. ,,Das hier hat mir jemand aus Buenos Aires geschickt. Ich benütze es die ganze Zeit."

Als Barbieri gestand, er selbst sei dieser Jemand, bedankte sich Coltrane überschwenglich. ,,Es ist wundervoll", sagte er. Mit humorvoller Stimme, aber mit ernstem Blick fügte er hinzu: ,,Glaubst du, du könntest mir auch noch eines für mein Sopransaxophon schicken?"

Die kleine Trommel schlug einen fröhlichen Rhythmus, und alsbald gesellte sich ein Blasinstrument dazu; zusammen erfüllten sie die Luft mit Klang. Die Trommel dominierte, aber sie folgte dem Blasinstrument. Dieses hörte auf, die kleine Trommel jedoch erklang weiter, scharf und klar, bis sich die Rohrflöte wieder mit ihr vereinigte.

JIDDU KRISHNAMURTI

John sagte einmal zu mir: „Der Abschluß jeder Nummer ist Elvin."

TRANES LADY

Elvin Jones ist Merkur, der sonnennächste Planet, dessen geophysikalische Eigenschaften ihn auf eine Weise rotieren lassen, die eine Seite immer dem glühenden Sonnenlicht aussetzt, während die andere ewig in die eisige Kälte der Nacht getaucht ist.

So hat auch Elvin seine helle und seine dunkle Seite; selten, wenn überhaupt jemals, scheint ein Kompromiß zwischen beiden möglich. Er ist entweder/oder; seine Dualität mit ihren scharfen Trennungslinien grenzt an Schizophrenie, Yang und Yin sind permanent ohne Kontakt. Wenn er sich wohlfühlt, ist er einer der wundervollsten Menschen auf der Welt; wenn seine Stimmung umschlägt, gibt es kaum einen übleren Gesellen als ihn.

Von der Musik abgesehen, konzentrierte sich sein Interesse zu dieser Zeit auf Schnaps, Drogen und Frauen. Er war imstande, einen Liter pro Tag zu trinken, sich sechs Beutel Heroin in die Vene zu jagen und nach mehr zu schreien, und seine Frau sofort zu vergessen, sobald irgendein „Groupie" einen oder zwei Sets lang um den Bandstand schlich und dann etwas sagte wie: „Hey, Elvin, kannst du eine Frau so ficken wie du jetzt die ganze Nacht dein Schlagzeug gefickt hast?"

Irgendeine unbenannte, vielleicht unbekannte innere Quelle der Frustration trieb ihn an. Wenn ihn etwas erzürnte, verließ er den Bandstand, riß sich unterwegs das Hemd vom Leib, stürzte an der Bar einen dreistöckigen Gin hinunter und stürmte hinaus in die eisige Kälte einer Winternacht, wo die Dampfwolken von seiner nackten Brust aufstiegen.

Oft erschien er spät oder gar nicht zum Job. Wenn er erschien, verschwand er meist sehr schnell nach dem letzten Set; vorher zwinkerte er einem Mädchen an einem der bühnennahen Tische zu, das ihm dann schnell nach draußen folgte. Ein Gast, der sich zu laut unterhielt, wurde eines Nachts beinahe geköpft, als Elvin ein Becken von seinem Ständer riß und in seine Richtung schleuderte. Es verfehlte den Ruhestörer nur um Haaresbreite.

Seine erste Ehefrau Shirley, weiß und beinahe so groß wie er, trennte sich von ihm. Später, nach Tranes Tod, heiratete er eine Japanerin namens Keiko. Dazwischen fanden sich unzählige Frauen jeglicher Herkunft und Rasse, die nach diesem Drummer, der Kraftzentrale der Band, verrückt waren.

Denn es war Elvin Jones, der John Coltranes wichtigster Begleitmusiker war, nicht McCoy Tyner und auch nicht Jimmy Garrison. Das war äußerst ungewöhnlich; sogar trommelnde Bandleader wie Max Roach oder Art Blakey stellten sich niemals so in den Vordergrund, wie Coltrane es mit Jones tat. John hatte sich einen starken, kraftvollen, schreiend lauten Schlagzeuger gewünscht, und nun hatte er einen; die Lautstärke Elvins erreichte gelegentlich so unglaubliche Ausmaße, daß sein Chef am Tenorsaxophon kaum, am Sopran gar nicht zu hören war.

Dennoch liebte Elvin seinen Freund und Arbeitgeber; seine ambivalente Attitüde ihm gegenüber ließ ihn oft fragen: ,,Hey, Trane, kann ich diese Woche Vorschuß haben?"

Auch vorige Woche, auch nächste Woche; immer dasselbe.

Trane schien es nichts auszumachen; diesen Drummer in seiner Band zu haben, war offensichtlich ohne Rücksicht auf alle Vorkommnisse das, was er wollte. Denn Jones hatte ,,balls"*, musikalisch gesehen; er war imstande, Tranes 45 Minuten-Soli durchzuhalten und seinen Chef mit unbeirrbarem Tempo und gelegentlich abenteuerlichen rhythmischen Akzenten zu unterstützen; nachher sagte er manchmal: ,,Mir ist es nur wie ein paar Sekunden erschienen."

John benützte seine langen Soli oft, um Elvin zu ,,ernüchtern" und eine seiner Lieblingsmethoden dabei war, seinem Drummer direkt ins Ohr zu blasen. Spliby erinnerte sich: ,,Eines Nachts verschwand Elvin während der Pause und kam völlig high zurück. Trane begann, *Mr. P. C.* zu spielen und nach etwa zehn Minuten bedeutete er McCoy und Jimmy, sie sollten aussetzen; damit war er allein mit Elvin und beobachtete ihn ganz aufmerksam. Immer wenn Elvin einzunicken begann, hielt er ihm das Saxophon ans Ohr und weckte ihn wieder auf."

Wenn ihr arbeitet, seid ihr wie die Flöte, deren Herz das Flüstern der Stunden in Musik verwandelt. Wer von euch wollte ein Schilfrohr sein, dumpf und schweigend, wenn alle anderen unisono miteinander singen?

KHALIL GHIBRAN

Wenn du ein Saxophonesm bist, wirst du früher oder später Probleme mit dem Mundstück haben; das ist nicht zu vermeiden, das liegt an der Konstruktion des Instruments. Ob diese Probleme gravierend werden oder harmlos bleiben, liegt nur an dir selbst.

Coltrane besuchte 1963 die Otto Link-Fabrik in Florida. Wir fertigten für ihn einige besondere Mundstücke an, die ihm einen voluminöseren Sound ermöglichten und die er während seiner letzten Jahre verwendete. Später im selben Jahr kam Coleman Hawkins zu uns und fragte mich: ,,Wie bringt John fertig, was er macht, und womit?" Ich erklärte es ihm. Hawk, der genau weiß, wieviel mehr Energieaufwand ein Mundstück mit größerer Bohrung erfordert, meinte dann: ,,Wenn er so weitermacht, wird er bald einen ebenso großen Sound haben wie ich."

BEN HARROD

1963 lebte ich in San Francisco und hörte John Coltrane beim Jazz Workshop. Nachher unterhielt ich mich mit ihm und er lud mich in sein Hotelzimmer ein, um über Mundstücke zu diskutieren; ich hatte mit meinem Probleme und suchte seinen Rat. Als ich hinkam, kippte er zwei Plastiktaschen voller Mundstücke auf den Boden und sagte: ,,Such' dir eins aus!" Ich probierte

* wörtlich: Hoden, ,,Eier"; in der Bedeutung von ,,Mark in den Knochen".

herum, bis ich eines fand, das mir gefiel. Währenddessen übte John auf seinem Tenor; er stand knapp neben mir und da bemerkte ich plötzlich, wie lang und spitzzulaufend seine Finger waren; als sie sich so über die Klappen bewegten, wirkten sie wie geschnitzt. Für einen Saxophonisten können lange Finger problematisch sein, denn die Anordnung der Klappen entspricht Händen mittlerer Größe. Seine Finger sahen aus wie die eines Pianisten. Ich fragte: „Darf ich deine Hände genau ansehen?“ Er blickte mich mit seinen großen Augen an und streckte schließlich seine Hände aus. Ich erzählte ihm, was ich zuvor gedacht hatte und er meinte: „Hast du jemals Birds Finger gesehen?“ „Nein“, sagte ich. Darauf John: „Bird hatte kurze dicke Finger!“

DEWEY REDMAN

Der 6. und 7. März 1963 waren zwei Tage, an denen John Coltrane vorgab, ein Sänger zu sein. Er war wirklich einer; mit seinem Tenorsaxophon sang er die Melodielinien wie eine zweite Stimme, als er ein Album mit dem Sänger Johnny Hartman aufnahm.

Obwohl er einmal in Dizzy Gillespies Band gesungen hat, betrachtet sich Hartman in erster Linie als Balladensänger; mit klarer Artikulation, lebendiger Vortragsweise und volltönendem Bariton erzählt er Geschichten. Coltrane wollte immer schon gerne mit einem Vokalisten zusammenarbeiten, außerdem wollte er Hartman helfen, dem es zu dieser Zeit nicht sehr gut ging.

Also schlug John Bob Thiele dieses Album vor, dieser war einverstanden und ein Termin wurde festgesetzt. Das Konzept war ähnlich jenem für das Album *Ballads;* John, Bob und Johnny suchten miteinander impressionistische lyrische Balladen aus. Der Ablauf der einzelnen Songs sah so aus, daß Hartman jeweils einen vollen Chorus sang, dann folgte ein Solo von Coltrane und der Schluß gehörte wieder dem Sänger — nur bei *Dedicated to You* sang Hartman lediglich den ersten Vers und übergab an Trane. Eine Ballade, *Lush Life,* die John schon früher für *Prestige* aufgenommen hatte, erhielt eine neue zeitgemäße Bearbeitung; der Rest waren Songs wie *They Say It's Wonderful* und *Autumn Serenade.*

Hartman hörte im Studio Coltranes Soli intensiv zu; in *My One and Only Love* vielleicht etwas zu intensiv, denn, so berichtete er, „ich war so hingerissen von Tranes Spiel, daß ich meinen Einsatz verpaßte; wir mußten es noch einmal machen.“

Mit einem Lächeln setzte er fort: „Die meisten anderen Nummern klappten beim ersten Take, nur nicht *You Are Too Beautiful.* Davon machten wir einen zweiten Take und der war wunderbar, nur am Schluß blödelte Elvin herum und ließ schließlich, genau als ich mein letztes Wort sang, einen seiner Stöcke fallen.“

Aus dem Tagebuch von Tranes Lady für 1963:

15. Februar: John rief an und wünschte mir alles Gute zum Valentinstag.

23. Mai: Sah John im Birdland *mit Philly Joe Jones am Schlagzeug, hörte, Elvin sei in Lexington. Später kam John vorbei, entschuldigte sich, weil er meinen Geburtstag wieder vergessen hatte. Wir sprachen über Selbstvertrauen, er sagte, manchmal hätte er das Gefühl, seine beste Arbeit schon geleistet zu haben.*

18. Juli: John spielte im Birdland *alternierend mit Terry Gibbs. Kam später vorbei, erzählte, er hätte sich mit Alice McLeod unterhalten, Gibbs' Pianistin. Sagte, er hätte Kopfschmerzen und stellte sich genau vor meine Klimaanlage, hatten Krach deswegen.*

8. August: Philly Joe Jones in U-Bahn getroffen, erzählte mir, Elvin sei wieder da.

11. August: John kam vorbei und aß mehr als einen halben Kuchen. Saßen nackt herum und lasen Zeitung. Er schläft oft nackt, wenn er sich entspannen will, Kleidung beengt ihn, sagt er.

26. November: John spielte beim Jazz Workshop in San Francisco. Ich war dort und gab ihm ein verspätetes Geburtstagsgeschenk (Cologne). Erzählte, er hätte vor zwei Monaten sein Heim verlassen und lebe mit Alice McLeod zusammen. Bereitet TV-Aufnahmen für Ralph Gleason vor.

John Coltrane nahm für meine Serie *Jazz Casual* ein 30-minütiges TV-Programm auf, das über National Educational Television ausgestrahlt wurde. Normalerweise mache ich ein 5-Minuten-Interview, der Rest ist Musik. Knapp vor der Aufzeichnung sagte John, er wolle doch nicht interviewt werden; also machte ich nur eine Einleitung von einer halben Minute über seine Bedeutung als Musiker und dann spielte das Quartett einfach. Wie alle meine Sendungen wurde auch diese von mehr als 200 Stationen im ganzen Lande ausgestrahlt.

RALPH GLEASON

Das war eine Rarität für John Coltrane: ein Fernsehauftritt, bei dem er sich wohlfühlte und ohne Druck spielen konnte, und der ihm auch noch aufmerksames Publikum versprach. In Amerika war das Bildungs-TV das geeignetste optische Medium für einen so uncharismatischen Mann und seine Musik. Er war hauptsächlich in seiner Zeit bei Miles Davis im Fernsehen aufgetreten und das war auf die Mystik von Miles zurückzuführen, nicht auf seine eigene.

Mit John Coltrane zu spielen war wie ein wunderschöner Albtraum.

ROY HAYNES

Roy Haynes, dessen Schlagzeugstil so lebendig wie der von Philly Joe Jones, so flexibel wie der von Max Roach und so kraftvoll wie der von Elvin Jones ist, hatte früher einmal mit Charlie Parker gespielt. Seine Geburtsstadt war Boston, ausgerechnet jene Stadt, in der Elvin Jones mit Drogen erwischt und vor eine gerichtlich angeordnete Alternative gestellt wurde: Gefängnis oder Rehabilitation.

Das hieß, auf der einen Seite Riker's Island, auf der anderen eine Anstalt namens National Institute of Mental and Clinical Research in Lexington, Kentucky; unter jenen, die in der Drogenszene Bescheid wußten, wurde sie im allgemeinen nur „Lexington" genannt. Dieses Institut bot die Möglichkeit einer Entziehungskur für Drogensüchtige auf freiwilliger Basis, wenn auch die meisten Patienten eher „freiwillig" im militärischen Sinn dorthin kamen, so wie Elvin Jones.

Er verbrachte drei Monate dort, von Mai bis August 1963. Währenddessen mußte Coltrane auf jene wenigen Schlagzeuger zurückgreifen, deren Sound und Stärke imstande waren, ihn verläßlich voranzutreiben, wie etwa Louis Hayes oder Philly Joe Jones; wobei man bei dem Letztgenannten nach wie vor nicht sicher sein konnte, ob er zu einem Gig wirklich erscheinen würde. So war es schließlich Roy Haynes, auf den sich Trane in erster Linie verließ, obwohl dieser bei Stan Getz engagiert war und nur mit Coltrane arbeiten konnte, wenn die Gruppe von Getz nicht spielte.

Auch Aufnahmen machte Haynes mit Coltrane; die denkwürdigste ist wohl die Live-Version von *My Favorite Things* während des Newport Jazz Festivals am 7. Juli 1963. Obwohl er sich an den 3/4 Takt hielt, spielte Haynes in einer freieren fließenden Art, die den Eindruck erweckte, als sei der Song in Wirklichkeit im 4/4 Rhythmus geschrieben.

Im August kehrte Elvin Jones zurück. Er und John umarmten einander wie lange getrennte Brüder — sie waren im Alter nicht mehr als drei Jahre auseinander — und als Elvin sich hinter das Schlagzeug setzte und zu spielen begann, war es so, als wäre er überhaupt nie fortgewesen.

Das erste Mal wurde ich auf Coltranes Genius aufmerksam, als ich eine Ballade namens *I Want To Talk About You* **hörte, in einer Liveaufnahme aus dem** *Birdland.* **Am Schluß spielte er eine Kadenz, die länger war als der ganze Song und mich so sehr beeindruckte, daß ich sie für meine Studenten an der Royal Academy of Musik in London transkribierte. Ich benütze sie als Unterrichtsbehelf und kann auf diese Weise die Aufmerksamkeit meiner Studenten immer auf Coltrane lenken.**

JOHN DANKWORTH

Ich lasse gerne meiner Phantasie die Zügel schießen, wenn ich Musik höre. Als Coltrane im *Birdland* **spielte, sah ich ihn als Engel und Elvin Jones als Teufel. Coltrane erschien so freundlich und sanft, während Jones eine makabre, beinahe böse Ausstrahlung hatte. Während der ganzen Darbietung bekam ich das Gefühl, daß der Drummer versuchte, die Gruppe zu dominieren. Auf irgendeine seltsame Weise war es, als wohne ich einem musikalischen Wettstreit zwischen gut und böse bei, zwischen Coltrane und Jones.**

DICK RICH

Im Herbst 1963, zu der Zeit, als Coltrane sein *Live at Birdland*-Album aufnahm, kam Dick Rich — später bekannt als ein Drittel der Wells/Rich/Greene-Werbeagentur — eines Abends mehr oder minder zufällig mit einem Mädchen ins *Birdland.* Er wußte nicht einmal, daß Coltrane auf dem Programm stand.

Wie Rich erzählte, war er an diesem Abend in ein Miasma tiefster Frustration eingehüllt; das kam von einer schlechten Ehe, die auf die Scheidung zusteuerte und einem langweiligen Job, bei dem ihm der Hinauswurf drohte. Er erinnerte sich, daß ,,das Mädchen smart genug war, den Mund zu halten und mich in Ruhe zu lassen, während ich mich in Coltranes Musik verlor, drei Sets lang.“

Die Nummer, die ihn veränderte, war *My Favorite Things.*

Rich erzählte weiter: ,,Wie er dieses Lied spielte, das war ein Musterbeispiel für außerordentliche musikalische Leistung. Ich hatte mir immer etwas darauf eingebildet, Außerordentliches vollbringen zu können, und hier war dieser Meistermusiker, der mir demonstrierte, wie großartig man sein konnte, wenn man es nur versuchte. Monatelang hatte ich mich im Selbstmitleid gesuhlt; in dieser Nacht inspirierte mich Coltrane, selbst etwas Außergewöhnliches zu wagen. Es war ein echter Wendepunkt in meinem Leben."

Ein paar Monate später war Rich hinreichend stimuliert, um einen preisgekrönten Werbetext für Alka Seltzer zu entwerfen; noch etwas später lernte er ein italienisches Mädchen namens Sylvia kennen und machte sie ebenfalls mit John Coltranes Musik bekannt.

In Dicks Wohnung entdeckte ich das Album *My Favorite Things.* Er hatte mir seine Identifikation mit diesem Song schon vorher erzählt, also legte ich die Platte auf. Ich hatte Coltranes Musik bis dahin noch nicht gekannt. Als ich nun zuhörte, erstand vor mir das Bild eines gequälten scheuen einsamen Mannes; ich lernte, seine Musik ebenso zu lieben wie Dick. Nach Coltranes Tod erwähnte ich seinen Namen verschiedenen Leuten gegenüber und die sagten alle: „Wer ist John Coltrane?" Für mich war das, als hätten sie gesagt: „Wer ist Michelangelo?"

SYLVIA RICH

Es war irgendwann während des Jahres 1963, daß John Coltrane in das Leben einer Frau eintrat und das Leben einer anderen verließ. Es mag sonderbar sein, diese beiden Frauen miteinander in Beziehung zu bringen, denn keine wußte von der Existenz der anderen; die eine entdeckte ihn durch Musik, die andere verlor ihn aus ihrer Ehe.

Sylvia Rich entdeckte John Coltrane als Musiker; Naima Coltrane verlor John Coltrane als Mann.

Ich fühlte, es würde geschehen, früher oder später, und so war ich nicht wirklich überrascht, als John im Sommer 1963 unser gemeinsames Heim verließ. Er gab keine Erklärung ab; er sagte mir, es gebe einige Dinge, die er tun müsse; er nahm nur seine Kleider und seine Instrumente mit. Zeitweise wohnte er in einem Hotel, dann wieder bei seiner Mutter in Philadelphia. Alles, was er sagte, war: „Naima, ich muß eine Veränderung vornehmen." Obwohl ich es erwartet hatte, schmerzte es mich sehr und ich brauchte mindestens ein Jahr, um es zu überwinden.

NAIMA COLTRANE

John Coltrane ging im Oktober 1963 ohne Naima auf Europatournee und lernte in der norwegischen Hauptstadt Oslo Randi Hultin kennen, eine kleine übersprudelnde Brünette, die über Musik, besonders Jazz, schreibt, photographiert und redet, wo und wann immer sie kann. Sie legte großen Wert darauf, Coltrane zu sich nach Hause einzuladen. Als er sich in ihr Gästebuch eintrug, fügte er die ersten Takte jener Komposition hinzu, die sein Lieblingslied geworden war:

Naima.

Randi Hultins Haus auf einem Hügel außerhalb von Oslo war ein lebendiges Museum von Malerei, Bildhauerei, Musik und Photographie. John saß in ihrem Wohnzimmer, hörte norwegische Volksmusik und aß Heringe und Ziegenkäse.

Tyner zog es vor, im Hotel zu bleiben, Garrison und Jones zogen von Party zu Party. John erzählte Randi nichts von seinen privaten Problemen, aber er genoß es einfach, sich in privater Atmosphäre zu entspannen und er selbst zu sein, nachdem er kein eigenes Heim mehr hatte.

Randi besaß auch Tonbänder, die sie selbst von gastierenden amerikanischen Musikern aufgenommen hatte. Als sie einige davon vorspielte, interessierte sich John besonders für die ungewöhnliche Wirkung einiger Aufnahmen, in denen sich Musiker, die er kannte, als Vokalisten versuchten, wenn auch nur zum Spaß. Art Taylor, Kenny Dorham, Milt Jackson; alle sangen sie, oder versuchten es zumindest. ,,Kannst du singen?'', fragte sie ihn.

Er lächelte beinahe peinlich berührt, als er erwiderte: ,,Nun... meine Stimme ist dafür nicht gerade sehr geeignet''. Dann fügte er zaghaft hinzu: ,,Ich glaube, ich muß sagen, die einzige Art, wie ich singen kann, ist mit meinem Horn... hoffe ich.''

Am 15. September 1963, einem Sonntag, wurden in aller Frühe im Keller der Baptistenkirche an der 16th Street in Birmingham, Alabama, ein Dutzend Dynamitstäbe angebracht. Um 10.25 Uhr erfolgte eine gewaltige Explosion, die mehrere mannshohe Löcher in die Wände der Kirche riß, vierzehn Gemeindemitglieder verletzte und vier schwarze Mädchen im Alter von elf bis vierzehn Jahren tötete, die gerade die Sonntagsschule beendet hatten; Thema: *Die Liebe, die vergibt.*

John Coltrane hörte die schlimme Neuigkeit am selben Nachmittag im Radio. Nicht Zorn, sondern Melancholie, kein Drang zur Gewalt, sondern ein Gefühl der Traurigkeit senkte sich über ihn. Jemanden zu töten, aus welchem Grund auch immer, empörte und erschütterte ihn so sehr, als wäre er ein frommer Buddhist, in dessen Anwesenheit jemand auf eine Ameise trat. Er war ein völliger Pazifist, aber nicht politisch empfindend; es war ihm bewußt, was Menschen einander im Namen von Rasse, Religion oder Hautfarbe antaten. Jedoch er war und blieb für immer naiv in dem Sinn, daß er glaubte, alle Menschen könnten und sollten einander lieben, dann würde der Friede über die ganze Welt kommen.

Eine persönliche Stellungnahme wurde von ihm verlangt und er gab eine ab, auf seine eigene Art, die Art, wie er es am besten konnte: mit Musik.

Während der folgenden Wochen nahm er sich Zeit, an einer Komposition zu arbeiten. Am 18. November nahm er zwei Nummern auf, die sein *Birdland*-Album komplettierten. Eine davon war dieser Nachruf, ein elegisches Klagelied für die ermordeten Kinder in jener Kirche von Birmingham: *Alabama.*

Mehr als irgendeine Komposition Coltranes aus dieser Periode brachte es jene tiefe unergründliche Melancholie zum Ausdruck, die sich nun immer häufiger erkennen ließ. Die Leute hörten zu und fragten sich, warum.

In den 40er Jahren war es ein einfaches Familienrestaurant mit Bar an der südwestlichen Ecke Spring und Hudson Street, im Lagerhausdistrikt nahe dem Hafengebiet von Manhattan. In den 50er Jahren hieß es *The Half Note* und war als einer der unkonventionellsten Jazzclubs von New York bekannt. Und in den späten 60er Jahren übersiedelte es in die Stadtmitte, auf die West 54th Street, als wolle es im Alleingang jene legendäre „Street" wiederbeleben, die seinerzeit nur zwei Blocks weiter südlich gewesen war.

Als Coltrane Anfang der 60er Jahre im *Half Note* spielte, lag der Club noch an der alten Stelle, Ecke Spring und Hudson. Die Leitung lag, damals wie heute, in Händen der Familie Canterino: der dunkelhaarige Mike, der von seinem Bruder Sonny nur durch seinen Schnurrbart zu unterscheiden war, und die blonde Schwester Rosemarie.

Für ein Straßeneckenlokal war der Club innen ziemlich finster; Fenster und Wände waren schwarz ausgemalt und die Beleuchtung gedämpft. Die Brüder Canterino hatten in die Trennwand zwischen den beiden Räumen des Lokals ein Loch geschlagen und an dieser Stelle aus Coca Cola-Kisten einen Bandstand gebaut, sodaß die Besucher in jedem Teil immer nur die halbe Band sehen konnten. Die Ausstattung der Wände waren Plattencovers und Wandgemälde, für die der jeweilige Künstler mit freien Drinks honoriert wurde.

Mike Canterino war mit dem Jazz in Kontakt gekommen, als er Anfang der 50er Jahre seinen Dienst bei der Marine absolvierte. Er war in Florida stationiert und lernte dort unter anderen das Klavier-Baß-Duo Dwike Mitchell und Willie Ruff kennen. Als er nach New York zurückkam, überredete er seine Familie, das Restaurant in einen Jazzclub umzuwandeln und 1957 wurde das *Half Note* aus der Taufe gehoben.

Das Publikum war gemischt. Offensichtlich zog der Club, wie Mike sich erinnerte, „die politisch fortschrittlichsten Schwarzen an, immer dann, wenn Trane auftrat. Er spielte ein langes Solo, fast eine Stunde, und sie brüllten durch das ganze Lokal ‚Freedom now!' Es war, als ob sie seine Musik als Parole für die politische Bewegung benützten, der sie angehörten."

Durch die Ungezwungenheit des Clubs erschien es nur natürlich, daß viele hungrige junge Musiker vorbeikamen und einstiegen. Manche Besucher mochten sich dann beschweren, sie seien schließlich gekommen, um Coltrane zu hören und nicht So-und-so oder Wie-heißt-er-doch-gleich, aber Trane war in diesem Punkt, wenn es darum ging, jungen Kollegen eine Chance einzuräumen, manchmal vielleicht sogar zu großzügig. Das ging so weit, daß er gelegentlich, wenn ein allzu quengeliger Musikfreund lautstark Zweifel an dieser Programmgestaltung äußerte, sein gewohntes Schweigen brach, an das Mikrophon ging und sagte: „Diese jungen Leute müssen irgendwo anfangen, so wie ich es seinerzeit mußte. Ihr glaubt doch nicht wirklich, daß ich zu Miles oder Monk hingegangen bin und gleich einen Job bekommen habe, einfach so, oder?"

Während der Pausen war Trane meist in der Küche zu finden, die von den Canterino-Eltern geführt wurde. Sie buken für ihn Pizza mit grünen Pfefferschoten; John bedankte sich, zog sich in eine ruhige Ecke zurück und aß, während er mit einer Hand in seiner Bibel blätterte.

Wenn er dann auf den Bandstand zurückkehrte, spielte er wieder seine langen Soli. Mike Canterino erinnert sich: „Er war schweißüberströmt, seine Stirnadern schwollen an. Jede Nummer spielte er, als wäre es die letzte im letzten Set, mit so viel Intensität und Feeling, als fürchte er, zu sterben, bevor er sein Solo beendet hätte."

Als ich Coltrane das erste Mal mit Miles hörte, klang er häßlich für mein Gefühl. Ich komme von Lester Young her, mit seinem subtilen sanften Sound,

und ich bevorzuge Knappheit in meinen Soli. Johns rauher Sound und seine überlangen Soli stießen mich zunächst ab; dennoch fuhr ich fort, ihm zuzuhören, weil seine Ideen so fortschrittlich waren. Schließlich gewöhnte ich mich an seinen Sound und begann zu verstehen, daß seine gewagten musikalischen Aussagen so waren, als stünde er nackt auf der Bühne, als käme die Musik direkt aus ihm selbst, nicht aus seinem Horn. Später hörte ich hunderte von Tenoristen, die ihn imitierten, ihn Ton für Ton kopierten. Ich hatte oft das Bedürfnis, ihnen zu sagen: „Es gibt nur einen John Coltrane; hört ihm zu und lernt von ihm, und ansonsten laßt ihn in Frieden.“

JIMMY GIUFFRE

So wie sich mehr und mehr ausübende Musiker wie Jimmy Giuffre nun mit Coltranes Musik auseinandersetzten, taten dies auch die mehr akademischen Musiker, jene, die eher vom Unterrichten als vom Spielen lebten. Einer der Prominentesten unter ihnen ist David Baker, ehemaliger Posaunist bei George Russell, der aus gesundheitlichen Gründen sein Horn aufgab, klassisches Cello studierte und nun an einer Universität im Mittelwesten Musik lehrt. Baker ist damit sehr gut in der Lage, Coltranes Beitrag, besonders seine fortgeschrittenen musikalischen Techniken, zu kommentieren:

Grove's Dictionary of Music and Musicians **wird in seiner nächsten Ausgabe erstmals auch Jazzmusiker behandeln. Ich schreibe über sechs von ihnen, und einer davon ist John Coltrane. Seine wesentlichen Errungenschaften sind, wie ich meine, folgende:**
der Gebrauch von „multiphonics“, das gleichzeitige Spielen mehrerer Noten bzw. Töne;
die Schaffung asymmetrischer Gruppierungen unabhängig vom grundlegenden Puls;
die Entwicklung eines unglaublich raffinierten Systems von Akkordsubstitutionen;
die Einführung eines pan-modalen Spielstils, der mehrere Skalen zugleich verwendet.
Ich transkribierte einige seiner Soli als Lehrbehelf für meine Studenten an der Universität von Indiana. Ich finde, alle Musiker sollten Coltranes Soli genauso studieren wie die Etüden von Bach und Brahms.

DAVID BAKER

Zu denen, die mit Professor David Baker gleicher Meinung waren, gehörte auch Dr. Lyn Christie aus Sydney, Australien. Er war Bassist und leitete in seiner Heimatstadt im *Club El Rocco* ein Quartett, mit dem er Trane-Nummern wie *Giant Steps* und *Naima* spielte. Das Publikum war dankbar, wenn auch etwas verwirrt über derartig ungewohnte Klänge.

Christie ist ein Absolvent der medizinischen Fakultät an der Universität von Sidney; tagsüber war er Arzt, nachts Musiker. Heute praktiziert er in New York, und zwar nur mehr als Musiker.

„In Sidney“, erläuterte er, „bekamen wir die Schallplatten immer erst ein bis zwei Jahre, nachdem sie in den USA erschienen und so hörten wir *Giant Steps* erst Ende 1961. Aber sobald wir dieses Album hatten, studierte es unser Tenorsaxophonist Graham Lyall Tag und Nacht, bis er es draufhatte. Ich selbst hörte es mir stundenlang an; erst dann war ich imstande, ein Arrangement zu schreiben, das wir alle spielen konnten."

Und dann spielten sie es, fast jede Nacht, und verkündeten damit Tranes Botschaft. „Niemals verließ jemand aus dem Publikum das Lokal, wenn wir irgendetwas von Coltrane spielten", sagte Christie.

Wenn du Musik hörst, dann ist sie in der Luft verschwunden, sobald sie vorüber ist. Du kannst sie nie wieder einfangen.

ERIC DOLPHY

Als ich es genau durchdachte, wurde mir klar, daß üblicherweise zwischen dem Komponieren und dem Anhören eines Musikstücks ein wesentlicher Unterschied besteht. Der Komponist kennt sein Werk, wie ein erfahrener Wanderer seinen Weg durch den Wald kennt, wo sich mancher Hörer wie ein Ortsunkundiger verirrt.

JOHN CAGE

Manche Leute wünschen disziplinierte musikalische Kommunikation: Systematik, Folgerichtigkeit, intellektuelle Kontrolle, „law and order". In einer Fuge von Bach ist dies höchst vergnüglich. Andere wieder suchen das Unbestimmte: Offenheit, erweiterte Sensibilität, Intuition und Freiheit; zum Beispiel die Unbestimmtheit von John Cage. Die Musik von John Coltrane enthält sowohl eine komplizierte aber konsequente Form als auch eine Dimension hypnotischer, beinahe metaphysischer Rätselhaftigkeit.

GUNNAR LINDGREN

John Coltrane war mehr Mystiker als Musiker.

Dies ist die einzig plausible Erklärung für die Wirkung, die seine Musik auf die Zuhörer ausübte. Viele von ihnen wußten nicht das geringste über irgendeine Art von Musik, Jazz inbegriffen; dennoch waren sie gebannt, fasziniert und hingerissen, manche änderten wie Dick Rich ihr Leben von Grund auf, nachdem sie diese Musik gehört hatten. Es mußte noch etwas anderes außer der Musik sein; in Wirklichkeit war da eine Kraft jenseits der Musik, die mit Tranes Publikum auf einer völlig anderen höheren Ebene der Bedeutung kommunizierte.

Nenne es Weltbewußtsein, Höheres Wesen, Natur, Gott; gib dieser Kraft jeden Namen, den du willst: fest steht, daß diese Kraft da war, von den meisten Menschen so deutlich empfunden, daß man sie beinahe greifen konnte.

John Coltrane war ein Mystiker, und wie alle Mystiker irgendwie im Einklang mit der äußersten Realität.

Die äußerste Realität aber ist der Tod.

Wir beide bewegten uns in eine besondere spirituelle Richtung, John und ich, also schien es nur natürlich, uns zusammenzutun. Es war, als ob Gott zwei Seelen vereint hätte. Ich denke, John hätte ebensogut eine andere Frau heira-

ten können; es ging nicht so sehr um mich oder darum, daß ich Musikerin war. Es hätte jede Frau sein können, die jene besonderen Eigenschaften oder Qualitäten aufwies, die ihm halfen, seine Lebensaufgabe so zu erfüllen, wie Gott es von ihm wollte.

ALICE McLEOD

Wie alle anderen Frauen Tranes ist Alice McLeod groß, zurückhaltend und musikalisch begabt. Sie wurde am 27. August 1937 in Detroit, Michigan, geboren und besuchte dort die Cass Technical High School, gemeinsam mit dem Bassisten Bob Friday und dem Drummer Earl Williams. Die drei spielten als Teenager bei Schultanzveranstaltungen.

Auch der Pianist Hugh Lawson besuchte diese Schule; er war im selben Jahrgang wie Alice und absolvierte mit ihr zusammen 1955 die Abschlußprüfung. An Alice erinnert er sich als „sehr nach innen gekehrtes Mädchen, das meist allein war und nur sehr wenige Freunde hatte. Sie war so schüchtern, daß wir sie überreden mußten, öffentlich aufzutreten."

Bis 1959 spielte sie verschiedene Gigs in und um die „Motor City", dann ging sie nach Paris, um bei Bud Powell zu studieren und kehrte im folgenden Herbst wieder zurück. Bevor sie Mrs. Coltrane wurde, war sie kurze Zeit mit einem anderen Musiker verheiratet; aus dieser Verbindung stammt ihre Tochter Michelle.

Als John Coltrane 1960 in Detroit spielte, begegneten er und Alice McLeod einander zum ersten Mal. Es war auf einer Party; jemand sagte zu ihr: „Ich dachte, du arbeitest heute abend, Alice. Ich wollte dich spielen hören!" John, der in der Nähe stand, blickte sie mit seinen großen leuchtenden Augen an und sagte: „Ich wußte gar nicht, daß Sie Musikerin sind; erzählen Sie mir mehr darüber." Alice erinnerte sich: „Er sah mich auf eine Weise an, daß ich genau wußte, wir würden einander wiedersehen."

So war es auch; allerdings lag beim nächsten Mal eine ziemliche Distanz zwischen ihnen: sie saß im Zuschauerraum des *Olympia* in Paris und er war auf der Bühne, als Mitglied der Miles Davis-Gruppe. Alice erzählte darüber: „Ich fühlte, daß John mir durch seine Musik eine Botschaft übermittelte, so als ob er persönlich mit mir sprechen würde."

Das nächste persönliche Zusammentreffen fand erst am 18. Juli 1963 im *Birdland* statt; Alice war die Pianistin im Quartett des Vibraphonisten Terry Gibbs und Coltranes Quartett trat im selben Programm auf. Eine der Publikumsattraktionen von Gibbs war die sogenannte „Two Vibes Routine"; das heißt, er und sein jeweiliger Pianist spielten abwechselnd Vier- oder Achttakter auf dem Vibraphon. Dies fand mindestens einmal pro Abend unter Verwendung besonderer Arrangements statt. Natürlich war es für eine erfolgreiche Abwicklung nötig, daß der Pianist zumindest elementare Kenntnisse des Vibraphonspiels besaß, aber nachdem Alice einmal Vibraphon studiert hatte, war sie für die musikalischen Duelle mit ihrem Chef sehr gut ausgerüstet. Zu gut, meinen einige; wenn Gibbs öfters an die Wand gespielt wurde, pflegte er seinen Pianisten zu entlassen und genau dieses Schicksal ereilte Alice später in diesem Jahr.

Das Publikum war von der „Two Vibes Routine" begeistert und John Coltrane war es ebenso. In der Pause ging er zu Alice und sagte voller Bewunderung: „Ich hatte keine Ahnung, daß Sie auch Vibraphon spielen können." „Sie haben von vielen Dingen, die mich betreffen, keine Ahnung", erwiderte sie und John, als nehme er eine unterschwellige Herausforderung an, sagte darauf: ,,Nun, ich werde es mir zur Aufgabe machen, alles, was ich kann, über Sie herauszufinden."

Später erzählte Alice McLeod: ,,John sprach nicht viel, aber wenn er es tat, hatte er immer etwas zu sagen. Etwas, das ich von ihm lernte, war, wie man völlig ohne Worte kommunizieren kann. Man könnte auch sagen, durch John Coltrane lernte ich schweigsame Männer schätzen."

Sie heirateten in Juarez, Mexiko, irgendwann im Laufe des Jahres 1966. Harold Lovette arrangiert sowohl die Vereinigung als auch die Trennung, denn Johns Scheidung von Naima fand nahezu gleichzeitig mit seiner Heirat mit Alice statt. Vor 1966 anerkannten die Behörden des Staates New York nur Ehebruch als einzigen legalen Scheidungsgrund; seit damals sind die Bestimmungen abgeändert und sehen auch eine Scheidung aus anderen Gründung wie etwa Aufhebung der ehelichen Gemeinschaft vor.

John und Alice Coltrane bezogen einen palastähnlichen Wohnsitz in Dix Hills, nahe Huntington auf Long Island im Staat New York. Lovette leitete auch dies in die Wege; das Haus repräsentierte einen Wert von 75.000 Dollar und gehörte, ironischerweise, einem Zahnarzt, der es schnell losschlagen wollte und sich mit 40.000 Dollar zufriedengab.

Die ersten beiden Einrichtungsgegenstände, die John für Alice anschaffte, waren ein Konzertflügel und eine Harfe — sie hatte auch dieses Instrument zu spielen gelernt. Das Haus war ein Ziegelbau im Ranchstil, umfaßte auf zwei Ebenen zehn Räume und wurde von John und Alice mit passenden modernen Möbeln eingerichtet. Eine Garage für zwei Wagen war da, die Ziegelwände im Wohnzimmer waren zum Teil mit knorrigem Kiefernholz verkleidet, überhaupt fanden sich Holztäfelungen in jedem Raum, auch in Küche und Eßzimmer. Das Hauptschlafzimmer war unten, vier kleinere Gästezimmer oben; auch der Keller war ausgebaut und enthielt ein Arbeitszimmer. Das Grundstück war mehr als vier Morgen groß und völlig isoliert von der Nachbarschaft.

Als die Coltranes einzogen, war die Gegend beinahe ländlich in ihrer Atmosphäre, mit freien Flächen und sanft geschwungenen Hügeln. Ein schwarzer Grundstücksmakler hatte hier Land aufgekauft und es zunächst an ,,Brüder und Schwestern" weiterveräußert. Dadurch lebten vor den Coltranes schon einige schwarze Familien in Dix Hills.

Alice erinnerte sich: ,,Als gegenüber, auf der anderen Seite der Straße, weitere Baugründe erschlossen wurden, zogen vorwiegend Weiße hin. So waren es diesmal die Weißen, die sich in gewissem Sinn in die Nachbarschaft integrieren mußten."

Ich kann mich nur an einen einzigen negativen Aspekt in meiner Beziehung zu Coltrane erinnern, und das war im Sommer 1964. Ich hatte ihn um zusammen 7.500 Dollar für Freiluftkonzerte in Cincinnati und Montreal an zwei aufeinanderfolgenden Abenden gebucht. In Cincinnati erschien er nicht und ließ auch nichts von sich hören; so mußte ich um 1 Uhr morgens auf die Bühne gehen und sagen, Coltrane spielt nicht, und einiges Geld zurückzahlen. Ich zeigte den Leuten von der Presse die unterschriebenen Verträge; dann warnte ich die Leute in Montreal, ihn nicht zu erwarten und er kam auch wirklich nicht hin. Als ich ihn endlich am Telefon erreichte, sagte John nur, er fühle sich nicht wohl, und das war's. Ich verstehe es immer noch nicht; die Gage war gut, und sonst war er immer verläßlich.

GEORGE WEIN

Meine Frau Carmela und ich wollten Coltrane unbedingt live hören; also fuhren wir von Wisconsin, wo ich unterrichtete, an meinem einzigen freien Abend nach Chicago. Natürlich brach unser Auto unterwegs zusammen, aber wir fuhren per Anhalter weiter und kamen schließlich während der letzen Nummer in den *Plugged Nickel.* **Sie verlangten zwar keinen Eintritt mehr, aber wir hörten nur mehr fünf Minuten Musik. Trane hatte in der Schlußnummer Tenorsaxophon gespielt, wir wollten ihn aber auf dem Sopran hören. Als die Musiker den Bandstand verließen, ging ich hin und sprach mit Coltrane; ich sagte einfach hello und erzählte ihm, was geschehen war. Als ich damit fertig war, sagte er: ,,Wenn ihr noch ein wenig Zeit habt, dann habe ich sie auch." Er ging wieder auf den Bandstand zurück, nahm das Sopransaxophon und spielte zehn oder fünfzehn Minuten lang ohne jede Begleitung** *My Favorite Things.* **Es war so wunderschön, so unglaublich aufregend, daß alle Anwesenden — wir inbegriffen — ihm eine stehende Ovation bereiteten.**

TOM THOMAS

Während der 60er Jahre überkreuzte der Lebensweg John Coltranes den zweier Männer, die auch einander über den Weg gelaufen waren: der Bassist Art Davis und der Geiger Sanford Allen.

Durch den Einfluß der indischen Musik kam Coltrane auf die Idee, zwei Bassisten zu verwenden, einen in der normalen harmonisch-rhythmischen Funktion, den anderen für einen ,,drone"-Effekt, manchmal kontrapunktisch zu dem ersten. Art Davis, der erste schwarze Bassist im Musikerpersonal der NBC, arbeitete 1961—65 mit Coltrane. Er erinnerte sich: ,,John stand sehr auf Alla Rakha, den Tablaspieler von Ravi Shankar, und sprach mit Elvin immer wieder über ihn. Aber er verlangte nicht immer von mir, wie der ,,drone" einer indischen Tamboura zu klingen. Ich begann, mein Spiel in Tonalität und Klangcharakter auf Reggie Workman und später auf Jimmy Garrison abzustimmen und oft klangen wir eher wie Mitglieder eines Streichquartetts als wie Bassisten."
Davis war ein hochgebildeter und erfahrener Musiker, dem es keinerlei Schwierigkeiten bereitete, etwa abends einen Gig mit Max Roach und am nächsten Morgen eine Symphonieorchesterprobe zu machen. Er war ebenso militant wie musikalisch, und eine Sache erweckte seinen ganz besonderen Zorn. Wie er es ausdrückt, ,,das Lincoln Center wurde mit Geld des Bundes erbaut, und Bundesgesetze verbieten rassische Diskriminierung. Dennoch sah ich damals keine schwarze Musiker bei den New Yorker Philharmonikern und bezweifelte, ob ich jemals welche sehen würde."

Davis und der Cellist Earl Madison brachten dann eine Klage gegen das Orchester ein, weil sie beide zum Vorspielen eingeladen und in die engere Wahl gezogen worden waren; man hatte ihnen Hoffnungen gemacht, schließlich aber andere Musiker engagiert, ohne es den beiden überhaupt mitzuteilen. Der Geiger Sanford Allen war ironischerweise als erster schwarzer Musiker engagiert worden, zunächst als provisorisches, später als reguläres Mitglied des Orchesters. Davis war überzeugt, daß dies eine reine Alibiaktion war und ging schließlich auf Grund seiner traumatischen Vorspiel-Erfahrung vor Gericht.

Jedoch er löste damit mehr und andere Reaktionen aus, als er erwartet hatte. Er wurde unter Druck gesetzt, verlor schließlich seinen Studiojob und viele seiner regelmäßigen Gigs.

Heute lebt er vorwiegend von seiner Lehrtätigkeit.

Sanford Allen dagegen wurde kürzlich von den zweiten zu den ersten Geigern befördert. Wie man bei Konzerten auf einen Blick feststellen kann, ist er jedoch nach wie vor der einzige schwarze Musiker im Orchester.

,,Ich spiele keinen Jazz, ich kann nicht gut improvisieren'', sagte er, ,,aber ich höre gerne Jazz. Als ich das erste Mal *My Favorite Things* hörte, begann ich, Coltrane aufmerksam zu verfolgen. Seine Musik hielt mich von allem ab, was mich damals sonst beschäftigte, sie erregte mich mehr als irgendetwas anderes, ich fühlte, wie stark mich ihr emotioneller Gehalt berührte; und Coltrane ist bis heute der einzige Jazzmusiker, von dem ich das behaupten kann.''

Allen war auch gefesselt von Coltranes ,,wissenschaftlicher'' Einstellung zur Musik, ,,so als suche er nach der Lösung eines bestimmten Problems. Sein konstantes Experimentieren ist eine exzellente Illustration dieser Einstellung.''

Die Frau Allens ist Inderin und er wußte von Tranes Interesse für die Musik dieses Landes. ,,Ich habe jahrelang indische Musik gehört, aber ich kann keine starken Verbindungen zwischen Coltrane und dieser Musik konstatieren. Ich finde nur, der Sound, den er auf dem Sopran erzielt, erinnert oft an eine indische Oboe, die Shenai genannt wird.''

Ich wohnte in Santa Monica, aber ich fahre oft nach Los Angeles hinein, um mir in *Shelley's Manne-Hole* Jazz anzuhören. Seit ich Coltrane einmal mit Miles in Ohio erlebt habe, stehe ich auf ihn. Fünf Stunden lang saß ich im *Mannehole* auf einem Sessel und hörte drei Sets Coltrane. Hinterher war nicht nur mein Arsch taub, sondern auch mein Gehirn, von all dieser umwerfenden Musik, die ich gehört hatte. Einmal war mir plötzlich klar geworden, daß ich während eines Solos auf sein Horn gestarrt und mich zehn Minuten nicht bewegt hatte, wie hypnotisiert von seiner Musik. Wie der Schlangenbeschwörer und die Schlange! Bei einem späteren Auftritt war ich dann überzeugt, daß es genau das ist, was zwischen Trane und dem harten Kern seines Gefolges, zu dem ich gehöre, geschieht.

JOE CORSO

Aus dem Tagebuch von Tranes Lady, 1964:

19. Februar: Sah im TV auf Kanal 13 Jazz Casual *mit John.*

13. März: Heute, an diesem Freitag, dem 13. rief John an. Sagte, er schulde mir eine Erklärung; er sei sehr durcheinander gewesen, er verstehe mich nicht, will es auch gar nicht, möchte mich nur ,,genießen''. Ich sagte, ich würde in ein paar Wochen abreisen und für ein Jahr oder noch länger in Übersee leben. Er lachte, mehr geschockt als belustigt.

Als ich begann, Coltranes Musik zu hören, fand eine Veränderung in meinem Leben statt; seine Musik reflektierte diese Veränderung und verhalf mir zu einer neuen ästhetischen Einstellung. Es ist Musik ohne Vorurteile und ohne Vorsätze. Die Linien, die er spielt, besitzen eine Struktur, die so tief reicht, daß sie nichts mehr symbolisiert; einfach wunderschöne Ornamente, die zu noch schöneren Ornamenten verschmelzen. Coltrane ist auf dieselbe

Art schöpferisch, auf die die Welt schöpferisch ist: auf natürliche Art. So wie auf einem Baum Zweige wachsen oder eine Wolke verschiedene Gestalten annimmt, so macht Coltrane Musik.

JOHN OKAS

Ich holte John Coltrane in den Jahren 1961—65 oft ins *Village Vanguard* und erinnerte mich an ihn als ruhigen höflichen Künstler, der immer pünktlich war und immer Freude an der Arbeit hatte. Einmal war er mit Carmen McRae und Dick Gregory in einem Programm, und ein andermal mit Odetta; daran erinnere ich mich am besten. Sie war bei *Vanguard* unter Plattenvertrag und kam eines Abends mit großen Gefolge, darunter auch einige Besucher aus Frankreich. Alle hörten sich ihren ganzen Auftritt an und bevor Coltrane auftrat, wollten sie gehen. Ich ging zu ihrem Tisch und bat sie, wenigstens noch fünf Minuten zu bleiben und John eine Chance zu geben. Retrospektiv betrachtet erscheint es mir heute schon als eher seltsame Programmzusammenstellung, die zwei voneinander völlig verschiedene Publikumskreise ansprach. Aber es waren eben beide zu gleicher Zeit verfügbar und so hat es sich ergeben, wahrscheinlich. Wie auch immer, die Leute von *Vanguard* blieben noch einen ganzen Coltrane-Set lang und bedankten sich nachher bei mir, daß ich sie mit seiner Musik bekanntgemacht hatte.

ART D'LUGOFF

John Coltrane war mit der Art, in der sich seine Zusammenarbeit mit *Impulse* entwickelte, in jeder Weise zufrieden. Er mochte die Leute, er mochte die Produktion... und er mochte das Geld.

Von Zeit zu Zeit borgte sich John Coltrane bei *Impulse* Geld aus und wir waren immer einverstanden, wegen seiner hohen Plattentantiemen. Wir machten es, um ihm steuerlich zu helfen. Wenn wir ihm die Tantiemen auszahlten, war das Einkommen; bei einem Kredit konnte er Zinsen von der Steuer absetzen.

ALAN BERGMAN

Die Verkaufsziffern von Coltranes Plattenalben lagen bei 25.000 bis 50.000 im ersten Jahr, was für ein Jazzalbum gigantisch ist; sein Bestseller, *A Love Supreme,* erreichte sogar eine sechsstellige Ziffer. Ich war erstaunt; ich hörte seine Musik kaum jemals im Radio und fragte mich, wer wohl all diese Platten kaufte. Die Antwort erfuhr ich, als ich im Laufe einer Studienreise mehrere Colleges besuchte und sah, daß fast alle Musikstudenten Coltraneplatten besaßen. Ich glaube, seine Platten wurden vorwiegend von jungen Musikern gekauft.

BOB THIELE

Im April 1964 wurde Coltranes Kontrakt mit *Impulse* erneuert und wenngleich die Struktur des Vertrages unverändert blieb — ein Jahr plus Option auf zwei einjährige Verlängerungen —, so wurde doch der Vorschuß wesentlich erhöht: auf 25.000 Dollar für jedes dieser drei Jahre.

Mit dem neuen Vertrag kam zugleich auch eine verstärkte Aufnahmeaktivität Coltranes. Schließlich wurden derart viele Platten veröffentlicht, daß selbst ausgesprochene Coltrane-Connoisseurs Mühe hatten, immer up-to-date mit den stilistischen Änderungen und dem musikalischen Reifeprozess des Saxophonisten zu bleiben. Nicht so Spliby: er war eng genug mit dem Mann und seiner Musik verbunden, um jede Nuance zu registrieren. So entging ihm auch nicht die zunehmende Melancholie in Tranes Musik; sie verwirrte ihn, brachte ihn zum Nachdenken und gab ihm das Gefühl, etwas Seltsames, Neues geschah oder würde bald geschehen.

Besonders stark war dieses Gefühl, wenn er das Album *Crescent* hörte.

Auf das *Crescent*-Album sind nicht allzuviele Leute abgefahren, aber ich schon, weil es das lyrischste und melancholischste von allen war. Da ist eine Nummer, die heißt *Wise One,* sie beginnt langsam und traurig und geht dann im Mittelteil auf latin rhythm. Aber wenn Trane auf die Melodie zurückkommt, höre ich eine Botschaft, eine Frage: „Warum?“ Später bekam ich das Gefühl, er könnte diese Nummer für Eric Dolphy geschrieben haben.

GERALD McKEEVER

Crescent wurde am 27. April und am 1. Juni 1964 aufgenommen.

Eric Dolphy starb am 29. Juni in Berlin; er hatte an Diabetes und einer Erkrankung der Herzkranzgefäße gelitten.

John Coltrane weinte um seinen verlorenen Freund, den er nun nie wieder sehen oder hören sollte. Erics Eltern schenkten ihm die Flöte und die Baßklarinette ihres Sohnes und Coltrane begann auf beiden Instrumenten zu spielen. *To Be* in dem Album *Expression* war eine Flötenphantasie, die Baßklarinette verwendete er in einer Nummer des Albums *Cosmic Music.* Die Nummer hieß *Reverend King* und war Martin Luther King zugeeignet, dem es bestimmt war, am 8. April 1968 zu sterben.

Ich bin mit dem Wort Genie eher vorsichtig, aber ich bin gerne bereit, John Coltrane großartiges handwerkliches Können zu bescheinigen; er war ein hochspezialisierter Mann. Ich höre mir die neue Musik an, seine inbegriffen, aber das Publikum, das kein so geschultes Gehör hat, braucht längere Zeit, um das Offensichtliche zu erkennen. Als Künstler, der in der Öffentlichkeit wirkt, konnte Coltrane nicht erwarten, jedes Mal etwas Bleibendes zu schaffen, wenn er sein Horn zur Hand nahm; jedoch er versuchte es jedes Mal und hoffte, es würde ihm zumindest gelingen, in der Zeit, die ihm zur Verfügung stand, einige Dinge zu sagen, die der Mühe wert sind. Ich denke, es ist ihm viel mehr als das gelungen.

ARTIE SHAW

John Coltrane war eine musikalische Kraft, eine reine gewaltige Kraft, die jeden in seiner Umgebung und auf irgendeine Weise auch jeden, der ihn jemals hörte, beeinflussen mußte. Selbst die Leute, die TV-Werbespots kompo-

nieren oder die „Muzak", die du in einem Aufzug hörst, selbst die konnten sich dieser Kraft nicht entziehen. Wenn du Musik kennst und liebst und die zeitgenössischen Entwicklungen verfolgst, dann kannst du dem Einfluß von Coltranes Musik nicht entrinnen.

ARNIE LAWRENCE

John Coltrane wurde zeitweilig durch die Musik von Sun Ra beeinflußt; einmal erzählte er: „Sun Ra hat mir gesagt, mit allem, was ich jemals spielen könnte, hätte er etwas zu tun, etwas, das zu allem paßt, was immer ich auch mache."

Und Sun Ra sagte: „Coltranes Musik ist, wie meine eigene, kosmisch und spirituell. Aber in seiner Musik höre ich und liebe ich auch die starken romantischen Anklänge. All seine Musik ist für mich interessant, aber besser als alles andere gefiel mir *My Favorite Things,* denn da kam der Romantiker in ihm deutlich zum Vorschein."

Sun Ra selbst ist kein Romantiker. Er ist ein Seligmacher, ein sanfter Mann, in Physiognomie und Philosophie an Buddha gemahnend. Seine Band variiert im Umfang zwischen 8 und 22 Mitgliedern und trägt die verschiedensten Bezeichnungen, wird aber am häufigsten, unter Verwendung einer Vielfalt von Adjektiven, „the Arkestra" genannt. In dieser Band versammelte er einige der fortschrittlichsten Musiker diesseits von Juillard oder dem Pariser Konservatorium. Sie unterstützen ihren Leader, indem sie die Musik und die Instrumente der verschiedensten Länder untersuchen; so kann Sun Ra — wie Nero Wolfe, wenn er ein besonders kniffliges Problem zu lösen hat — aus all diesen Sounds, Skalen, Tönen und Rhythmen eine allumfassende elektrische Collage erschaffen und sie als universelle Sprache bezeichnen; als das also, was Musik eigentlich sein soll.

Sein Name Sun Ra — Ra ist einer der ägyptischen Sonnengötter — reflektiert seine Überzeugung, die Quelle des Lebens sei ident mit der Quelle der Musik. Wie eine umherziehende Gruppe von Wandermusikanten ist das Arkestra eine Kommune von Musikern, Tänzern und Sängern jeglichen Geschlechts, die manchmal unser Bewußtsein aufstacheln, wenn sie singen: „If you are not in reality, whose myth are you? If you are not a myth, whose reality are you?*" Und im Thema der Band heißt es: *We Travel the Spaceways.*

Auf der Bühne kleiden sie sich in die wildesten Träume jeder chicen Boutique: Pelzhüte, fließende Roben, bedruckte Hemden, Perlenstickereien, Glöckchen; sie spielen chinesische Flöten, indische Oboen, europäische Fagotte, japanische Kotos, afrikanische Koras. Sun Ra selbst, der zu seinen Roben ein glitzerndes Metallkäppchen, seinen „Sonnenhelm", trägt, spielt Klavier, Clavinet und verschiedene elektronische Synthesizer.

Bevor Pharoah Sanders und Rashied Ali zu John Coltrane stießen, spielten sie in Sun Ras Band, genauso wie viele andere hervorragende Musiker, besonders Saxophonisten. Sun Ras reed section ist die beste auf der Szene, abgesehen von Duke Ellington: die Musiker, die ihr angehören, spielen individuell und kollektiv Sounds, von denen die Puristen behaupten, sie existieren gar nicht im Tonumfang eines Saxophons; jeder von ihnen beherrscht außerdem noch exotische Perkussionsinstrumente aller Art, wie jene afrikanischen Trommeln, die Trane immer in seinem Kopf hörte.

* Wenn du nicht in Wirklichkeit bist, wessen Mythos bist du? Wenn du kein Mythos bist, wessen Wirklichkeit bist du?

John Gilmore, der Tenorsaxophonist Sun Ras, erzählte: ,,Ich probte mit Miles, bevor er dann Trane engagierte. Als die Band 1960 von Chicago nach New York übersiedelte, spielte ich oft bei den Montagsessions im *Birdland*. Manchmal traf ich Trane dort und sagte ihm, er solle doch einmal vorbeikommen, wenn die Band probte. Trane kannte Sun Ra von Chicago her und schließlich kam er dann öfter in unser Studio auf der West 82nd Street. Sun Ra gab ihm Literatur über den Weltraum und ich unterhielt mich mit ihm über das Tenorsaxophon und zeigte ihm einiges, was die Band und ich damals gerade machten.''

Gilmore zeigte Coltrane etwa, wie man gewisse Töne der Obertonreihe erreichen konnte, von denen Kritiker behaupteten, sie seien gar nicht auf dem Instrument. Sie waren aber doch da; Gilmore spielte sie und Coltrane hörte sie. Als Gegenleistung weihte Coltrane Gilmore in einige seiner harmonischen Entdeckungen ein, mit denen dieser dann oft Aufsehen erregte.

,,Trane wollte gerne mehr Avantgardemusik spielen, aber das Fundament dafür fand er erst, als er viel Sun Ra hörte'', meinte Gilmore. ,,Ich glaube, wir halfen ihm auch, die orientalischen und afrikanischen Einflüsse in seiner Musik zu verarbeiten. Ich kann dir nur eines sagen: wann immer ich ihn hörte, nachdem er bei Sun Ra studiert hatte, *kochte* seine Musik!''

Ich erinnere mich, daß John fast ein Jahr lang nicht mit mir sprach, von Sommer 1963 bis in den Frühling des folgenden Jahres. Wenn wir uns begegneten, sagte ich hello, er nickte kurz und ging weiter. Ich fragte Elvin, was los sei und er sagte: ,,John möchte dich wissen lassen, daß er dich immer noch mag.'' Ich fand, das sei eine eher seltsame Art, es zu zeigen, aber Elvin erläuterte: ,,Er fühlt, er kann mit dir nicht mehr reden, weil du bei *Down Beat* bist. Er mag dich persönlich gern, aber er ist zur Überzeugung gekommen, daß Jazzkritik in jedem Fall falsch ist; und nachdem du Kritiker bist, kann er einfach nicht mehr mit dir reden.'' Später schrieb John mir einen Brief und bat mich, ihm zu vergeben. Er schrieb, er hätte Gott verloren gehabt und nun hätte er ihn wieder gefunden.

DON DeMICHEAL

John Coltrane hörte jedem zu, Gott inbegriffen. Und wenn auch nicht unbedingt jeder diese Freundlichkeit erwiderte, so gab es doch im ganzen Land eine Menge Leute, die John Coltrane zuhörten; oft an Orten, wo man es nicht erwartet hätte.

Portland, Oregon, ist nicht gerade eine besonders swingende Stadt, aber ich hatte dort bei Radio KB00 eine Show laufen und machte einmal eine vierstündige Sendung über Coltrane. Ich erhielt hunderte von Anrufen und Briefen und war wirklich überrascht von diesem großen Ausmaß an Verehrung und Interesse. Zu Tranes viertem Todestag plante ich ein 48-stündiges Programm, das der Chef der Station ablehnte. Jedoch der Musikleiter (ein Klassik-Mann) und der Programmleiter (ein Blues-Mann) unterstützten mich; das war für mich ein überzeugender Beweis für Tranes außerordentliche universelle Anziehungskraft.

DON KROM

In Las Vegas bekommst du nicht viel Jazz zu hören, aber mein Vater ist Radiosprecher und brachte einige Coltrane-Alben nach Hause, als ich elf war. Die Bedeutung dessen, was ich da hörte, diese Ernsthaftigkeit und Hingabe, das alles half mir in der Zeit meiner Pubertät. Die war an sich schon schlimm genug, aber noch hundertmal ärger, wenn du ein weißer „eight-grader"* warst, der die Beatles nicht mochte und dessen Idole 1964 alle schwarz waren.

TOD CARVER

Junge Leute, sogar Kinder hörten nun John Coltranes Musik. Aber Coltrane hatte keine eigenen Kinder und wünschte sich wie die meisten Männer einen Sohn, in dem er einmal weiterleben würde.

Endlich, am 26. August 1964, wurde John und Alice Coltrane ein Knabe geboren. Er erhielt den Namen John, jr.

Mein Gefühl ist, daß Coltrane versuchte, nichts weniger als die absolute Wahrheit zu erlangen, daß er sein Horn als Vehikel benützte, um mehr als nur Musik zu vermitteln. Was er geschaffen hat, vergleiche ich mit den Meditationsprozessen, über die Martz in seinem Buch *The Poetry of Meditation* erzählt, und mit einigen der Prozeduren, die Castaneda in seinen Don Juan-Büchern schildert.

JOHN TAGGART

Es ist die dunkelste Stunde vor der Dämmerung, 4 Uhr morgens, die Stunde Gottes, an einem Herbsttag des Jahres 1964. John Coltrane sitzt auf dem teppichbelegten Boden seines Arbeitsraums. Sein Körper ist eingehüllt in einen seidenen Bademantel, sein Kopf gebeugt, seine Arme und Beine überkreuzt. Er beginn mit seiner Meditation.

Ruhe umhüllt den Raum. Alles, was er hört, ist sein eigener Atem; alles, was er fühlt, ist die Steifheit seiner Muskeln, als er hier sitzt und versucht, seine Gedanken auszuschalten und mit dem Kosmos zu kommunizieren.

Er wünscht sich, mit Gott zu sprechen, wenn das möglich ist; zumindest aber möchte er von Gott eine Botschaft, die ihm sagt, ob er die richtige Richtung eingeschlagen hat oder nicht. Er ist verwirrt, sagt er sich; er ersehnt Klarheit und die Bestätigung, auf dem rechten Weg zu sein. Führe mich, Gott, betet er.

Die Minuten verrinnen, werden zu Stunden, und er sitzt, stumm und regungslos, als wäre er zu Stein geworden. Seine Gedanken und sein Körper haben vorübergehend für ihn zu existieren aufgehört; wenn er überhaupt etwas fühlt, dann nur, was ein bloßer Geist fühlen mag: fließende Freiheit.

Seine Meditation ist jetzt tief; so lange wie diesmal hat sie noch nie gedauert. Er hofft auf ein Zeichen Gottes, nichts anderes kann ihn zufriedenstellen.

Vollkommene Stille.

Und plötzlich Musik: sie erfüllt den Raum um ihn und die Räume in seinem Inneren; Melodien, Harmonien und Rhythmen integrieren sich in sein Bewußtsein. Das muß Gottes Wort sein, das ihm befiehlt, eine Komposition zu kreieren, als Huldigung an das Allerhöchste Wesen. Das Gefühl, das er empfängt, ist jen-

* Schüler der 8. Schulstufe

seits aller Gefühle; die Kommunikation, in der er sich befindet, ist mit Worten nicht zu beschreiben.

Er erwacht schließlich aus dieser tiefgründigen Meditation mit ihren paradoxen Akzenten auf Jubel und Schwermut; er weiß, daß seine Musik von nun an diese Dualität, diesen Widerspruch reflektieren wird, ganz so, wie sein Leben sie reflektiert, jeden Tag, an dem er aus seinem kurzen Nachtschlaf erwacht.
Wie er später bekannte: ,,Zum ersten Mal in meinem Leben habe ich das ganze Album vor mir, vom Anfang bis zum Ende.''

A Love Supreme wurde im folgenden Dezember aufgenommen und John Coltrane sagte: ,,Dieses Album ist mein Geschenk an Gott, eine demütige Gabe an ihn.''

Eine große Hilfe bei dieser Komposition war für Coltrane die Lektüre der Kabbala.

,,Wo die Philosophie endet, beginnt die Weisheit der Kabbala'', sagte einst ein weiser Mann. Er bezog sich dabei auf eine Serie von Büchern, vor allem das *Sefer Yezirah** und das *Zohar***, die zwischen dem 7. und dem 18. Jahrhundert entstanden und die Basis für jene besondere Art jüdischen Mystizismus bilden, der jedem Wort, jedem Buchstaben und jeder Zahl eine okkulte Bedeutung verleiht. Diese Bücher sind in Aramäisch, der Sprache Christi, abgefaßt.

Wenn du den kontinuierlichen Chant ,,a love supreme'', der den ersten und zweiten Teil der Komposition trennt, aufmerksam anhörst, kannst du feststellen, daß diese Phrase 19 mal wiederholt wird.

Trenne diese Zahl: die Eins bedeutet ,,allein'', die Neun ,,universal''. Ein kreativer Mensch, allein, entweder im Einklang mit dem Universum oder dagegen ankämpfend, aber eindeutig von universaler Bewußtheit.

Die Quersumme: 1 + 9 = 10. Und gemäß den Lehren der Kabbala gibt es zehn Manifestationen Gottes.

Ich trat einem Schallplattenclub bei und die vielen gebotenen Möglichkeiten verwirrten mich zunächst. Schließlich bestellte ich ein Album von Coltrane, weil ich seinen Namen irgendwo gehört hatte. Das Album war *A Love Supreme.* Als ich es das erste Mal spielte, fragte ich mich immer wieder: ,,Was soll denn *das* sein?'' Dann hörte ich es drei- oder viermal hintereinander und es packte mich schließlich so sehr, daß ich wünschte, mich selbst in diese Musik zu verwandeln. Es wurde mir klar, daß man Musiker entweder ganz oder überhaupt nicht ist. Ich begann, einige Soli für meine Trompete zu transkribieren, denn die Trompete ist ebenso wie das Tenorsaxophon in B, und jetzt versuche ich, in Tranes Musik einzudringen, so wie sie in mich eingedrungen ist.

STAN CHOVNICK

Für mich ist *A Love Supreme* repetitiv, aber nicht monoton. Ich kann es singen; es ist wie ein Chant oder ein Spiritual, vom Feeling her sehr afrikanisch. Wenn ich es singen sollte, würde ich meine Stimme wie ein Horn ver-

* Das Buch der Schöpfung
** hebräisch: Glanz, Pracht, Großartigkeit

wenden, um den vollen Umfang der Musik zu erfassen, der beachtlich ist. Ich sehe mich in weiten afrikanischen Gewändern, umgeben von einer Gruppe von Perkussionisten, mitten im Publikum. Meine Version von *A Love Supreme* würde sich im Publikum ausbreiten wie die Wellen in einem See und ich möchte durch diese Musik allen Menschen meine Liebe vermitteln, so wie John Coltrane seine Liebe mir und jedem anderen, der jemals seine Musik hörte, vermittelt hat.

STELLA MARRS

Love, Devotion, Surrender:* das ist die Philosophie des Gurus Sri Chinmoy, zu dessen Schülern unter anderen John McLaughlin und Carlos Santana gehören. Und diese drei Worte sind, ebenso wie *A Love Supreme,* auch der Titel eines Plattenalbums, in dem McLaughlin und Santana zusammenspielen. Wenn du dir die erste Nummer in diesem Album genau anhörst, erkennst du *Acknowledgement,* den ersten Satz von *A Love Supreme.*

Die Philosophie, die Musik, die Worte in diesen beiden Alben repräsentieren die bedingungslose Hingabe an den Willen Gottes; kurz gesagt, die Bereitschaft, zu folgen, wenn Gott ruft. Und auch diese Botschaft kann nur eine endgültige Bedeutung haben: den Tod.

Nicht lange nach der Aufnahme von *A Love Supreme* unterhielt ich mich eines Nachts mit Coltrane vor dem *Birdland.* Er sprach in philosophischer Weise über den Tod, als sei das ein ganz normales Konversationsthema. Ich war jung, in meinen Zwanzigern, und mich erschreckte das; ich fragte: „Wozu über den Tod sprechen, wenn es so viele wunderbare Dinge im Leben gibt?" Ich bemühte mich, das Gespräch auf Musik zu bringen, aber nach einigen Minuten war er wieder beim Thema Tod angelangt. Ich denke, er wußte schon damals, daß etwas nicht in Ordnung war und daß er nicht mehr lange zu leben hatte.

ROBIN KENYATTA

Von Zeit zu Zeit fuhr ich immer auf Besuch nach Philadelphia und manchmal traf ich dabei Johns Mutter. Ich weiß noch, wie sie über *A Love Supreme* sprach und daß sie wünschte, er hätte das nie geschrieben. Ich war erstaunt, das zu hören, aber sie erzählte mir, John habe eine Vision von Gott gehabt, bevor er es komponierte; er hätte ihr auch gesagt, er sehe Gott oft, während er spiele. Sie war sehr bekümmert und meinte, „wenn jemand Gott sieht, so heißt das, er stirbt bald."

BOBBY TIMMONS

Es gibt Tod und Leben, Dunkel und Licht in unserem ganzen ausgedehnten Universum. John Coltrane war mit diesen ewigen Gesetzen im Einklang, ebenso wie jener Mann, den er am meisten bewunderte: Albert Einstein. So wie Coltrane seine musikalischen Vorgänger studierte und von ihnen lernte, beschäftigte

* Liebe, Andacht, Hingabe

Einstein sich besonders mit den Ausführungen von Max Planck, der in seiner Quantentheorie 1900 postuliert hatte, Licht breite sich nicht als geschlossene Masse, sondern in Wellen oder Partikeln aus.

Fünf Jahre später legte Einstein seine Spezielle Theorie der Relativität vor, die auf weiteren Experimenten mit Photonen* basierte. Diese Theorie besagte, daß alle Phänomene, alle Systeme der Natur sich mit übereinstimmender Relativität zueinander bewegen und daß die Zeit nicht absolut ist, sondern auf einer Form der Wahrnehmung oder einer Abfolge von Ereignissen beruht.

Das war, kurz gefaßt, seine berühmte Formel $E = MC^2$.

Dem folgte 1915 die Allgemeine Theorie der Relativität, derzufolge die Gesetze der Natur für alle Systeme gelten, ohne Rücksicht auf ihren Bewegungszustand. Einstein formulierte auch das Prinzip der Äquivalenz von Gravitation und Trägheit der Masse, wonach es unmöglich ist, Bewegung durch Gravitationskräfte von Bewegung durch Trägheitskräfte zu unterscheiden, da beide die gleichen Wirkungen zeigen. In weiterer Folge führte er aus, die Bewegungen der Sterne und Planeten seien determiniert durch die metrischen Eigenschaften des Raum-Zeit-Continuums und ein Gravitationsfeld besitze ebensoviel Realität wie ein elektromagnetisches Feld.

Nun existiert eine interessante Parallele zwischen Einsteins Mathematik und Coltranes Musik. Denn Musik ist, ebenso wie Physik, mathematisch; die Regeln des einen stehen in Beziehung zu den Axiomen des anderen. Und Coltrane war ebenso in Metaphysik involviert wie in Musik.

Denke an Trane einmal auf diese Art: Ein elektromagnetisches Feld zieht Partikel an, die von seiner positiven Aufladung angelockt werden, so wie Coltrane Menschen durch seine Musik anzog. Ein Gravitationsfeld bringt einen oder viele Körper in den Bereich seiner Anziehungskraft, sie geraten in seine Einflußsphäre, wie Menschen mit bestimmten Neigungen in die Einflußsphäre Tranes gerieten. Und denke an die sich ständig verändernden strukturellen Werte seiner Musik, wenn die Töne aus seinem Horn strömten wie Lichtwellen, brennende gedrängte Bündel reiner Energie, Materie, die dieser Mann ausstrahlte wie ein Atomreaktor. Auch die Zeit wurde von Trane aufgebrochen, gedehnt und zusammengezogen, besonders dann, wenn er seine überlangen Soli spielte. Wie viele Leute waren sich des Zeitausmaßes bewußt, das der Saxophonist benötigte, um eine Komposition oder Improvisation vollkommen, erschöpfend zu erforschen? Tatsache ist, daß das Verrinnen der Zeit, während die Leute seiner Musik zuhörten, flüssig, plastisch war, daß die Menschen oft dessen nicht gewahr wurden, daß viele von ihnen dann schließlich auf ihre Uhren blickten und ausriefen: „Was, ist es wirklich schon so spät?"

John Coltrane war, auf seine eigene Art, ein wanderndes spielendes lebendiges Beispiel für Einsteins Theorien in Aktion, eine spirituelle und räumliche Kraft, die weitgehend dem Prinzip, dem wichtigsten Gesetz der Thermodynamik entsprach: Wärme kann in mechanische Energie umgewandelt werden — oder umgekehrt — in einer völlig konstanten Relation.

Kurz gesagt, Energie kann nie *zerstört,* sondern nur *umgewandelt* werden.

Und Coltrane durchlief seine eigene Art von Umwandlungen, Tag für Tag.

* Energiepartikel

Ich weiß noch, wie ich einmal mit Coltrane im Drugstore am St. Marks Place Ecke 2nd Avenue saß und über Einstein redete. Er sprach zunächst über Zahlen und deren Beziehung zu Musik, wie Intervalle bestimmte Akkorde suggerieren und wie man sie verwenden könnte, um neue musikalische Regeln zu schaffen. Dann brachte er die Relativitätstheorie aufs Tapet. Sie bedeutete für ihn, viele bereits existierende Dinge hätten ihre Entsprechung in der Musik und es sei Aufgabe des Musikers, diese Beziehungen aufzuspüren und musikalisch auszudrücken.
Das letzte Mal traf ich Coltrane im März 1967 im Reformkostladen Ecke Broadway und 57th Street und da führten wir unsere Diskussion beinahe exakt dort weiter, wo wir sie das vorige Mal unterbrochen hatten. An einen Satz von ihm erinnere ich mich besonders gut; er sagte: „Das Universum dehnt sich immer weiter aus."

DAVID AMRAM

Ich bin mit klassischer Musik aufgewachsen und war an einwandfreien tonlichen Qualitäten interessiert. Dann hörte ich Coltrane in dem *Round about Midnight*-**Album mit Miles, und was dabei meine Aufmerksamkeit mehr als alles andere erregte, war der Break, mit dem er in** *Dear Old Stockholm* **sein Solo einleitet; er wirkte so grob und derb auf mich, daß ich mich wunderte, wie jemand es wagen konnte, so etwas zu spielen. Ich begann dann, seine Soli zu transkribieren, ich wollte sehen, wie sie auf Notenpapier wirkten. Nachdem ich seine Soli jahrelang studiert und abgeschrieben hatte, fand ich heraus, daß mich Coltranes Textur am meisten interessierte, der eigentliche technische Vorgang, eine Melodielinie aus der Akkordstruktur zu bilden und die Folge der Töne, wie er sie spielte. Im Gegensatz zu meinem ersten Eindruck entdeckte ich höchste Qualität in seinen Ideen und Phrasen. Er spielte ständig gegen sich selbst an, als wolle er nicht in Routine verfallen, als wolle er ständig die totale Antithese seiner selbst spielen.**

ANDREW WHITE

Andrew's Musical Enterprises, Inc. in Washington, D. C. ist ein Ein-Mann-Unternehmen, das sich mit Herstellung und Verkauf der transkribierten Soli von John Coltrane beschäftigt. Vorsitzender, Präsident und Verwaltungsdirektor ist ein junger Oboist, Saxophonist, Bassist und Komponist namens Andrew Nathaniel White III.

White hat seine Erfahrungen; er spielte mit dem JFK-Quintet, dem American Ballet Theater Orchestra, mit Stevie Wonder, dem Birmingham City Symphony Orchestra, Weather Report und Fifth Dimension, um nur einige aufzuzählen. Die Leidenschaft, die sein musikalisches Leben am meisten in Anspruch nahm, war jedoch die Versorgung der Interessierten mit transkribierten Coltrane-Soli, zum Studieren und Üben.

„Ich transkribierte 209 Soli aus 50 Alben", sagte er, „nicht die Kompositionen, nur die improvisierten Soli in jeder. Etwa drei Viertel davon machte ich vor 1960, denn da begann ich mit dem College und war anderweitig ausgelastet. Aber 1971 hatte ich genug Geld beisammen, um für ein paar Jahre auszusteigen; so überarbeitete ich alles noch einmal und fügte ein paar neue Soli hinzu. Im

September 1973 hatte ich alles beisammen und ließ die Leute wissen, daß diese Coltrane-Soli nun zu haben waren."

Seine Motive waren weniger finanzieller als pädagogischer Natur; er wollte das Angebot an Literatur für den ausübenden Jazzmusiker verbessern, der, wie White überzeugt ist, „mehr Disziplin braucht, und mehr Kenntnis des gesamten Jazzrepertoires." Gerade Coltrane hält er für ein exzellentes Studienobjekt, wenn es darum geht, richtig spielen zu lernen; dementsprechend hoch schätzt er ihn ein. „Auf einer Liste bedeutender Musiker des 20. Jahrhunderts würde ich ihn auf den dritten Platz setzen. Jedoch wenn es ausschließlich um Jazz und Improvisation geht, ist selbst der erste Platz viel zu wenig."

Die beiden Saxophonisten begegneten einander nur zweimal; beide Male in Washington. Das erste Mal spielte John in einem Club und Andrew hörte zu; er war jedoch viel zu eingeschüchtert, um über ein musikalisches Thema zu sprechen und Trane sagte zu ihm nur: „Hör nicht auf zu spielen!" Bei der zweiten Begegnung kam John dazu, als White eben seine Transkription des *Giant Step*-Solos vom Blatt spielte und anschließend über Johns Improvisation improvisierte. Diesmal sagte Trane: „Ich sehe, du spielst all diese schweren Nummern."

White teilt nicht die Meinung derjenigen, die von der Gefühlswelt in Coltranes Musik besessen sind. Er findet, ein Musiker muß vom Vortrag seiner Musik emotionell distanziert bleiben; der eigentliche schöpferische Akt ist für ihn keine subjektive, sondern eine objektive Erfahrung: man muß zuerst die Emotionen fühlen und dann versuchen, dieses Gefühl wieder erstehen zu lassen. Er kann nicht verstehen, wie Coltrane zu gleicher Zeit fühlen und spielen konnte; die unglaubliche Anstrengung, das Gefühl und seine musikalische Umsetzung zu erzeugen und beides simultan zu projizieren, erscheint ihm undenkbar. „Das ist unmöglich", meint er.

Er schließt mit einem seltsam prophetischen Akzent: „John Coltrane war als Saxophonist entweder ein Dämon oder einfach ein guter Musiker. Ich sehe das so: wenn das, was wir hören, das Gegenteil von dem ist, wie er war, dann war er ein musikalischer Dämon. Ansonsten hätte er sich einfach entspannt und drauflosgespielt, was er meiner Meinung nach nie getan hat; ich finde, er spielte immer in Höchstform und ohne sich dabei zu erleichtern. Ich glaube, ich muß sagen, wir waren mit einem Musiker von dämonischer Kraft konfrontiert, und wer vermag zu sagen, ob Coltrane den Exorzismus brauchte oder wir?"

Während der turbulenten 60er Jahre ging der Krieg in Vietnam natürlich immer weiter, und wenn jemand Coltrane darauf ansprach, pflegte er einfach zu sagen: „Ich bin gegen Krieg, also auch gegen den Vietnamkrieg. Ich finde, alle Kriege sollten beendet werden."

Ich erinnere mich an ein Gespräch mit Trane über den Vietnamkrieg im Jahre 1965. Er war richtig verzweifelt über diesen Krieg und den Zustand unserer Welt im allgemeinen. Er weinte beinahe, als er zu mir sagte: „Warum können die Menschen nicht lernen, einander zu lieben?"

GERALD McKEEVER

Als ich in Vietnam war, half mir John Coltrane, es zu überleben. Ich hörte ihn überall wo ich hinkam, bevor ich eingezogen wurde und ich nahm einige sei-

Verlängerung von Coltranes Vertrag mit *Impulse;* für alle Beteiligten Grund zum Lächeln. Stehend, von links: Manager Harold Lovette, Producer Bob Thiele, John Coltrane. Sitzend: *Impulse*-Präsident Larry Newton (COLLECTION BOB THIELE)

Randi Hultin kochte für John Coltrane norwegische „soul food"
(FOTO: RANDI HULTIN)

Coltrane übt zu Hause mit dem elektronischen VARITONE (FOTO: TONY RULLI)

John Coltrane und Alice Coltrane; musikalischer Liebesakt bei einem Konzert in Madison, Wisconsin, 1966 (FOTO: DOWN BEAT)

Triumphaler Empfang in Tokio, Juli 1966 (FOTO: SWING JOURNAL)

John Coltrane betet im War Memorial Park von Nagasaki für die 150.000 Opfer der Atombombe (FOTO: BOB THIELE)

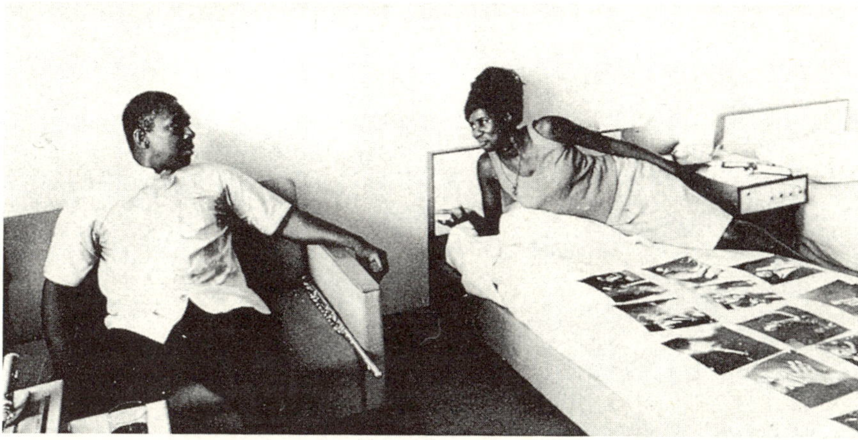

John und Alice Coltrane in ihrem Hotelzimmer während der Japantournee 1966
(FOTO: SWING JOURNAL)

Letzter öffentlicher Auftritt John Coltranes im Mai 1967 im Zentrum für afrikanische Kultur in Harlem, N. Y.
Von links: Pharoah Sanders ts; Jimmy Garrison b (verdeckt); Algie DeWitt bata; Alice Coltrane p; Rashied Ali dr; John Coltrane ts (COLLECTION OLATUNJI CENTER)

St. Peter's Lutheran Church

The Rev. Ralph E. Peterson, Pastor

Lexington Avenue at 54th Street

New York City

11:00 A.M.

July 21, 1967

Service for John Coltrane

A LOVE SUPREME

The Albert Ayler Quartet	
Invocation	
Words from the Bible	Rev. Dale R. Lind
A Love Supreme	Mr. Calvin Massey
Meditation	Rev. John G. Gensel
Prayer	
The Ornette Coleman Quartet	
Benediction	

Funeral services for John Coltrane
COURTESY OF REVEREND JOHN GENSEL

JOHN W. COLTRANE
1926 — 1967

John W. Coltrane the only son of John Robert Coltrane and Blair Coltrane was born in Hamlet, N. C., Sept. 23, 1926. His early childhood was spent in High Point, N. C. where he graduated from the William Penn High School. In 1943 he moved to Philadelphia, Pa. where he attended the Ornstein School of Music. He served in the U. S. Navy during World War II.

He is survived by his wife Alice and three sons John Jr., Ravi and Oran and two step daughters, Antonia and Michelle; his mother Mrs. Alice Blair Coltrane, and his Aunt Mrs. Minnie Fowler, Norfolk, Va.; Mr. William Blair, Orange, N. J.; Mr. John Blair, Hamlet, N. C.; and his favorite cousin Mrs. Mary Greenlee, and a host of relatives and friends.

Not asleep, no.
Awake and more alive than ever before.
In the consciousness and
at-one-ment with
the One & Only all-pervading,
all-embracing Ultimate Truth
and only Reality, God;
our own true self.

The family and relatives of John express gratitude to the multitudes who have indicated their deep sympathy to them in so many ways. The Lord Bless You!

We appreciate the musical praise to God and the honor rendered John by his colleagues: Albert Ayler, Milford Graves, Donald Ayler, Richard Davis, Ornette Coleman, Charles Haden, David Izenzon, Charles Moffett.

The photograph in the front cover was taken by John's close friend, Bob Thiele.

Funeral arrangements in charge of the Richard W. Hasgill Funeral Home, 155 Sunrise Highway, Amityville, L. I., N. Y.

Interment: Pinelawn Memorial Park, Farmingdale, N. Y., Juli 21st, 1967.

Die Coltrane-Skulptur des New Yorker Bildhauers Bradford Graves in den tschechoslowakischen Karpaten (FOTO: BRADFORD GRAVES)

ner Platten mit nach Vietnam und spielte sie immer wieder. Seine Musik war wie das Leben für mich, während ein paar hundert Meter weiter der Tod lauerte.

FRANK LOWE

Eric Drosin übt.

Er ist sechzehn, wohnt in Manhattan und besucht die High School. Der Raum, in dem er übt, ist das Musikzimmer der Schule; er quält sich mit der Baßgeige, die ein gutes Stück größer ist als er.

Der Grund ist John Coltrane.

Im Jahr davor, das Drosin in einem Internat in Florida verbracht hat, machte ihn ein Lehrer mit Coltranes Musik bekannt. Ein beachtlicher Schritt vorwärts, von Jefferson Airplane zu John Coltrane.

,,*Softly As in a Morning Sunrise* war die erste Aufnahme, die ich hörte'', sagt er, ,,dann hörte ich *My Favorite Things* in der Newportfassung und *Bessie's Blues;* das empfand ich so grob und direkt wie eine Ohrfeige.''

Auch die Balladen übersieht Eric Drosin nicht. *Lush Life* in der Prestige-Version hielt ihn eines Nachts bis 6 Uhr wach, als er versuchte, Tranes Solo für Übungszwecke zu transkribieren.

Nun übt er weiter, nach dem Solo von *Blue Train,* denn er ist überzeugt, daß Tranes Soli ,,so wunderschöne Baßlinien enthalten, daß ich durch sie viel mehr lernen kann, als aus einem klassischen Übungsbuch für Baß.''

Jazz hat mit komponierter Musik nichts zu tun. Wenn er Einflüsse der zeitgenössischen Musik aufnimmt, ist er kein Jazz und auch nicht gut.

IGOR STRAWINSKY

Über keinen klassischen Komponisten sprach John mit soviel Respekt wie über Strawinsky. Einmal, als wir seine Mutter besuchten, nahm er eine Schallplatte zur Hand und sagte: ,,Ich glaube, ich habe meinen universalen Musiker gefunden.'' Dann spielte er Strawinskys *Feuervogel-Suite.*

ALICE COLTRANE

Ein echter Feuervogel anderer Art war ein Mann, den viele ,,Little Rock'' nannten, weil er in dieser Stadt in Arkansas geboren war. Er spielte in New York Tenorsaxophon und stieß dann zu John Coltrane. Sein wirklicher Name war Ferrell Sanders; wer nicht seinen Spitznamen benützte, rief ihn beim Vornamen und daraus wurde im Laufe der Zeit Pharoah.

Spliby lernte Sanders kennen, als der Musiker aus Arkansas ,,im Playhouse Cafe auf der McDougal Street arbeitete, wo er auch unter der Bühne schlief, weil er keine Bleibe hatte.'' Pharoah Sanders war klein und gedrungen und stand allem mißtrauisch gegenüber, nur der Musik nicht. Er ,,sprach'' nur mit seinen Augen und seinem Tenorsaxophon. Sein Sound war eine quäkende kreischende Explosion im obersten Register, die durch extensiven Gebrauch der Obertonserie und Überblasen des Horns charakterisiert war. Spliby bekam das mit und brachte Sanders mit Trane zusammen, der immer an jüngeren Musikern interessiert war. Coltrane ließ Sanders öfters einsteigen und machte ihm Komplimente über ,,seinen spirit und seine Lernbegierde''.

Und weil John Coltrane seit dem Tode von Eric Dolphy die Herausforderung eines zusätzlichen Horns vermißt hatte, lud er Pharoah Sanders schließlich ein, Mitglied seiner Band zu werden.

Ich bin ein 17-jähriger Weißer und lebe in Birmingham, Alabama, das schwerlich als ein Zentrum der Jazzentwicklung bezeichnet werden kann. Ein Freund spielte mir *A Love Supreme* **vor und als ich es hörte, hatte es mir wirklich etwas zu sagen. Es gab Leute, die wußten, was der Mann sich da aus seiner Seele schrie. Jetzt weiß ich es auch, und ich liebe ihn dafür.**

BART GROOMS

Zwei junge Herren aus Paris hörten Coltrane während der 60er Jahre. Ohne vorher Marcel Mules Einverständnis einzuholen, hatten sie das Folgende über Trane zu sagen:

Ich hörte als erstes *A Love Supreme* **und der letzte Teil,** *Psalm,* **gefiel mir am besten. Ich bin Amateurtrompeter und versuchte, diesen Part auf meiner Trompete nachzuspielen, aber ich fand das viel zu schwer. Dann hörte ich mir andere Platten an, besonders** *Impressions,* **wo ich den Einfluß von Debussy deutlich heraushören kann. Wenn ich nun Coltrane höre, vermitteln mir seine Balladen ein Gefühl ruhigen entspannten Glücks. Wenn er jedoch schnell spielt und den gesamten Umfang des Instruments einsetzt, von ganz unten bis ganz oben, dann steift sich mein Rücken und ich sitze auf der Kante meines Stuhls.**

BERNARD PILLE

Bernard führte mich in Coltranes Musik ein und begann mit *A Love Supreme,* **aber mir gefällt** *Om* **am besten, wegen seiner mystischen Natur. Ich bin Amateurmaler und lege immer seine Musik auf, wenn ich male, um meine Kreativität zu stimulieren. Mein Stil ist abstrakt, und wenn ich Coltrane höre, denke ich an blau und orange. Wenn ich jemals genug Selbstvertrauen haben sollte, um ihm ein Bild zu widmen, werde ich es** *My Favorite Things* **nennen.**

GILBERT KUBIS

Cecil Paynes nächste Verwandtschaft ist in Barbados geboren. Cecil spielte in Coltranes Album *Dakar* mit. Diese Musik war nicht ganz so afrikanisch, wie es der Titel suggeriert, obwohl Paynes Soli auf dem Baritonsaxophon jenes fließende tanzende Feeling reflektieren, das für sein Erbe charakteristisch ist. Er erinnert sich noch gut an Coltrane.

,,Das letzte Mal sah ich ihn in der Kirche'', erzählte er, ,,in der St. Gregory's Catholic Church in Brooklyn. John, Roland Kirk und ich spielten dort ein Benefizkonzert. Die Kirche brauchte Geld, um einen Kinderspielplatz einzurichten und Cal Massey, der ein Mitglied der Gemeinde war, veranstaltete das Konzert. John rezitierte sein Gedicht von *A Love Supreme* und dann spielte er das gesamte Werk, von Anfang bis Ende. Ich glaube, es war im Sommer 1965 und ich weiß noch, John war so glücklich, in einer Kirche zu sein, daß sein Gesicht strahlte wie das eines Engels.''

Der Altsaxophonist Gary Bartz erinnert sich ebenfalls an John Coltrane, ganz besonders im Zusammenhang mit zwei verschiedenen „walkouts", die sich ereigneten, während er Tranes Musik lauschte.

„Eines Sommers spielte ich mit Art Blakey bei einem Jazzfestival in Cincinnati und Coltrane war im selben Programm wie wir", erzählte er. „Ich sah eine Menge Leute, die hinausgingen, weil Coltrane so lange Soli spielte. Ich fand, es war eine Gemeinheit, daß sie ihm keine Chance gaben, zu sagen, was er zu sagen hatte."

Als Bartz wieder in New York war, ging er eines Abends mit einem Freund ins *Village Gate,* um Coltrane zu hören. Plötzlich sagte sein Kumpel: „Gehen wir ein bißchen raus!"

„Was, jetzt?" fragte Bartz zornig, „mitten in Tranes Solo?"

„Ich habe meine Gründe; komm, ich erkläre es dir draußen."

Gary Bartz dachte nicht daran; er blieb wo er war und sein Freund ging allein hinaus. Gary folgte ihm erst nach der Pause. Er entdeckte den anderen und ging auf ihn zu, bereit, ihm die Leviten zu lesen, als dieser etwas kleinlaut meinte: „Hey, Mann, du weißt, wie sehr ich auf Trane stehe, aber manchmal ist er mir einfach zu viel. Wenn er so lange spielt, und so intensiv, dann werde ich richtig high von seiner Musik und dann muß ich ein wenig spazierengehen und mich abkühlen. Verstehst du, es ist, als ob mein Stromkreis überladen wäre."

Die Jazzband ist eine echte Schöpfung neuer klanglicher Effekte, egal ob sie dir gefallen oder nicht.

AARON COPELAND

Wann immer ich eine Veränderung vornehme, bin ich etwas besorgt, ob die Leute dadurch nicht verwirrt werden und aus diesem Grund schiebe ich diese Dinge oft hinaus. Aber nach einer Weile weiß ich dann, ich kann nichts anderes tun als vorwärtsgehen.

JOHN COLTRANE

John Coltrane ging vorwärts und nahm im Sommer 1965 *Ascension* auf, mit dem Quartett und sieben zusätzlichen Musikern; nicht ganz eine Bigband und nicht ganz ein kleines Ensemble, einfach „John Coltrane and friends."

Wie die meisten seiner Kompositionen war auch *Ascension* nur dem Ablauf nach fragmentarisch auf ein Notenblatt skizziert, allerdings mit Entwürfen für die Voicings der zusätzlichen Instrumente. Auch setzte Coltrane tonale und atonale Passagen derart eng gegeneinander, daß ein Eindruck ähnlich wie bei den parallelen Oktavgängen afrikanischer Vokalmusik entstand, mit intensiven explodierenden Dialogen zwischen den Solisten und der Rhythmusgruppe. Der vermutliche Vorläufer dieser Komposition, die sich so völlig von allen davorliegenden Werken Coltranes unterschied, war Sun Ra mit seinem Konzept kollektiver Improvisation. Zwei komplette Takes von *Ascension* wurden aufgenommen; Coltrane autorisierte Take 1 zur Veröffentlichung.

Nachdem das Album erschienen war, rief Coltrane Thiele an und sagte: „Das ist nicht der richtige Take." Thiele protestierte und wandte ein, es sei der Take, den Coltrane ausgesucht habe, aber dieser erwiderte: „Nun, es tut mir leid, aber ich habe mir den anderen Take angehört und finde ihn doch besser. Laß uns lieber diesen veröffentlichen!" Impulse tat es, und auf der Plattenmatritze wurde „Edition II" vermerkt.

Als ich Coltrane das erste Mal hörte, war ich auf LSD und die Platte war *Ascension.* **Ich war 19, hatte einen vollen Trip intus und erlebte diese überwältigende musikalische Kraft, die meinen Kopf bis zum Zerspringen erfüllte. Ein Jahr später hörte ich die Platte wieder, diesmal stocknüchtern. Ich war so begeistert, daß ich beschloß, keinerlei Drogen mehr zu nehmen und nur mehr durch Musik high zu werden, besonders durch die Coltranes. Und als ich** *Spiritual* **hörte, wußte ich schließlich, was Coltrane wirklich war: ein übernatürliches Wesen.**

LARRY HICOCK

Einmal, als ich *Ascension* **hörte, geriet ich in eine Art Trance und sah mich über Afrika fliegen. Ich fühlte den Geist des ganzen Kontinents, sein pulsierendes wimmelndes Leben; ich hörte die Musik Afrikas gleichzeitig mit Coltranes Musik. Aber Menschen konnte ich nicht sehen, nur Urwälder und Savannen, obwohl ich nur knapp 20 Meter über dem Boden war. Es war John Coltranes Musik, die mich dorthin führte, als hätte er mich bei der Hand genommen.**

JOHN McLAUGHLIN

An der sonnendurchglühten Cote d'Azur spielte John Coltrane am 26. und 27. Juli 1965 beim Antibes Jazz-Festival in Juan-les-Pins.

Randi Hultin war dort; sie und John unterhielten sich gelegentlich. Er gestattete ihr, die Skizze für ein Ölgemälde zu vollenden, ein Porträt Coltranes, das sie ihm später mit der Post zusandte, das aber aus irgendwelchen Gründen nie ankam. Er fragte, warum sie nicht öfter male und sie erwiderte: „Ich male lieber gegenständlich, aber das braucht viel mehr Zeit als abstrakte Malerei, zu der mich andere ermutigen. Ich fühle irgendwie, ich habe nicht die richtige Vorstellungskraft, um etwas Außerordentliches in abstrakter Kunst zu vollbringen."

„Seltsam", meinte er, „dieses Gefühl habe ich oft bei meinem Spiel." Dann sprach er über seine Sehnsucht, für eine Zeitlang mit dem Spielen aufzuhören, lange genug, um auf die Schulbank zurückzukehren und „alles zu lernen, was ich für zukünftige musikalische Äußerungen verwenden kann."

Die Musiker wohnten im Grand Hotel und nachdem Coltrane übte, wenn er nicht spielte, war nur wenigen Journalisten erlaubt, ihn zu stören. Eine dieser Ausnahmen war Randi Hultin, eine weitere Mike Hennessey vom englischen *Melody Maker,* der den Saxophonisten fragte: „Welche neuen Instrumentenkombinationen wirst du in deinem nächsten Album verwenden?" Die Frage war keineswegs unberechtigt, aber Randi, vielleicht in einer Anwandlung von Bosheit, platzte heraus: „Er wird die Band durch ein Akkordeon verstärken!"

Ungeachtet des heißen Wetters trug Coltrane bei seinen Auftritten Smoking und schwarze Schleife und verlangte von seinen Musikern das gleiche; er schien anzunehmen, das Publikum erwarte von seiner Band, daß sie wie zu einer Dinnerparty gekleidet erscheine. Das war kaum der Fall; das Publikum selbst erschien in Blusen und Hemden, Bermudas und Shorts, wenn nicht überhaupt in

Badehosen und Bikinis. Coltrane, offenbar körperlich gehandikapt durch seine Kleidung, spielte im ersten Konzert unausgeglichen, vor allem in *A Love Supreme.* Randi Hultin kommentierte: „Er griff mit seinem Tenor an wie ein zorniger Stier." Coltrane gab zu: „Ich habe viel zu lange gespielt und ich glaube, sehr schlecht. Morgen muß ich ein besseres Konzert geben."

Randi, die wußte, daß *Naima* noch immer seine Lieblingskomposition war, bat ihn, die Nummer am nächsten Tag zu spielen oder, wenn nicht *Naima,* dann *My Favorite Things.*

„Wir werden sehen", sagte er.

Und am folgenden Abend begann er seinen Auftritt mit *Naima* und beendete ihn mit *My Favorite Things.*

Wovor ich im Augenblick am meisten Angst habe ist, meine Musiker, die mit mir spielen, zu verlieren, besonders Elvin — trotz seiner Unberechenbarkeit.

JOHN COLTRANE

Nach dem Antibes Festival besuchte ich Johns Konzert in Paris. Während eines Baßsolos waren John und McCoy von der Bühne gegangen und plötzlich ärgerte Elvin sich über irgendetwas, trat wütend mit dem Fuß nach seinem Schlagzeug und verließ ebenfalls die Bühne; also war Jimmy Garrison allein mit dem Publikum. Während er versuchte, sein Solo weiterzuspielen, leerte Elvin hinten einen großen Koffer mit Schlagzeugausrüstung auf den Boden und machte einen Höllenlärm.

RANDI HULTIN

Bis zum 11. August 1965 hatten nur wenige Leute, Amerikaner inbegriffen, jemals von Watts gehört, dem ausgedehnten Negerghetto nahe Los Angeles. An diesem Tag begannen in Watts schwere Rassenkrawalle, weil ein Mann namens Marquette Frye wegen angeblicher Stadtstreicherei ins Gefängnis geworfen wurde. Es war ein weißer Cop, der ihn verhaftete und das brachte bei der schwarzen Bevölkerung, die ohnehin dauernd unter der übereifrigen Polizei zu leiden hatte, das Faß zum Überlaufen. Die Unruhen dauerten sechs Tage und hatten 33 Tote, 812 Verletzte, über 3000 Verhaftungen und 175 Millionen Dollar an Sachschäden zur Folge.

Als Coltrane von Watts hörte, reagierte er nicht politisch, sondern vor allem persönlich: er rief sofort bei den Eltern von Eric Dolphy an und vergewisserte sich, daß ihnen nichts geschehen war.

Beinahe einen Krawall gab es am 15. August beim *Down Beat*-Jazz Festival in Chicago, wie Buck Walmsley in der Septemberausgabe des Magazins berichtete:

„Nach der Pause gab das John Coltrane Quartett mit Archie Shepp als zusätzlichem Mitwirkenden eine der geschmacklosesten Musikdarbietungen zum besten, die ich jemals gehört habe. Das betrifft nicht alle Mitglieder der Gruppe, denn Pianist McCoy Tyner und Bassist Jimmy Garrison zeigten in ihren Soli Schönheit und Phantasie. Jedoch Shepp und Coltrane schien es weniger um Musik als darum zu gehen, miteinander um die Wette zu hupen und zu kreischen.

Der Set dauerte 45 Minuten, enthielt nur eine einzige Nummer und wirkte auf die meisten der 7500 Besucher wie ein Bombenangriff."

Ein zweiter Sohn wurde den Coltranes am 6. August 1965 geboren; er erhielt den Namen Ravi nach Ravi Shankar, einem Mann, den Coltrane immer noch nicht persönlich kennengelernt hatte.

Ich liebe das Fliegen, und Tranes Musik gibt mir das Gefühl des Fliegens, mit all seinen Ängsten und Aufregungen.

ROGER McGUINN

Roger McGuinn, damals ein Mitglied der Byrds, tourte in diesem Sommer durch das ganze Land. Die Musiker reisten in einem Wohnmobil und führten als musikalische Wegzehrung nur zwei Kassetten auf ihrer monatelangen Reise mit: auf einer befand sich Musik von Coltrane, darunter die Nummern *Africa* und *India,* auf der anderen Ragas von Ravi Shankar.

Die Bandmitglieder hörten sich beides an, McGuinn aber war über alle Maßen hingerissen von Trane und ,,der Art, wie er einen Weg verfolgte, der von allen anderen völlig verschieden war; er schrie förmlich mit seinem Horn." Einige Songs komponierten sie gemeinsam und McGuinn schlug vor, einige Phrasen von Shankar und Coltrane einzuarbeiten. Wenn du aufmerksam zuhörst, kannst du diese Einflüsse in *Eight Miles High,* einer faszinierenden und denkwürdigen Aufnahme der Byrds, hören.

,,Das erste Break ist ein direktes Zitat aus einer Coltrane-Phrase", erläuterte McGuinn, ,,und während des ganzen Songs versuchten wir die Skalen und Modes nachzuahmen, die Trane benützte; besonders sein spirituelles Feeling, das mich nicht lange danach zur transzendentalen Meditation führte.

Wenn ich Platten von John Coltrane hörte, fand ich in seiner Musik Gelassenheit und Klarheit. An jene Art von Rastlosigkeit, die ich in anderen Musikarten und von anderen Musikern gehört habe, kann ich mich bei ihm nicht erinnern.

SWAMI SATCHIDANANDA

Seine Musik beunruhigte mich sehr. Hier war eine kreative Persönlichkeit, ein Mensch, der Vegetarier geworden war, Yoga studierte und das Bhagavad-Ghita las, in dessen Musik ich aber dennoch viel Aufruhr hörte. Ich konnte es nicht verstehen.

RAVI SHANKAR

Im November 1965, nach einem langen brieflichen Austausch von Erfahrungen, trafen einander Ravi Shankar und John Coltrane zum ersten Mal. Shankar gab in New York ein Konzert und dort fand diese Begegnung zweier Meistermusiker aus völlig verschiedenen und gegensätzlichen Kulturen statt.

Ravi erzählte: ,,Es war eine große Überraschung für mich, denn die meisten Jazzmusiker, die ich kennenlernte, waren an nichts interessiert, was außerhalb ihrer eigenen musikalischen Welt lag. Er jedoch war ein bescheidener Mensch, der sich nicht in den Vordergrund drängte und ein Interesse an anderen Völkern und ihren Kulturen zeigte, wie ich es selten bei jemandem erlebt habe."

Sie aßen miteinander. Coltrane aß ein Gemüsekotelett, Shankar jedoch bestellte sich Huhn. „Wenn ich auf einer anstrengenden Tournee bin", entschuldigte er sich, „esse ich immer gerne Huhn; es hilft mir, bei Kräften zu bleiben."

Der Saxophonist seufzte und dachte an sein Gewicht. Er war auf über 90 kg und bemühte sich verzweifelt, nicht noch weiter zuzunehmen.

Am folgenden Tag führten die beiden ein langes Gespräch, das erste von vielen. Coltrane erklärte Shankar einiges über seine Musik, aber das nahm nur kurze Zeit in Anspruch; in erster Linie erläuterte Shankar John auf dessen dringenden Wunsch das Musikgut seines Heimatlandes.

Zum Beispiel die beiden folgenden Charakteristika:

In der indischen Musik gibt es 72 Stammskalen, 120 Talas*, 22 Halbtöne, 66 Mikrotöne und 7 Ganztöne. Das alles wird für die Grund-Ragas** verwendet und kann auf die mehr als 700 Ragas erweitert werden, die man auch heute noch spielt. Dies betrifft jedoch lediglich die karnatische Musik des indischen Südens; die hindustanischen Ragas des Nordens sind eine andere musikalische Erfahrung. Dazu kommt, daß die indische Musik nicht wie die abendländische auf akkordischer Harmonik aufgebaut ist, sondern auf einem tonalen Zentrum. Der Anteil spontaner Improvisation in einer Raga beträgt oft 80 bis 90 Prozent des musikalischen Geschehens und ebenso wie ihre afrikanische Verwandte ist die klassische indische Musik auf Vokalmusik aufgebaut und nach einer kontinuierlichen Melodielinie strukturiert.

Oder, wie eine alte Sanskritweisheit lautet, die Shankar zitierte: „Was dem Geist Farben verleiht, ist eine Raga."

Ravis Spiel auf der Sitar war für John mit den reichen vollen Klängen vergleichbar, die sein Lieblingsharfenist Carlos Salzedo seinem Instrument entlockte. Die Sitar, das traditionelle indische Saiteninstrument, hat 7 Spielsaiten, bis zu 13 mitklingende Saiten und 19 bis 20 Bünde. Auf Johns Frage, wie er es anstelle, auf diesem Instrument die Töne zu „biegen", setzte Shankar sich mit seiner Sitar auf den Boden und zeigte es ihm, wobei er in seine Grundimprovisationen so wunderschöne Verzierungen einflocht, daß dem Saxophonisten die Tränen in den Augen standen. Dankbar lud er Shankar ein, ins *Village Gate* zu kommen und sich seine Band anzuhören, die durch die beiden Tenorsaxophonisten Archie Shepp und Pharoah Sanders, den Altsaxophonisten Carlos Ward und den Drummer Rashied Ali verstärkt war.

Shankar sagte zu; er kam, es gefiel ihm, was er da hörte und dennoch, auf einer anderen Bewußtseinsebene, gefiel es ihm nicht.

„Die Musik war phantastisch", erinnerte er sich, „ich war sehr beeindruckt, aber etwas störte mich. In dieser Musik war eine Turbulenz, die in mir manchmal ein negatives Gefühl wachrief, aber ich konnte nicht herausfinden, woran es lag."

John Coltrane war ein Prediger auf seinem Horn und so wirkte er immer auf mich, vom ersten Mal, als ich im Herbst 1965 mit ihm spielte, bis zu unserem letzten gemeinsamen Gig Anfang 1966. Sogar jetzt noch inspiriert mich

* tala = Zeitmaß

** raga = Skala mit einem Minimum von 5 Tönen

jeder Ton auf den Platten, die er uns hinterlassen hat. Ich weiß noch, wie wir uns oft über Ursache und Wirkung unterhielten, über die Fähigkeit, zu säen, damit man dann die Ernte einbringen kann. Ich habe so viel von ihm gelernt; hoffentlich bin ich eines Tages in der Lage, das, was Coltrane mir gegeben hat, an andere weiterzugeben.

CARLOS WARD

In der Band im *Village Gate* spielte auch, wie vorhin erwähnt, der Schlagzeuger Rashied Ali, ein Philadelphier, den Coltrane schon einige Jahre kannte. Das war Tranes erster Versuch mit zwei Drummern; er wollte die Rhythmen, die er immer noch in seinem Kopf hörte, die Quintessenz, das afrikanische Trommelensemble. Nachdem Ali mit Congas begonnen und erst später zum Schlagzeug gewechselt hatte, war es eine logische Entscheidung, ihn in die Band zu holen.

Zumindest war das die Ansicht von John Coltrane; Elvin Jones dachte etwas anders darüber:

Der spielte nicht einmal Scheiße!!! Trane holte diesen Wichser in die Band, wir plagten uns stundenlang mit einer Nummer und ich war total fertig. Und noch immer spielt er nicht einmal Scheiße.

ELVIN JONES

Ich wollte nie mit irgendeinem anderen Schlagzeuger zusammenspielen, aber natürlich wollte ich mit Trane spielen und so nahm ich sein Angebot an. Die Burschen in der Band, besonders Elvin, hielten mich wohl für ziemlich arrogant und wahrscheinlich war ich das auch; ich hatte eben meine Art und sie hatten ihre. Aber wir vertrugen uns musikalisch, wenn schon nicht persönlich. Manchmal tauschten Elvin und ich die Rollen, nur der Abwechslung halber, denn normalerweise spielte ich die Ensemblepassagen mit ihm, aber nur Elvin begleitete die Bläser- und Klaviersoli. Ich kann mit nahezu jedem spielen, der mit mir spielen will, aber ich muß ja nachher nicht unbedingt mit ihm reden.

RASHIED ALI

Rashied Ali ist größer und schlanker als Coltrane, seine großen leuchtenden Augen erinnern an die seines Bandleaders. Er studierte Harmonielehre und Kontrapunkt an der Granoff School in Philadelphia und ging 1963 nach New York. Obwohl er auch Perkussionsunterricht gehabt hat, betrachtet er sich auf diesem Gebiet vorwiegend als Autodidakt. An einem Abend im Herbst des folgenden Jahres kam Elvin zu spät ins *Birdland* und Ali spielte zum ersten Mal mit Coltrane; genauer gesagt, fragte er Trane, ob er mitspielen dürfe, wie er es schon einige Male vorher vergeblich getan hatte, und diesmal sagte Trane: „All right". Sie spielten *Greensleeves* und einen Teil der folgenden Nummer, dann kam Elvin und nahm seinen Platz ein. „Ich fühlte mich wohl, als ich mit Trane spielte", erinnerte sich Rashied, „endlich war das Eis gebrochen und ich konnte hören, wie ich mit ihm zusammen klang. Ich erinnere mich, sein Sopransaxophon war so stark, daß es die Band dominierte."

„Sheed", wie er oft genannt wird, war ein „völlig anderer" Schlagzeuger, so verschieden von Elvin wie bei den Bassisten Jimmy Garrison von Steve Davis. Ali war ein Avantgardist, dem der pulsierende Grundrhythmus nicht so wichtig war wie die „melodische" Improvisation sehr im Gegensatz zu Elvin. Er liebte es, den Rhythmus zu dehnen und wieder zusammenzuziehen, verschob ununterbrochen die Akzente und spielte manchmal mehr wie ein Bassist als wie ein Drummer. Er spielte weder so laut noch so kraftvoll wie Elvin, aber das kann man schließlich von den meisten, wenn nicht von allen Schlagzeugern sagen. John sagte jedoch: „Rashied ist ein nach allen Richtungen offener Drummer. Er vermag mir in jede Richtung, die ich gehe, zu folgen."

In Erinnerung an Coltranes Schlagzeugfixierung sagte Ali: „Er orientierte sich immer nach dem Schlagzeug; er sagte zu mir, das Schlagzeug befreie ihn, er brauche sich nicht um Akkorde zu kümmern. Er bekam auf diese Art die Freiheit, spielen zu können, was er wollte."

Die Schwarzen Amerikas studieren ihre Wurzeln; Musiker wie John Coltrane haben sehr viel dafür getan, die Verbindungen zwischen Afrikanern und den Negern hier in den Staaten herzustellen; wenn John es auch nicht in Worten sagte, so sagte er es mit seinem Instrument. Du mußt wissen, wir haben in Nord-Kamerun hautboy*-Spieler, die genau wie Coltrane klingen, ohne ihn jemals gehört zu haben.

MANU DIBANGU

John Coltrane versucht immer, von anderen etwas zu lernen. Er hat eine so bescheidene Art zu fragen, daß ihm die Menschen meist alles erzählen, was er wissen will. Mich fragte er zum Beispiel über Afrika; ich gab ihm Bücher über Kulturen und Sprachen Afrikas, Platten mit afrikanischer Musik und ich stellte ihn meinen afrikanischen Freunden vor. Er sagte zu mir: „Ich muß zu meinen Wurzeln zurückkehren; ich bin sicher, dort finde ich, was ich suche."

BABATUNDE OLATUNJI

Michael Babatunde Olatunji hat ein Studium der öffentlichen Verwaltung absolviert, ist aber als Performer bekanntgeworden; ein rundlicher Mann mit einem Vollmondgesicht, das vor mitreißender Lebensfreude strahlt, und mit einer sanften lieblichen Stimme, die in singendem Tonfall von seiner westafrikanischen Herkunft erzählt. Er hält Vorlesungen über afrikanische Kultur und leitet ein Perkussionsensemble, zu dem auch Tänzer gehören, wie es in seiner Heimat Nigeria üblich ist. Olatunji selbst, von vielen Tunji genannt, spielt üblicherweise die „talking drum" und läßt die Musik für sich selbst sprechen.

Olatunji und Trane wurden 1959 Freunde, als *Columbia* das *Drums Of Passion*-Album des Nigerianers veröffentlichte. Während der folgenden Jahre zapfte Trane Tunjis Wissen über afrikanische Perkussion an. Wenn er selbst auch nie nach Afrika reiste, konnte er doch auf diese Weise seine Trommelbesessenheit durch die Geschichte zu dem Land und der Kultur, wo alles begonnen hatte, zurückführen. Seltsamerweise spielten die beiden nie miteinander, viel-

* afrikanische Oboe

leicht weil Coltrane seine rhythmischen Phantasien lieber allein verfolgte; erst wenn er sicher genug war, wollte er konkrete Resultate öffentlich darbieten.

1965 führten Coltrane und Olatunji einige ernsthafte Gespräche über die immer stärker werdende Notwendigkeit, ,,eine Veränderung vorzunehmen''.

Trane meinte: ,,Ich bin gewöhnt, daß sich die Kritiker über mich beklagen und finde, früher oder später sollten sie meine Musik verstehen; wenn sie es aber nicht tun, kann ich auch nichts machen. Was mich aber viel mehr stört, ist das viele Herumreisen, zu dem ich gezwungen bin — heute New York, morgen Detroit, übermorgen San Francisco. Es scheint mir, durch diese ständige Bewegung von Ort zu Ort verbrauche ich soviel Energie, daß ich kaum mehr Zeit finde, neue Musik zu schreiben oder wenigstens darüber nachzudenken, was ich als nächstes tun möchte.''

,,Ich weiß, was du meinst'', erwiderte Tunji, ,,und ich möchte gerne, daß du über eine Idee nachdenkst, die ich seit Jahren mit mir herumtrage: ein afrikanisches Kulturzentrum. Vielleicht könnten wir das miteinander realisieren.''

Olatunji sprach dann über sein erspartes Geld von Auftritten im Afrikanischen Pavillon auf der New Yorker Weltausstellung und von Plattentantiemen. Sein Plan war, ein Zentrum für das Studium afrikanischer Kultur zu errichten, mit einem Proben- und Aufführungsraum, der nicht nur Coltrane, sondern ebenso jedem anderen interessierten Musiker, prominent oder nicht, zur Verfügung stehen sollte.

Das Projekt nahm Gestalt an. Olatunji investierte eine fünfstellige Summe, Coltrane leistete wöchentliche Beiträge; meist etwa 250 Dollar. Auch Yusef Lateef bekundete sein Interesse, mitzumachen und die drei Musiker schlossen ein informelles Abkommen: sie würden ihre finanziellen Möglichkeiten vereinen, ihre eigenen Gruppen einbringen, ihre Musik in dem Zentrum proben und schließlich ihre eigene Plattenfirma gründen.

,,Wir müssen unsere Konzerte selbst veranstalten'', betonte Olatunji, ,,es ist Zeit, selbst das Risiko zu übernehmen. Wenn wir Geld verlieren, dann ist es unser Pech; wenn wir aber Erfolg haben, gehört das Geld uns und nicht irgendwelchen Agenten und Konzertmanagern.''

Mit dem Einverständnis von Coltrane und Lateef hinterlegte Olatunji 1000 Dollar und ließ sich in der Philharmonic Hall den 14. Januar 1968 für ein Konzert reservieren, in dem alle drei Formationen auftreten sollten.

Jedoch dieses Konzert sollte nie stattfinden; ein halbes Jahr davor starb John Coltrane.

John Coltrane: Five Years After.

Das war der Titel einer zweistündigen Radiosendung der Canadian Broadcasting Corporation in Winnipeg, Manitoba; sie wurde im Juli 1972 über die Sender Kanadas ausgestrahlt.

Denn einigen Menschen war Tranes 5. Todestag nicht egal; in diesem Fall waren es vier: drei Kanadier und ein Holländer. Gren Marsh und Lee Major sprachen die Kommentare, Larry Hicock sorgte für Script, Recherchen und Produktion. Michiel de Ruyter vom Niederländischen Rundfunk stellt einige bedeutende Interviews mit Coltrane, Tyner und Jones zur Verfügung, die zwischen 1961 und 1965 in Holland aufgenommen und für die Radiohörer jenseits des Atlantik völlig neu waren.

Manchmal wünsche ich mir, ich könnte mich meiner Musik nähern, als sei es das erste Mal, als hätte ich sie nie zuvor gehört. Aber weil ich so unentrinnbar Teil dieser Musik bin, werde ich nie wissen, wie sie auf den Hörer wirkt, was der Hörer fühlt, und das ist sehr schade.

JOHN COLTRANE

1965 wurde John Coltrane von *Down Beat* zum Jazzmusiker des Jahres erklärt und in die „Hall of Fame" gewählt; im Poll des Magazins erhielt er den ersten Platz bei den Tenor-Saxophonisten und *A Love Supreme* wurde zum Album des Jahres, ebenso beim Internationalen Kritikerpoll.

Es ist interessant, bei dieser Gelegenheit die Ergebnisse des Internationalen Kritikerpolls genauer zu betrachten; hier sind auch die Herkunftsländer der votierenden Mitglieder angeführt. So kann man sehen, daß nur 9 der insgesamt 29 Amerikaner und Kanadier (32 Prozent), hingegen 7 der insgesamt 11 Europäer (64 Prozent) Trane den ersten Platz unter den Tenoristen zuerkannten.

McCoy Tyner verließ John Coltrane im Dezember 1965, um eine eigene Formation zu gründen. Schon einige Zeit hatte er sich mit diesem Gedanken getragen, nicht weil Tranes Raum für Soli immer größer und sein eigener immer kleiner wurde, sondern weil er seine eigenen musikalischen Ziele verfolgen wollte. Der Umstand, daß Alice Coltrane auch Pianistin war, mag ihm die Entscheidung erleichtert haben.

Tyner sagte einmal: „Ein Musiker wie John sollte nicht immer vom Klavier abhängig sein; manchmal ist es für ihn besser, ohne es zu arbeiten, denn das Klavier ist ein orchestrales Instrument und kann den Solisten behindern, besonders einen Bläser. John und ich legten gemeinsam fest, bei welchen Nummern ich spielen und bei welchen ich aussetzen sollte."

Aber nun ging McCoy auf permanenten „stroll".

Er ging, und Alice kam.

Trane war sehr streng und genau, was seine Musik betraf. Wenn wir Fehler machten, wies er uns sofort darauf hin; er sagte: „Spielt das entweder richtig oder laßt es ganz weg." Er erhob nie seine Stimme, aber er setzte sich durch. Einmal sagte er zu Alice: „Du spielst da falsche Akkorde, bitte, bring das in Ordnung."

RASHIED ALI

George Wein, der Producer des Newport Jazz Festivals, veranstaltet auch andere Konzerte ähnlicher Art. An eines erinnert er sich besonders gut, weil da Monk und Coltrane zum ersten Mal seit fast zehn Jahren miteinander spielten:

„Das war in der Cobo Hall in Detroit, im Februar 1966. Den ganzen Tag heulte ein Schneesturm, aber überraschenderweise waren von den 15.000 Plätzen trotzdem 11.000 verkauft worden. Monk und seine Band schafften es rechtzeitig, aber Johns Rhythmusgruppe blieb irgendwo hängen; nur er selbst und Alice waren da. Monk fing an, aber als Johns Leute zur Pause immer noch nicht aufgetaucht waren, wurde ich langsam nervös."

Wein ging zu Coltrane und fragte ihn, ob es ihm etwas ausmachen würde, mit

Monk zu spielen, um den zweiten Teil des Konzerts zu retten. Der Saxophonist nickte nur, aber Monk, der das Gespräch mitgehört hatte, begann vor Begeisterung zu tanzen und schloß seinen ehemaligen Sideman liebevoll in die Arme. Sie spielten hauptsächlich Monks Musik, besonders jene Nummern aus der Zeit ihrer Zusammenarbeit im Jahre 1957. Gegen Ende stieg Alice ein und begleitete ihren Gatten in einigen seiner Kompositionen.

Wein war hingerissen von dem Zusammenspiel zwischen Trane und Monk. Nach dem Konzert ging er in Tranes Garderobe, bedankte sich und meinte: „Ich bin eigentlich sehr froh, daß deine Leute es nicht geschafft haben."

„Ich dachte mir, daß du das sagen wirst", erwiderte John. Und nachdenklich fügte er hinzu: „Weißt du, ich frage mich oft, ob das, was ich jetzt mache, die richtige Art zu spielen ist. Manchmal bin ich ganz sicher, das ist der Weg, den ich gehen will, aber oft möchte ich zurückgehen und so spielen wie früher." Nach einer Pause sagte er: „Aber ich denke, ich werde jetzt einmal weiter in diese Richtung gehen und abwarten, was geschieht."

Letzte Eintragung aus dem Tagebuch von Tranes Lady:

3. Mai 1966: John rief mich in der Arbeit an, fragte, ob er mich sehen könnte. Ich sagte ja, aber dann überlegte ich es mir anders. Als er abends zu Hause anrief, sagte ich, ich wollte nicht wieder emotionell involviert werden, aber er bestand darauf, vorbeizukommen. Er blieb eineinhalb Stunden und hörte fast nur zu, während ich redete. Ich erwähnte Beatles und Rolling Stones; er war überrascht, daß ich mich für Rock interessierte. Wir einigten uns, unsere Affäre hier und jetzt zu beenden. Als er wegging, fragte er: „Hast du Süßkartoffelkuchen da?"

Im März 1966 spielte John Coltrane ein zweiwöchiges Engagement beim Jazz Workshop in San Francisco. Elvin Jones und Rashied Ali waren beide am Schlagzeug und verdienten beide so wie die übrigen Musiker 500 Dollar pro Woche.

Eine exzellente Gage, aber offensichtlich nicht exzellent genug für Elvin Jones; möglicherweise waren es auch psychologische und nicht finanzielle Gründe, die Elvin dazu bewogen, nach einer Woche abrupt aus der Band auszusteigen, nach Europa zu fliegen und dort mit Duke Ellington zu spielen. Und er äußerte auch freimütig seine professionelle Meinung über Coltranes gegenwärtige musikalische Richtung: „Nur Poeten können das verstehen!"

Ich stieg in San Francisco bei Trane ein, nachdem Elvin weg war. Ich spielte mit Archie Shepp im *Both/And* und wußte, Trane war daran gewöhnt, zwei Drummer hinter sich zu hören. Während wir spielten, riß mich die Energie von Tranes Musik so mit, daß ich in meiner Erregung das Fußpedal für meine Baßtrommel ruinierte und ein Becken von seinem Ständer warf. Trane hörte sofort, etwas war nicht in Ordnung und unterbrach sein Solo. Er drehte sich um und sah auf mein Schlagzeug, dann kniete er nieder und versuchte es in Ordnung zu bringen, während ich wie ein Wahnsinniger weiterspielte.

BEAVER HARRIS

Im Mai dieses Jahres nahm John Coltrane sein zweites Live-Album im *Village Vanguard* auf. Es enthielt nur zwei Nummern: *My Favorite Things* auf der einen, *Naima* auf der anderen Seite. Und Alice saß am Klavier und spielte Johns Lieblingslied, das Lied, das er seiner ersten Frau gewidmet hatte.

Ich werde nie den Juli 1966 in Newport vergessen, als ich mich Coltrane mit einem Photo näherte, das ich einige Monate davor in Chicago aufgenommen hatte. Er war hinter der Bühne, spielte ein paar Skalen auf dem Tenor und hörte einem Plattenmann zu, der übers Geschäft redete. Er warf einen Blick auf mein Bild, sagte ,,Plugged Nickel", setzte sein Autogramm drauf, sagte ,,Danke" und ging auf die Bühne.

JIM KAY

Es war Sonntag, nachmittags, der letzte Tag in Newport, und ich sagte zu ihm: ,,John, spiel so lange du willst, heute gibt es kein Zeitlimit." Sie spielten 45 Minuten lang über eine Nummer. Plötzlich hörte die Musik auf und John spielte ein unbegleitetes Solo; das war das lyrischste, das ich in meinem ganzen Leben gehört habe. Ungefähr fünf Minuten lang spielte er ganz allein, dann beendete er die Nummer zusammen mit der Band.

GEORGE WEIN

,,Hai" ist das japanische Wort für Ja, und das sagte John Coltrane, als die Shaw Agency ihn fragte, ob er im Juli 1966 eine Japantournee unternehmen wolle. Das gab ihm nicht nur die Gelegenheit, vor seinen japanischen Bewunderern aufzutreten — dem japanischen Jazzmagazin *Swing Journal* zufolge war Coltrane in Japan der populärste Musiker — er konnte auch seine östlichen Studien in einer Weise weiterführen, die durch die Lektüre von Büchern in Amerika nicht einmal annähernd erreichbar war.

Hätte er allerdings vorher den Zeitplan der japanischen Veranstalter gesehen, dann hätte er es sich möglicherweise anders überlegt.

So sah dieser Zeitplan aus:

8. Juli: Ankunft Tokio; Check-in Prince Hotel

9. Juli: 13 Uhr Pressekonferenz

10. Juli: 18.30 Uhr Konzert Sankei Hall

11. Juli: 18.30 Uhr Konzert Sankei Hall

12. Juli: Schnellzug nach Osaka; Check-in Grandhotel; 17 Uhr Pressekonferenz; 18.30 Uhr Konzert Festspielhaus

13. Juli: Hiroshima, Check-in Grand Hotel; 18.30 Uhr Konzert Städt. Konzerthaus

14. Juli: Nagasaki, Check-in Grand Hotel; 18.30 Uhr Konzert Städt. Konzerthaus

15. Juli: Hakata (Insel Fukuoka), Check-in Hotel Imperial; 18.30 Uhr Konzert Bürgerkonzerthaus

16. Juli: Osaka, Check-in Grand Hotel; 18.30 Uhr Konzert Daini Hall, Kyoto; 24 Uhr Konzert Schochiku Theater Osaka

17. Juli: Kobe, Check-in Hotel International; 18.30 Uhr Konzert International Hall

18. Juli: Tokio, Check-in Prince Hotel; 18.30 Uhr Konzert Kosei Nankin Hall
19. Juli: 18.30 Uhr Konzert Kosei Nankin Hall
20. Juli: Osaka, Check-in Grand Hotel; 18.30 Uhr Konzert Festspielhaus
21. Juli: Shizuoka, 18.30 Uhr Konzert Städt. Konzerthaus
22. Juli: Tokio, Check-in Prince Hotel, 18.30 Uhr Konzert Kosei Nankin Hall
23. Juli: Nagoya, Check-in Hotel International; 18.30 Uhr Konzert Aichi Bunka Kodo Hall
24. Juli: 24 Uhr Konzert Tokio

Als das Flugzeug der Japan Air Lines mit dem John Coltrane Quintett an Bord am 8. Juli um etwa 2 Uhr nachmittags auf dem internationalen Flughafen Tokio aufsetzte, standen einige tausend Japaner vor der Ankunftshalle. Als die Maschine ausgerollt war, umringten sie sie und begannen Begrüßungslieder zu singen, wie das offizielle Empfangskomitee für einen Staatsbesuch. Die Musiker betraten die Gangway; Jimmy Garrison stieß John in die Rippen und flüsterte: ,,Hast du irgendein hohes Tier an Bord bemerkt?''

Coltrane wollte gerade die Achseln zucken, als er die Spruchbänder entdeckte:

WELCOME JOHN COLTRANE QUINTET
Impulse/King Records

Von jedem seiner Plattenalben waren in Japan 30.000 Stück verkauft worden, beinahe genausoviel wie in den USA, aber in einem Land mit nur halb so vielen Einwohnern.

Poster der Musiker in Lebensgröße waren in Hülle und Fülle zu sehen.

Die Gastgeber hatten einen roten Teppich ausgerollt, von der Gangway durch die Ankunftshalle bis zu der wartenden Limousine. Schulmädchen überreichten den Musikern Blumensträuße und machten artige Verbeugungen, die sich die Musiker bemühten, korrekt zu erwidern.

Am nächsten Tag fand im Magnoliensaal des Prince Hotels die Pressekonferenz statt. Journalisten der wichtigsten japanischen Medien und eine Vielzahl ausländischer Korrespondenten waren erschienen; es war, als wären die Musiker Potentaten, eingetroffen, um einen Friedensvertrag zu unterzeichnen. Harold Lovette, der die Band begleitete, sagte: ,,In Europa behandeln sie uns wie Künstler, und so soll es auch sein. Aber hier, diese persönliche Aufmerksamkeit, die sie uns widmen — man könnte meinen, wir wären ihre Brüder!''

Nur in Japan; niemals in Amerika.

Obwohl Coltrane immer noch ungern öffentlich sprach, hatte er keine Einwände gegen die Pressekonferenz erhoben; das war für ihn eine selbstverständliche Geste des Entgegenkommens, vielleicht gemischt mit einem Schuß Neugier, was ihn seine Gastgeber wohl fragen würden.

Kiyoshi Koyama, der Herausgeber des *Swing Journal,* fragte: ,,Mr. Coltrane, was würden Sie gerne heute in zehn Jahren sein?''

Ohne Zögern antwortete John: ,,Ich wäre gerne ein Heiliger.''

Trane war kein Heiliger, er war nur ein Mensch. Auch wenn ihn manche einen Heiligen nennen, für mich war er ein Mensch; der beste und wundervollste Mensch, für den ich jemals gearbeitet habe.

RASHIED ALI

Auch die Japaner hielten John Coltrane für einen wundervollen Menschen. Und sie haben ihre eigene Art, dies zu sagen und zu zeigen.

Diese Dinge hatten mich an Coltrane am meisten beeindruckt: Als ich in sein Hotelzimmer kam, trug er nur Hemd und Hose, seine nackten Füße steckten in ledernen Sandalen. Ganz anders als Miles, der immer korrekt und teuer gekleidet war. Dann hörte ich ihn spielen und bewunderte nicht nur seine Technik und seine Ideen, sondern ebenso seine Bereitschaft, sich zu verausgaben. Er schien mir mehr von sich selbst zu geben als irgendein anderer Musiker, den ich jemals gesehen habe.

KIYOSHI KOYAMA

John gab nach unserem ersten Konzert in Tokio eine Menge Autogramme. Als wir dann in unseren Wagen stiegen und gerade abfahren wollten, kam ein junger Bursche gelaufen, aber bevor er uns erreichte, gab der Chauffeur Gas und fuhr los. Ich konnte den Jungen noch sehen, als wir schon einige Häuserblocks weiter waren; er lief noch immer. Dann kamen wir in unser Hotelzimmer und etwa 20 Minuten später klopfte es plötzlich an der Türe: es war dieser junge Japaner. Es war uns einige Meilen nachgerannt, nur, um Johns Autogramm zu bekommen.

ALICE COLTRANE

Wohin auch immer die Amerikaner kamen, die Japaner hießen sie willkommen. Fans sprachen sie auf der Straße an, zogen ihre Hemden aus und baten John und seine Kollegen, darauf ihre Autogramme zu schreiben. In den Restaurants bat man sie, die Wände oder die Speisekarte zu signieren.

Während der kargen Freizeit, die sie alle für sich erübrigen konnten, betranken sich Harold und Jimmy oft; sie probierten alle alkoholischen Getränke durch, von Sake bis Suntory-Whisky.

Rashied beklagte sich, sein japanischer Führer lasse ihm keine Freiheit, „herumzuspazieren und mit den Leuten zu quatschen.“ Er nahm natürlich an, daß diese Leute Englisch verstanden, was für die überwiegende Mehrheit nicht zutraf. Dessen ungeachtet machte er sich gelegentlich davon und ging in die Kaffeehäuser auf einen Schwatz, hauptsächlich mit Studenten, die Englisch lernten.

Pharoah sagte nichts und tat noch weniger.

Alice fragte John, ob er mit ihr den Kamakura-Buddha ansehen wolle.

„Wenn wir Zeit haben“, erwiderte er.

Natürlich hatten sie dann keine. In Nagasaki aber nahm John sich die Zeit, um den War Memorial Park zu besuchen, wo am 9. August 1945 die zweite Atombombe des zweiten Weltkriegs detoniert war und über 150.000 Menschen getötet hatte. Hier betete John für die Toten. In tiefer Demut und voller Ehrfurcht vor dem menschlichen Leben bat er Gott, der Welt das zu gewähren, was er als Titel für eine seiner letzten Kompositionen ausgewählt hatte: *Peace on Earth.* *

* Friede auf Erden

Nach dem ersten Tokioer Konzert luden einige japanische Musiker die Gäste zu einer Jam Session ein. Coltrane fühlte sich doppelt geehrt, denn die Instrumentenfirma Yamaha gab Sanders und ihm Altsaxophone; sie wünschten, John möge ihr neues Modell ausprobieren und seine Meinung darüber sagen. So spielten John und Pharoah auf dieser japanischen Session ihre neuen Yamaha-Saxophone.

Sleepy Matsumoto, einer der bekanntesten Tenorsaxophonisten Japans, war auch dabei. Er wünschte sich *Lullaby of Birdland,* George Shearings Widmung an das nach Charlie Parker benannte Lokal und Coltrane, der sich an viele schöne Stunden des Musizierens in diesem Club erinnerte, erfüllte den Wunsch. Matsumoto spielte selbst einige beachtliche Chorusse und sagte anschließend, John Coltrane sei ,,shibui" — ein schwer übersetzbares Wort, das besonderen Geschmack und hohes Niveau signalisiert. Johns Sound auf dem Yamaha-Horn sei ,,wie flüssiges Feuer", meinte Matsumoto.

Bevor die Band nach Amerika zurückreiste, kaufte Coltrane ein Koto, ein japanisches Saiteninstrument mit harfenähnlichem Klang. Auch eine Sitar schaffte er sich an; diesen Vorschlag hatte ihm Ravi Shankar schon früher gemacht. John liebte den schimmernden Klang von Saiten — auf allen Instrumenten.

Beinahe in jedem der japanischen Konzerte erfüllte Coltrane nicht nur den obligaten Wunsch der Zuhörer nach *My Favorite Things,* sondern spielte auch zwei neue Kompositionen: *Leo* und *Peace on Earth.* Das Tokio-Konzert vom 22. Juli wurde mitgeschnitten und diese beiden Nummern posthum in dem Album *Concert in Japan* veröffentlicht. *Leo* enthielt ein Duett von Coltrane und Sanders auf ihren Yamaha-Saxophonen, während John in *Peace* Tenorsaxophon spielt.

Der Sound und das Feeling, die er in dieser Nummer entstehen läßt, sind ein ungewöhnliches Vermächtnis an die Japaner, deren Aufmerksamkeit, Zuneigung und Respekt er nicht nur genossen, sondern offensichtlich auch absorbiert haben muß, denn dies ist seine inspirierteste Livedarbietung auf Schallplatten. Er ,,spricht" zu dir in dieser Aufnahme, so direkt und leidenschaftlich, daß seine Musik wie ein sanftes intensives Flüstern in deinem Ohr klingt; er sagt dir, du sollst alle Menschen lieben und hofft, sie würden dich dafür wiederlieben.

So traurig es klingt, das war die Tragödie in John Coltranes Leben; er wollte durch Musik und Kunst, durch Frieden und Liebe die Probleme der Welt lösen, wie ein Prediger oder ein Lehrer. Und diese einfache erlesene Kadenz mit ihren zahllosen sich windenden Variationen, die er *Peace on Earth* nannte, war seine Art, zu sagen: ,,Ich möchte alle Menschen lieben und ich möchte, daß sie einander lieben."

Eine wunderschöne Phantasie, auch wenn sie angesichts der Realität naiv erscheint.

In einer der nächsten Ausgaben nach der Japantournee veröffentlichte das *Swing Journal* eine Meinungsumfrage über Coltranes Musik. Von den vier hier wiedergegebenen Statements stammt das erste von einem Pianisten, das zweite von einem Tenorsaxophonisten, die restlichen beiden kommen aus dem Publikum.

Coltranes Musik erschien mir sehr naiv und das überraschte mich. Es ist hauptsächlich Technik, auf simple Musik angewandt, aber in keiner Nummer

ist eine Beziehung zwischen den Musikern zu erkennen. Coltrane und Sanders wiederholen die ganze Zeit dieselben Phrasen. Ich glaube, sie spielen mehr für sich selbst als für das Publikum.

YAGI

Seine Musik ist sehr avantgardistisch, aber mir gefällt sie; sie ist ein Schritt vorwärts von Charlie Parkers Bebop. Ich kümmere mich bei Coltrane nie um Beat, Rhythmus oder Phrase, aber ich bevorzuge doch die Musik, die er früher gespielt hat, etwa *Giant Steps* **oder** *Good Bait.*

GIRO INAGAKI

Coltrane besitzt die Kraft, das Publikum mit einfachen melodischen Linien zu beeindrucken. Sein Sound aber ist so eindringlich, daß ich Verwirrung und Depression in seiner Musik fühle. In dieser Musik ist mehr Realität, als ich ertragen kann und ich mag im allgemeinen keine Musik, aus der ich solche Dinge heraushöre.

YUKITAKI TSUTSUI

Zeitgenössischer Jazz ist nicht „schön" oder „happy". Ich hörte emotionelle Erregung und Leidenschaft in Coltranes Musik, fühle sie aber nicht so intensiv, wie ich es erwartet hatte. Seine Musik ist wie eine religiöse Zeremonie, noch nicht etabliert aber immer noch sich verändernd und wachsend. Sie ist noch nicht ganz vollendet und daher erfüllt sie auch nicht ganz meine ästhetischen Ansprüche.

SHINICHRO NAKAMAYA

Das John Coltrane Quintett kehrte nach New York zurück. Rashied Ali hatte in Japan für einen Freund eine Kamera besorgt und damit ein paar Schnappschüsse von seinem Boss gemacht. Nun ließ er den Film entwickeln und behielt einige der Bilder als Souvenirs.

Nach Coltranes Tod sah sich Ali eines Tages diese Bilder durch, als ihm plötzlich etwas ins Auge sprang, das er bei allen vorherigen Gelegenheiten nicht wahrgenommen hatte. Er erzählte: „Auf etwa der Hälfte aller Bilder hält Trane die Hand auf seine Leber, als ob er damit die Schmerzen lindern wolle, die ihn gepeinigt haben müssen."

Ich habe in den letzten 15 Jahren nicht viel Freiheit gehabt.

JOHN COLTRANE

Als Coltrane aus Japan zurückgekehrt war, rief ich ihn an und bot ihm für den Herbst eine Europatournee an. Er meinte, er fühle sich nicht wohl und er klang wirklich sehr erschöpft, also bot ich ihm an, die Tour ganz nach seinen Wünschen einzurichten. Er sagte, er sei noch nicht sicher, ob er es machen wolle, er fühle sich schwach. Ich fragte warum und er sagte: „Ich esse nichts."

Ich war schockiert; ich fragte ihn, was er denn jetzt wieder für eine Diät mache. Darauf meinte er: „Das ist keine Diät, ich esse nur einfach nichts." „Überhaupt nichts?" „Nein; ich versuche, mein System zu reinigen."

GEORGE WEIN

Trotz allem — schwach oder nicht, fasten oder nicht — brachte John Coltrane seine Musiker Ende 1966 und Anfang 1967 in das Aufnahmestudio; als Bandleader war er sich der Verantwortung und Verpflichtung bewußt, seine Leute zu beschäftigen, damit sie verdienten. Denn alle öffentlichen Auftritte hatte er auf unbestimmte Zeit abgesagt. Er brauchte Zeit — um neue Musik zu kreieren, zu lesen, zu meditieren und ganz einfach um in sein Inneres hineinzuhorchen und zu sehen, was sich dort abspielte.

Er war nun 40 Jahre alt und fühlte, daß sich bedeutende Veränderungen in seinem Leben ankündigten. Was immer sie auch sein mochten, er wollte darauf vorbereitet sein.

Nicht vorbereitet war er aber auf die Kopfschmerzen, die ihn nun immer öfter heimsuchten. In Japan hatte das begonnen, zunächst leise, wie ein sanftes Klopfen an der Tür; inzwischen war aus dem Klopfen ein Hämmern von Polizistenfäusten bei einer Drogenrazzia geworden. Er schluckte flaschenweise Aspirin und versetzte Alice dadurch in Panik; schließlich drängte sie ihn, er solle einen Arzt aufsuchen.

Das lehnte er entschieden ab. „Ich komme wieder in Ordnung", meinte er.

Wenn er nicht mit Aufnahmen beschäftigt war, dann las er. Besonders intensiv studierte er die Sufi-Philosophie auf Vorschlag von Donald Garrett, mit dem er erst im Vorjahr zusammengespielt hatte. Auf drei Alben Coltranes wirkte Garrett mit, wobei er nicht nur Baß, sondern auch Baßklarinette spielte; Trane bat ihn, Eric Dolphys Instrument auszuprobieren. Ebenso wie John hatte auch Garrett seine musikalische Laufbahn mit der Klarinette begonnen. Eines der Alben hieß *Kulu Se Mama,* seine Titelnummer war von dem Perkussionisten und Poeten Juno Lewis erdacht und sowohl seiner leiblichen Mutter als auch Mutter Erde zugeeignet. Für jene kurze Periode war Garrett der zweite Bassist der Band, wie vor ihm Art Davis. „Ich dachte immer, zwei Bässe zusammen klingen wie eine afrikanische ‚water drum'", meinte er.

Sufi ist ähnlich wie die Kabbala eine Form von Mystizismus, in diesem Fall inspiriert vom Islam. Sufi legt das Gewicht auf Kenntnis und Erleuchtung und fordert von seinen Anhängern, die „Einheit des Seins" anzustreben und dadurch die „absolute Realität" zu erfahren. Die Abhandlung der Einheit sagt: „Wenn das Geheimnis von einem Teilchen unter allen Teilchen offenbar wird, wird auch das Geheimnis aller geschaffenen Dinge offenbar, der inneren und der äußeren, und du siehst in dieser und in der nächsten Welt nichts anders außer Gott."

Hasan Al-Basri, ein Sufi des 18. Jahrhunderts, sagte: „Wer Gott kennt, liebt ihn; wer die Welt kennt, entsagt ihr."

Und Garrett sagte zu Coltrane: „Wenn du etwas lernen willst, mußt du zur Quelle gehen, und Sufi ist eine der besten Quellen, die es gibt."

Im Herbst 1965, während sie in Seattle arbeiteten, waren die beiden zu einer ganz anderen Quelle gegangen: sie hatten vor den Aufnahmen für ein Album LSD genommen. Im Gegensatz zur allgemein verbreiteten Überzeugung geschah dies *nach* und nicht *vor* der *Ascension*-Aufnahmesitzung, denn von diesem Album hatten viele gedacht, was Grace Slick von der Gruppe Jefferson Airplane laut aussprach: Trane sei bei *Ascension* auf einem Trip gewesen. Jedoch der beherrschende Einfluß von LSD mag an der Entstehung jener unheimlichen mystischen Schwingungen schuld sein, die das Album *Om* verbreitet, jenes Album, das außer der freiesten und seltsamsten Musik, die Coltrane jemals aufnahm, auch ausgewählte Verse aus dem Bhagavad-Gita enthält. Als er von seinem LSD-Trip zurückkehrte, sagte Trane: ,,Ich habe die Wechselbeziehung zwischen allen Lebensformen begriffen.“ Und es wirkte, als hätte er einen Sufi-Weisen zitiert.

Eines Tages Ende 1966 klingelte das Telefon im Heim der Coltranes. ,,John, hier spricht Tony Rulli. Ich habe hier etwas, das dich sicher interessieren wird.“

Rulli meinte damit ,,Varitone“, eine elektronische Ausrüstung für Saxophone, ähnlich jener, die Sonny Stitt und Eddie Harris benützten, jedoch wesentlich weiter entwickelt: dieses Gerät war für extreme Experimente geeignet; mit seiner Hilfe war es möglich, eine neue Welt ungewöhnlicher unirdischer Klänge zu erschaffen.

Sofort fuhr John in das Zentrum von Manhattan, wo Tony ihn im Hotel Victoria erwartete. Als er ankam, machte er sich gar nicht erst die Mühe, seinen Mantel auszuziehen: er steckte sich das Saxophon in den Mund, adjustierte das Gerät und begann zu spielen, drei volle Stunden lang. Das war notwendig, denn das Varitone war mit einem eigenen Saxophon ausgerüstet und wer es benützen und seine elektronischen Möglichkeiten ausschöpfen wollte, mußte sich erst an das neue Horn gewöhnen.

Trane war schließlich so hingerissen, daß er das Gerät samt dem zugehörigen Saxophon mit nach Hause nahm. In den folgenden sechs Wochen übte er intensiv damit, wobei er sich besonders bemühte, den Einsatz des Oktavenreglers zu meistern. Mit Hilfe dieses Reglers war es möglich, jeder Melodielinie, die er spielte, eine zweite, identische, aber eine Oktave tiefer liegende hinzuzufügen; es klang, als spiele er auf zwei Saxophonen gleichzeitig. So war es ihm möglich, parallele Oktavenläufe zu produzieren, eine traditionelle afrikanische Technik, realisiert durch moderne amerikanische Elektronik.

Erst später wurde ein Modell entwickelt, an das der Musiker sein eigenes Horn anschließen konnte; dieses befand sich erst im Versuchsstadium und Trane war echt betrübt, als Rulli eines Tages vorbeikam und es wieder abholte, damit die Techniker in der Fabrik daran weiterarbeiten konnten; er hatte die Absicht gehabt, es Pharoah Sanders vorzuschlagen. Jedoch das Varitone-Gerät mußte retourniert werden und ein neues, verbessertes Modell stand erst nach einem Jahr zur Verfügung — zu spät für Trane.

Ende 1966 kam ich wieder nach New York und rief sofort John an. Ich lud ihn ein, mich in Indien zu besuchen und er meinte, das würde er sich ernsthaft überlegen. Seine Stimme klang sehr traurig und ich sagte, ich hätte seine letzte Platte erhalten und angehört; sie hätte mich überaus beunruhigt. Darauf meinte er, er fühle sich äußerst frustriert, er versuche immer noch, etwas Neues zu schaffen, wisse aber eigentlich selbst nicht, wonach er suche. Ich plante damals, eine Schule für indische Kultur in Kalifornien zu eröffnen und sagte, er könne mich auch dort besuchen, falls er nicht nach Indien komme. John sagte zu und es klang so, als meine er es ernst. Dann ging ich auf Tournee und als ich wieder nach New York zurückkehrte, war John tot.

RAVI SHANKAR

Niemals habe ich etwas Erhebenderes gehört als *The Father and the Son and the Holy Ghost* aus dem Album *Meditations*. Oft spielte ich es um 4 Uhr morgens, die traditionelle Zeit der Meditation. In dieser Musik konnte ich den Geist Gottes fühlen, der John Coltrane beeinflußte; es war der Allerhöchste selbst, der diese Musik spielte, durch die Seele John Coltranes.

CARLOS SANTANA

In der Ausgabe vom Dezember 1966 wurde *Meditations* im *Down Beat* besprochen, und zwar in Form einer Doppelrezension, Seite an Seite. Es war ein Wettstreit vor Gericht zwischen Verteidiger und Ankläger: der erstere, Don DeMicheal, gab dem Album die höchstmögliche Wertung von fünf Sternen; sein Gegenpart Bill Russo nur einen Stern. DeMicheal schrieb: „Ich will nicht vorgeben, diese Musik zu verstehen und ich bezweifle, daß sie irgendjemand — die ausübenden Musiker inbegriffen — wirklich versteht, in dem Sinne, wie man etwa die Musik von Bach oder Billie Holiday versteht. Jedoch ich *fühle* diese Musik, oder besser, sie öffnet einen Teil von mir, der normalerweise fest verschlossen ist. Selten gekannte Gefühle, Emotionen und Gedanken dringen aus der geöffneten Tür hervor und versengen mein Bewußtsein."

Russo konterte: „Coltrane fehlt der Geist der Sprache, die er hier zu sprechen versucht. Er bleibt stecken, wiederholt Motive immer und immer wieder, als ob diese in der Wiederholung mehr auszusagen hätten als beim zweiten oder dritten Mal, wenn sie auftauchen. Ganz offensichtlich war das nicht der Fall."

Die Bata ist eine heilige Trommel, die via Haiti aus Afrika kommt; ihre Schwingungen teilen sich dem menschlichen Herzen mit — Bata bedeutet Baby. Ich spiele die Bata, weil ich Priester eines Voodoo-Kultes bin, so wie sie in Haiti existieren. Voodoo heißt für mich „Who are you" oder „Who You"; manche sagen ja auch Hoodoo. Es ist der einzige Kult der Welt, der dich dazu bringt, dich selbst zu identifizieren und zu sagen, wer du bist.

ALGIE DeWITT

Algie DeWitt und John Coltrane lernten einander 1966 in Philadelphia kennen. Die Church of the Advocate veranstaltete ein Konzert mit verschiedenen Musikern aus Philadelphia, zu denen auch DeWitt gehörte; der Gastsolist in diesem Konzert war Coltrane.

DeWitt ist groß und schlank, sein Körper vom jahrelangen Tanz geschmeidig und seine Bewegungen anmutig wie die einer Schlange. Sein Gesicht mit dem stacheligen Bart scheint einen Ausdruck unaufhörlichen Erstaunens zu tragen, als wäre er ununterbrochen mit der Kultivierung unglaublicher wundersamer Dinge beschäftigt. Er spielt Bata, eine etwa drei Fuß lange Trommel, geformt wie eine Sanduhr; seine schlanken Finger klopfen primitive Rhythmen aus uralter Zeit, einmal auf der Diskantseite, einmal auf der Baßseite des Instruments, manchmal auf beiden zugleich.

Nachdem er Algies Spiel aufmerksam verfolgt hatte, sagte John zu ihm. „Ich mag die Sounds, die du da machst. Das paßte sehr gut zu dem, was wir spielten." Der Drummer erwiderte: „Trane, du bist wie ein Bildhauer, der einen Klumpen von Tönen aufnimmt und daraus Musik formt. Ich habe nur versucht, ein bißchen von mir in die Klangstatue hineinzuformen, die du geschaffen hast."

John kicherte leise; anscheinend entdeckte er in Algie DeWitt das, was er vorher in Pharoah Sanders entdeckt hatte: einen jungen Mann voller Willenskraft und Inspiration. „Algie", sagte er, „möchtest du mit mir arbeiten?"

„Ich werde dein Afro-Partner sein", war die enthusiastische Antwort.

Coltrane und DeWitt arbeiteten wirklich zusammen, bei einigen Gelegenheiten; die erste davon war ein Gig im *Village Theater* in New York am 26. Dezember. Später wurde dieses Theater in *Fillmore East* umbenannt, beherbergte die Klänge des Hard Rock und bescherte seinem Impresario Bill Graham einige Jahre des Ruhms.

An diesem Dezemberabend trat hier das radikalste Ensemble auf, das Coltrane seit der Aufnahme von *Ascension* um sich versammelt hatte. Über *Ascension* waren die Leute noch immer beunruhigt und nun gab Trane ihnen mit dieser Band weiteren Grund zur Beunruhigung: er verstärkte sein Quintett durch Rashied Alis Bruder Omar und seine Congas, Algie DeWitt und seine Bata, den Trompeter John Salgato und den Bassisten Sonny Johnson. Wie man sich vorstellen und erwarten konnte, war die Musik rauh, emotionell und erdhaft, sodaß bemerkenswert viele das Theater verließen; die Mehrheit des Publikums registrierte jedoch auch die künstlerische Aussagekraft und brüllte am Ende des Konzerts nach Zugaben.

John gab keine. „Das Konzert war ein Erfolg", meinte DeWitt. „Trane sagte den Leuten: ‚Ihr braucht mich jetzt nicht mehr, ich habe alles gesagt'."

Ich bin ein Assistent des Justizministers im Staat New York, aber ich produziere auch einmal monatlich ein Jazzkonzert in Manhattan und einer der Gründe ist John Coltrane. Nicht, daß er mich zum Jazz gebracht hätte, ich habe schon vorher jahrzehntelang Jazz gehört, aber irgendwie wollte ich meine Anerkennung für die spirituellen Qualitäten zum Ausdruck bringen, die er in die Musik gebracht hat. Dieser Mann besaß enorme Würde; er hatte es nicht nötig, sich dem Publikum anzubiedern, um seine Musik präsentieren zu können. Er war ein Künstler, instinktiv fühlte das jeder sofort. Ich erinnere mich an ein Konzert im Lincoln Center unter dem Motto „Titans of the Tenor". Zuerst spielten Sonny Rollins und Yusef Lateef je einen Set, sie waren exzellent wie immer. Und dann kam Coltrane auf die Bühne, mit einer Gruppe junger Musiker, von denen ich noch nie etwas gehört hatte. Ich stand auf seine neue Musik, obwohl mir seine frühere immer noch besser gefiel, aber am meisten beeindruckte mich, daß John Coltrane, ein echter Superstar und eine Publikumsattraktion, neue Musik und neue Musiker vorstellte. Er spielte das, was ihm am Herzen lag und riskierte es, einige oder sogar viele seiner Anhänger zu verlieren.

JACK KLEINSINGER

Im Februar und März 1967 nahm Coltrane *Expression* auf. Dieses Album besitzt eine unheimliche Aura von Endgültigkeit, eine sorgfältig ausgewählte musikalische Verfeinerung, die Coltranes gesamte Karriere zu resümieren scheint, ganz so, als wüßte er, daß dies eines seiner letzten aufgenommenen Statements sein würde.

Ein Journalistikstudent namens John Hollenhorst an der Universität von

Minnesota schrieb über diese Musik in der Universitätszeitung *Daily* und erspürte sie so vollkommen, daß hier einige Auszüge aus seiner Rezension folgen:

„In *To Be* spielt Coltrane Flöte und Sanders Piccolo; die beiden weben geisterhaft wirkende Linien um einander. Hier gibt es keinen jener kraftvollen orgiastischen Höhepunkte, die man gewöhnlich mit Coltranes Werk assoziiert, ebensowenig zeigt er hier seine schwierigen chromatischen Läufe. Anstelle dessen ein ruhiges reflektives Stück, jedoch mit einer emotionellen Wirkung, die einen ängstigt. Etwas daran ist unstet und erschreckend; man fühlt, daß alles ständig droht, in vollkommenes Chaos umzukippen.

Ogunde, auf dem Tenor gespielt, zeigt, daß Coltranes Musik einfacher geworden ist. Er hat sie auf eine reinere, intensivere Form zurückgenommen, was sie extrem schwierig anzuhören macht. Es gibt kein Wechselspiel von Spannung und Entspannung, die Musik bleibt in kontinuierlicher Dichte und Tiefe, der Zuhörer kommt nicht zur Ruhe. Es ist diese Eigenschaft, die es eher zu einer Erfahrung als zu einer Tätigkeit macht, Trane zuzuhören; sie läutert die Emotionen.

Die restlichen beiden Stücke, *Offering* und *Expression,* ebenfalls auf dem Tenor gespielt, finde ich fast noch schwieriger. Ich kann diese Musik nicht vollkommen verstehen und ich bezweifle, daß das überhaupt jemand kann. Aber das ist eine von Coltranes größten Errungenschaften: obwohl seine Musik von phantastischer Subtilität und Kompliziertheit ist, kann sie auch bis zu einem gewissen Grad zunächst auf einer niedrigeren Ebene genossen werden. Jedes Anhören bringt neue Belohnungen."

Ein drittes Kind, Oran, wurde John und Alice Coltrane am 19. März 1967 geboren. Der dritte Sohn innerhalb von drei Jahren.

Coltrane spielte in diesem Konzert eine Menge außermusikalischer Sounds, sein Konzept war aber von dem Sanders' völlig verschieden. Coltrane spielte eine extrem technische Musik und ging von dort weiter zu einer Abstraktion davon, einer Abstraktion des Klanges. Jene außermusikalischen Sounds — hupend, kreischend, beinahe weinend — schienen ein untrennbarer Bestandteil seiner tonalen Gesamtstruktur zu sein. Er war wie ein Mann in voller Kontrolle seiner Ausdrucksmittel; er sagte etwas, das du absolut verstehen konntest.

BILLY TAYLOR

Olatunjis Zentrum afrikanischer Kultur auf der East 125th Street in Harlem wurde am 27. März 1967 offiziell eröffnet; Percy Sutton, der Präsident des Verwaltungsbezirks Manhattan, befand sich unter den Anwesenden.

Nur einen knappen Monat später konnte das Zentrum einen weiteren Ehrengast begrüßen, dessen Anhängerschaft allerdings musikalisch war. John Coltrane erschien am 23. April im Zentrum, um das erste einer Serie von Konzerten unter dem Motto „Roots of Africa" zu geben. Zwei Shows waren angesetzt, um 4 Uhr und um 6 Uhr nachmittags; der Eintritt betrug 3 Dollar pro Person.

Obwohl immer noch krank, übergewichtig und zerquält, von Proben und Aufnahmen erschöpft und in großer Sorge um seinen Gesundheitszustand und seine musikalische Zukunft, war Coltrane dennoch dem Hilferuf seines Freundes Olatunji gefolgt. Und so brachte er seine Musiker zum ersten öffentlichen

Auftritt seit dem *Village-Theater*-Gig vom vergangenen Dezember in das afrikanische Kulturzentrum. Sie traten in einem dachbodenartigen Raum im 2. Stock auf, vor einem Hintergrund von farbigen Wandplakaten, die eine afrikanische Dorfszene darstellten, und spielten Nummern wie *Tunji, Acknowledgement* aus *A Love Supreme, Ogunde* und den Dauerbrenner *My Favorite Things*.

Die Leute drängten sich im Vorraum, auf den Treppen und auf dem Gehsteig vor dem Haus. Zu lange war Coltrane nicht mehr aufgetreten und dieses Konzert, so fanden die meisten, durfte man auf keinen Fall versäumen. Ungeachtet seiner persönlichen Probleme spielte Coltrane wunderschön, seine Kraft und Stärke schienen ungebrochen, seine Ideen und Konzepte so fortgeschritten wie immer. Mit ihm spielte seine reguläre Band; Pharoah Sanders, Jimmy Garrison, Rashied Ali und Alice Coltrane.

Auch Algie DeWitt mit seiner Zaubertrommel war da und verbreitete afrikanische Rhythmen und Lebensfreude, die sich allen mitteilte, besonders dem authentischsten der anwesenden Afrikaner, Olatunji selbst.

Es ist bemerkenswert, daß Coltrane sich, wie es noch immer seine Gewohnheit war, so leidenschaftlich in die Musik hineinsteigerte, daß Olatunji ihm Zeichen geben mußte, die erste Show zu beenden. Denn hunderte Menschen warteten bereits auf das nächste Konzert und Coltrane brauchte sicher mehr als nur eine Pause von fünf Minuten dazwischen.

Ich glaube, John Coltrane wollte deshalb immer mehr über afrikanische Musik lernen, weil die Musik in unserer gesamten Kultur eine größere Rolle spielt als anderswo. Ich bot ihm an, ihn mitzunehmen, wenn ich das nächste Mal nach Nigeria fahren würde. „Wann?" fragte er und ich meinte, im folgenden Jahr. Darauf meinte er: „Wenn Gott es auch will — ich will es!"

BABATUNDE OLATUNJI

In diesem Monat unterschrieb John Coltrane auch einen neuen Zweijahresvertrag mit *Impulse;* der jährliche Vorschuß sollte nun 40.000 Dollar betragen.

Ein paar Wochen danach besuchten John und Alice Coltrane Johns Mutter in deren Haus in Philadelphia; es war ein wunderbarer Maiabend. Plötzlich krampften sich Johns Hände in seinen Magen. Stöhnend stolperte er in sein altes Schlafzimmer und riegelte sich ein. Auf die erschrockenen Fragen der Frauen erwiderte er nur, sie mögen sich nicht beunruhigen, er käme gleich wieder heraus. Aber es dauerte mehr als eine Stunde, bis er wirklich erschien, und dann blickte er seine Mutter, Mrs. Alice Blair Coltrane, und seine Frau, Mrs. Alice McLeod Coltrane an, als ob er keine von ihnen jemals in seinem Leben gesehen hätte.

Als die Coltranes wieder in ihrem Heim in Long Island waren, bestand Alice darauf, für John einen Termin bei einem Magenspezialisten zu verabreden. John ging zu dem Termin. Der Arzt verlangte, John solle mit ihm zu einer Biopsie ins Krankenhaus kommen und dieser willigte ein, jedoch war er nicht bereit, noch ein paar Tage für weitere Tests dortzubleiben. Ungeachtet aller ärztlichen Warnungen ging John zum Telefon, rief Alice an und sprach die prophetischen Worte:

„Komm und hol mich; ich bin bereit."

An meinem letzten Tag bei *Down Beat* sprach ich das letzte Mal mit Coltrane; es war der 1. Juni. Ich rief ihn an wegen eines Gigs an der Chicagoer Universität. John meinte, er wolle absagen, er „schäme" sich; er wolle wegen seines Übergewichts nicht öffentlich auftreten. Ich fragte: „Aber wieviel wiegst du denn jetzt?" Darauf kam eine lange Pause; schließlich sagte er voller Überdruß: „110 Kilogramm".

DON DeMICHEAL

Sie tanzt, als wäre sie gewichtslos; ein loser weißer Schal folgt den Bewegungen des Mädchens in dem schimmernd weißen Trikot; sie bewegt sich würdevoll wie eine Ballerina *en point;* sie greift nach dem Himmel, einen Ausdruck fügsamer Melancholie auf ihrem strahlenden Gesicht, als wolle sie dem Allerhöchsten zurufen, er möge doch John Coltrane zurück auf die Erde bringen.

Sie ist groß und schlank, elegant und erdhaft-sinnlich; sie ist Judith Jamison vom Alvin Ailey Tanztheater. Sie wiegt sich, während sie tanzt, wie ein Rohr, das Rohrblatt in Tranes Saxophon, ganz so als spiele er es immer noch, zumindest in ihrem Kopf.

Der Tanz trägt den Titel *Cry;* Ailey selbst hat die Choreographie geschaffen, nach Musik von Alice Coltrane, Laura Nyro und den Voices of East Harlem.

Die Komposition von Alice ist einfach *Something About John Coltrane* betitelt, mit Pharoah Sanders' klagendem Sopransaxophon über den lebhaften brushes von Rashied Alis Schlagzeug und den ungewöhnlichen melodischen Inventionen des Bassisten Cecil McBee. Laura singt in *Been on a Train* von einem einsamen Mann in einem Eisenbahnabteil, der sich die Venen mit Heroin vollschießt und stirbt, xevor er sein Reiseziel erreicht. Und die Voices singen *Right on, Be Free!*

Ich wollte in meiner bildhauerischen Vorstellung von John Coltrane das rhythmische Element betont haben; weder horizontal noch vertikal, sondern perpetual. So entstand schließlich ein Bogen aus zwei ungleichen Teilen, der beinahe eine kreisförmige Bewegung suggeriert. Die emotionelle Relevanz der Skulptur zu Coltrane findet man in *Meditations: Love — Consequences — Serenity;* die ersten beiden ergeben das Dritte, wie der kleine und der große Teil miteinander den Bogen ergeben, der außerdem noch ein altägyptisches Motiv symbolisiert: der Übergang eines Menschen von diesem Leben in das nächste. Darauf gibt es keine Antwort. Die Skulptur drückt wachsame Aufmerksamkeit aus, wie Tranes gespannter Nacken während des Spielens.

BRADFORD GRAVES

Zur Erinnerung an John Coltrane schuf der New Yorker Bildhauer Bradford Graves eine abstrakte Skulptur in den Karpaten der Tschechoslowakei. Sie wurde vollendet während der unvergeßlichen Tage des Prager Frühlings 1968, als Graves mit seiner Frau Verna vom Verband Slowakischer Künstler zu einem Bildhauersymposion eingeladen war.

„Tranes musikalischer Approach entspricht meiner eigenen Entwicklung als Bildhauer", erläuterte Graves, „langsam und stetig, auf sehr disziplinierte Weise ein Motiv immer und immer wieder überarbeitend. Durch ihn wurde mir klar, daß die Bildhauerei, die oft mit der Malerei verglichen wird, in Wirklichkeit viel mehr mit der Musik gemeinsam hat: beide sind dreidimensionale Kunstformen, die Flüssigkeit und Bewegung ausdrücken."

TRANE — so nannte Graves seine Schöpfung; acht Tonnen Travertin, acht Fuß hoch und sechs Fuß breit, in zwei durch einen kleinen Abstand voneinander getrennten Blöcken: einer stellt Coltranes Kopf und Schultern dar, der andere sein Horn.

Am Freitag vor seinem Tod war John in meinem Büro; wir besprachen einige geschäftliche Dinge und dann ging er wieder. Ich hatte das deutliche Gefühl, daß er sterben werde; ich konnte den Tod in seinem Gesicht sehen. Als ich dann nach Hause ging, traf ich im Aufzug Alan Bergman, einen der ABC-Anwälte. „Hast du Coltrane gesehen?" fragte er mich, „er sieht ja schrecklich aus!" Darauf sagte ich nur: „Ich glaube, er stirbt."

BOB THIELE

Am Sonntag, den 16. Juli 1967 wurde John Coltrane in das Krankenhaus von Huntington gebracht und sofort auf die Intensivstation gelegt. Dort starb er am Montag, den 17. Juli, um 4 Uhr morgens, zur traditionellen Zeit der Meditation, von manchen die Stunde Gottes genannt.

Als Todesursache wurde Leberkrebs angegeben.

Am Nachmittag dieses Tages klingelte Bob Thieles Telefon, und als sich am anderen Ende Jimmy Garrison meldete, wußte Thiele intuitiv sofort, wie die Botschaft lauten würde, noch ehe er sie hörte:

Der „trane ride" war zu Ende.

1968 wurde John Coltrane in die „Jazz Hall of Fame" des Magazins *Playboy* gewählt. Wie Nat Hentoff sagte, „Coltranes Trademark war sein einmaliger Sound, der von schonungslosem Streben nach Perfektion zeugte, der jedoch immer, selbst in den erhabensten Bereichen der Abstraktion, bezwingend leidenschaftlich und lebendig war."

Im gleichen Jahr hörte Deborah D'Amico zum ersten Mal die Musik John Coltranes; einige Jahre später begann sie mit dem Studium des Tenorsaxophons.

Einmal die Woche erscheint ein kleines Mädchen mit einem großen Instrumentenkoffer in der Musikschule auf der 3rd Street im New Yorker East Village zum Saxophonunterricht.

„Ich habe keine Pläne für eine professionelle Karriere", sagt sie.

„Ich wollte nur mir selbst beweisen, daß ich imstande bin, John Coltranes Instrument zu erlernen."

* Originaltext im Anhang

FÜR JOHN COLTRANE*

Sie hätten dich
der Sonne zeigen sollen
damit sie ihren Rivalen
erkenne.
Du wärst imstande gewesen
die Welt sanfter zu drehen
leere Tische
in Gold zu verzaubern
durch deinen Sound.
Aber es war schon Glück
denke ich
daß sie dich überhaupt
spielen ließen.
Ihre Liebe ist Gold
das zu Dollars wird;
deine dagegen
strömte aus deinem Mund
frei wie die Luft
frei und kostbar.
Einst vor langer Zeit
wandelte ein Coltrane
über die Erde.
Das kann ich meinen Kindern
die ich noch nicht habe
erzählen
und hoffen
daß ihnen Ohren wachsen.

DEBORAH D'AMICO

Die lutheranische Kirche St. Peter in New York City Ecke Lexington Avenue und 54th Street faßt 500 Personen; jedoch bei besonderen Gelegenheiten finden auch 700 in ihr Platz.

Eine solche Gelegenheit begab sich am Freitag, den 21. Juli 1967 um 11 Uhr vormittags. Reverend John Garcia Gensel, der „Jazzpastor", der sich schon um das körperliche und seelische Wohl von so vielen Musikern gekümmert hatte, zelebrierte die Totenmesse für John Coltrane, der niemals zur sonntagabendlichen „Jazzvesper" erschienen war, obwohl Reverend Gensel ihn zweimal gebeten und Trane einmal auch zugesagt hatte.

Aus der ganzen Welt waren Menschen gekommen, um dem Musiker, den sie zu Lebzeiten geliebt, gepriesen und verehrt hatten, auch die letzte Ehre zu erweisen. Eine Gruppe von Deutschen hielt eine der vorderen Sitzreihen besetzt: ein japanischer Schriftsteller erschien zwar erst nach Beendigung der Feier, verbeugte sich aber tief und zeremoniell, während der Sarg in den Leichenwagen gestellt wurde; auch ein Arzt aus Südafrika war da, der seine Praxis für drei Tage geschlossen und das nächste Flugzeug bestiegen hatte, als er die schlimme Nachricht erfuhr.

Der Tenorsaxophonist Albert Ayler war einer der Musiker, die bei der Totenmesse spielten. Seine Band war auf der Empore, von wo man den Körper John Coltranes im offenen Sarg sehen konnte, bedeckt von einem afrikanischen Dashiki. Naima Coltrane hatte es angefertigt, in einem Muster von braun und weiß: weiß für die Reinheit seiner Kunst, braun für die Erde, aus der er gekommen war und zu der er nun zurückkehrte. Zweimal unterbrach Ayler seine musikalische Darbietung und schrie; nicht mit seinem Horn, sondern aus voller Kehle. Der erste Schrei entstand aus tiefgefühltem Schmerz, der zweite aber aus Freude, daß Trane, obwohl nun tot, für immer weiterleben würde.

Für die Schlußmusik sorgte Ornette Coleman. Sein Bassist Davis Izenson erzählte: „Wir spielten *Holiday for a Graveyard,* wo Ornette und ich unisono auf einem wunderschönen hohen Es enden. Plötzlich hörte Ornette auf und aus irgendeinem Grund hielt ich den Ton weiter aus. Dann, gerade als ich meinen Bogen von den Saiten hob, sah ich, wie Johns Sarg geschlossen wurde."

John Coltrane wurde in Farmingdale, New York, im Pinelawn Memorial Park beigesetzt. Hier ruht er nun in Frieden.

Viele Musiker bleiben arm. Aber auch wenn die Musik ihnen keine Millionen bringt, so macht sie doch Millionen Menschen glücklich.

LANGSTON HUGHES

Ich denke, nicht John Coltrane war der reichste Jazzmusiker, sondern Miles Davis ist es. Er hat zwar nicht so viele Platten herausgebracht, aber sie verkauften sich besser; ich meine, er hatte „Hits". ***Round about Midnight*** **zum Beispiel verkaufte gleich im ersten Jahr 200.000 Stück und** ***Kind of Blue*** **beinahe eine halbe Million, glaube ich.**

TEO MACERO

Der Nachlaß John Coltranes belief sich einschließlich Versicherungspolizzen, Wertpapieren, Grundbesitz, Plattentantiemen und Bargeld auf etwa eine Viertelmillion Dollar.

John Coltrane... Buddha... Martin Luther King, jr.... Mohammed... Huey P. Newton... Abraham... Bishop C. H. Mason... Malcolm X... Jesus Christus... Supreme Mother Haqq...

Sie alle sind ein wesentlicher Teil der Lehren, die die One Mind Evolutionary Transitional Church of Christ in San Francisco verkündet. Diese Kirche, geführt von King Bishop Haqq XIX., dem Diener der Wahrheit, wurde gegründet, um die Musik und den Geist John Coltranes zu zelebrieren, den sie Omnedaruth nennt; das heißt: Mitgefühl.

Worte und Musik von *A Love Supreme* bilden das Ritual und durchdringen die spirituelle Auseinandersetzung mit John Coltrane. Sie vergleichen ihn mit Christus; sie sagen, auch dieser sei ein Schöpfer gewesen, ein Kunsthandwerker, wie es ihrer einhelligen Meinung nach Coltrane war.

Sie ziehen den Schluß: ,,Aus diesem Grunde ist Omnedaruth ein höheres Wesen, ebenso wie Gott.“

Dieser Meinung bin ich nicht; ich *kann* es nicht sein.

Trane und Buddha, beide große Lehrer auf ihrem Gebiet und zu ihrer Zeit, waren ähnlichen Fehlinterpretationen durch viele ihrer Anhänger ausgesetzt: sie wurden zu Lebzeiten wie Götter behandelt und nach ihrem Tode wie Gott angebetet. Nicht echten Respekt, sondern blinde Verehrung brachte man ihnen entgegen.

Romantiker mögen das Bedürfnis haben, sich an John Coltrane, den Mann aus Hamlet, North Carolina so zu erinnern, wie Shakespeares Hamlet von seinem Freund Horatio verabschiedet wird: ,,Good night, sweet prince“. Die Realisten wiederum mögen meinen, daß Trane uns als Vermächtnis nur Musik und Erinnerungen hinterließ; nicht mehr, aber auch nicht weniger.

Für mich hingegen war John Coltrane ein Mystiker, ein Musiker und ein Mensch, der das Leben seiner Mitmenschen veränderte, gewöhnlich zum Besseren.

Ein widerstrebender Mystiker... ein brillanter Musiker... und ein freundlicher Mensch.

HIER WO COLTRANE IST*

Seele und Rasse
sind Privatbesitz
Erinnerungen und
modale Songs
ein blumiges Tenor
das unter Qualen
klare Farben malt
aber nicht
in diesem viktorianischen Haus
ohne Öl
bei frostigem Wetter und Wind
40 Meilen pro Stunde;
alles eine handfeste Familie;
a love supreme.

Eichenblätter türmen sich
auf Gehweg und Stufe,
katholisch, wie Äpfel,
im besonderen Dunst
von klarem Weiß,
Kinder
die meine Kinder lieben.
Ich spiele *Alabama*
auf verkrümmtem Plattenspieler,
überspringe die Kratzer
auf euren Gesichtern
über den faserigen
konischen Haaren aus Plastik
unter dem Holzboden.
Träumend im Zug von New York nach Philly
verteiltest du sechs Töne,
sie wurden zur Hymne
der Erinnerung an dich:
Eiche, Birke, Ahorn,
Apfel, Kakao, Gummi.
Darum ist Martin tot;
darum ist Malcolm tot;
darum ist Coltrane tot;
in den Augen
meines ersten Sohnes
sind die Brauntöne
dieser Männer
und ihrer Musik.

MICHAEL S. HARPER

* Originaltext im Anhang

DISCOGRAPHIE

Mit einigen Ergänzungen aus der Originalausgabe übernommen.

DIZZY GILLESPIE AND HIS ORCHESTRA: Capitol 57797, 57839, 15852, 15611, 15849, 57892; LP CR 8084.
Dizzy Gillespie, Don Slaughter, Elmon Wright, Willie Cook (trumpet); Matthew Gee, Sam Hurt, Charles Greenlee (trombone); Jimmy Heath, Coltrane (alto sax); Jesse Powell, Paul Gonsalves (tenor sax); Al Gibson (baritone sax); John Acea (piano); John Collins (guitar); Al McKibbon (bass); Specs Wright (drums); Tiny Irvin (vocal).
"Say When"; "Tally Ho"; "You Stole My Wife"; "I Can't Remember" (November 21, 1949).
Floyd Smith for Collins; add Carlos Duchesne (conga), Francisco Pozo (bongo); Joe Carroll (vocal).
"Coast to Coast"; "Carambola"; "Oo-La-La"; "Honeysuckle Rose" (January 9, 1950).

DIZZY GILLESPIE SEXTET: DeeGee 3600, 3601; LP Savoy SJL 2209
Dizzy Gillespie (trumpet); Coltrane (tenor sax); Milt Jackson (piano, vibes); Kenny Burrell (guitar); Percy Heath (bass); Kansas Fields (drums); Fred Strong, The Calypso Boys (vocal).
"Love me"; "We Love to Boogie"; "Tin Tin Deo"; "Birks Works" (March 1, 1951).

EARL BOSTIC AND HIS ORCHESTRA: King Records 4356, 4550, 4568, 4570; LP 295-72
Gene Redd, Joe Mitchell (trumpet); Earl Bostic (alto sax); Coltrane (tenor sax); Pinky Williams (baritone sax); Joe Knight (piano); Jimmy Shirley (guitar); Ike Isaacs (bass); Specs Wright (drums).
"Moonglow"; "Linger Awhile"; "Ain't Misbehavin'" (april 7, 1952). Harold Grant for Shirley.
"You Go to My Head"; "The Hour of Parting"; "Smoke Gets in Your Eyes"; "For You" (August 15, 1952).

JOHNNY HODGES AND HIS ORCHESTRA - USED TO BE DUKE: Verve 8150
Harold Baker (trumpet); Lawrence Brown (trombone); Johnny Hodges (alto sax); Coltrane (tenor sax); Harry Carney (baritone sax); Jimmy Hamilton (clarinet); Cal Cobbs, Richie Powell (piano; Powell on "Autumn in New York" only); John Williams (bass); Louis Bellson (drums).
"Used to be Duke"; "Sunny Side of the Street"; "Sweet as Bear Meat"; "Madame Butterfly"; "Warm Valley"; Autumn in New York"; "Sweet Lorraine"; "Time on My Hands"; "Smoke Gets in Your Eyes"; "If You Were Mine"; "Poor Butterfly" (August 5, 1954).

THE NEW MILES DAVIS QUINTET: Prestige 7254
Miles Davis (trumpet); Coltrane (tenor sax); Red Garland (piano); Paul Chambers (bass); Philly Joe Jones (drums).
"Stablemates"; "How Am I to Know?"; "Just Squeeze Me"; "Miles' Theme"; "S'posin'"; "There Is No Greater Love" (October 27, 1955).

PAUL CHAMBERS/JOHN COLTRANE - HIGH STEP: Blue Note BN-LA 451 H 2
John Coltrane (tenor sax); Kenny Drew (piano); Paul Chambers (bass); Philly Joe Jones (drums). "Dexterity"; "Stablemates"; "Easy To Love"; "Visitaton"; "John Paul Jones"; "Eastbound" (March, 1956).
John Coltrane (tenor sax); Donald Byrd (trumpet); Kenny Burrell (guitar); Horace Silver (piano); Paul Chambers (bass); Philly Joe Jones (drums). "Nita"; "Just For the Love"; "We Six"; "Omicron" (September 21, 1956)
John Coltrane (tenor sax); Pepper Adams (baritone sax); Curtis Fuller (trombone); Roland Alexander (piano); Paul Chambers (bass); Philly Joe Jones (drums); "High Step"; "Trane's Strain"; "Nixon Dixon & Yates Blues" (April and November 1955).

JOHN COLTRANE WITH HANK MOBLEY - TWO TENORS: Prestige 7670
Donald Byrd (trumpet); Coltrane, Hank Mobley (tenor sax); Elmo Hope (piano); Paul Chambers (bass); Philly Joe Jones (drums).
"Weeja"; "Polka Dots and Moonbeams"; "On It"; "Avalon" (May 7, 1956).

MILES DAVIS - COOKIN': Prestige 7094
Miles Davis (trumpet); Coltrane (tenor sax); Red Garland (piano); Paul Chambers (bass); Philly Joe Jones (drums).
"My Funny Valentine"; "Blues by Five"; "Airegin"; "Tune Up"; "When Lights Are Low" (October 26, 1956).

MILES DAVIS - RELAXIN': Prestige 7129
Miles Davis (trumpet); Coltrane (tenor sax); Red Garland (piano); Paul Chambers (bass); Philly Joe Jones (drums).
"If I Were a Bell"; "You're My Everything"; "I Could Write a Book"; "Oleo" (October 26, 1956); "It Could Happen to You"; "Woody'n You" (May 11, 1956).

NOTE: Prestige 7094 and 7129 combined in Prestige 24001 — MILES DAVIS.

MILES DAVIS AND THE MODERN JAZZ GIANTS: Prestige 7150
Miles Davis (trumpet); Coltrane (tenor sax); Red Garland (piano); Paul Chambers (bass); Philly Joe Jones (drums).
"'Round about Midnight" (October 26, 1956).

MILES DAVIS - WORKIN': Prestige 7166
Miles Davis (trumpet); Coltrane (tenor sax); Red Garland (piano); Paul Chambers (bass); Philly Joe Jones (drums).
"It Never Entered My Mind"; "Four"; "In Your Own Sweet Way"; "The Theme" (Takes 1 and 2) (May 11, 1956); "Trane's Blues"; "Ahmad's Blues"; "Half Nelson" (October 26, 1956).

MILES DAVIS PLAYS JAZZ CLASSICS: Prestige 7373
Miles Davis (trumpet); Coltrane (tenor sax); Red Garland (piano); Paul Chambers (bass); Philly Joe Jones (drums).
"Woody'n You"; "Salt Peanuts" (May 11, 1956); "Half Nelson"; "Round Midnight"; "Well You Needn't"; "Oleo"; "Tune Up"; "Airegin" (October 26, 1956).

MILES DAVIS - STEAMIN': Prestige 7580
Miles Davis (trumpet); Coltrane (tenor sax); Red Garland (piano); Paul Chambers (bass); Philly Joe Jones (drums).
"Surrey with the Fringe on Top"; "Salt Peanuts"; "Something I Dreamed Last Night"; "Diane" (May 11, 1956); "Well, You Needn't"; "When I Fall in Love" (October 26, 1956).

MILES DAVIS AND JOHN COLTRANE PLAY RICHARD RODGERS: Prestige 7322
Miles Davis (trumpet); Coltrane (tenor sax); Red Garland (piano); Paul Chambers (bass); Philly Joe Jones (drums).
"My Funny Valentine"; "I Could Write a Book" (October 26, 1956); "It Never Entered My Mind"; "Surrey with the Fringe on Top" (May 11, 1956).
Wilbur Harden for Davis; Tommy Flanagan for Garland; Jimmy Cobb for Jones.
"Spring Is Here"; "Blue Room" (July 11, 1958).

SONNY ROLLINS - TENOR MADNESS: Prestige 7657
Sonny Rollins, Coltrane (tenor sax); Red Garland (piano); Paul Chambers (bass); Philly Joe Jones (drums).
"Tenor Madness" (May 24, 1956).

LEONARD BERNSTEIN - WHAT IS JAZZ?: Columbia 919
Miles Davis (trumpet); Coltrane (tenor sax); Red Garland (piano); Paul Chambers (bass); Philly Joe Jones (drums).
"Sweet Sue" (September 10, 1956).

MILES DAVIS — 'ROUND ABOUT MIDNIGHT: Columbia 949
Miles Davis (trumpet); Coltrane (tenor sax); Red Garland (piano); Paul Chambers (bass); Philly Joe Jones (drums).
"Bye Bye Blackbird"; "Tadd's Delight"; "Dear Old Stockholm" (June 5, 1956); "Round Midnight"; "All of You" (September 10, 1956); "Ah-Leu-Cha" (October 27, 1955).

FOUR TENOR SAXES — TENOR CONCLAVE: Prestige 7249
Coltrane, Al Cohn, Hank Mobley, Zoot Sims (tenor sax); Red Garland (piano); Paul Chambers (bass); Art Taylor (drums).
"Tenor Conclave"; "Just You, Just Me"; "Bob's Boys"; "How Deep Is the Ocean?" (September 7, 1956).

TADD DAMERON — MATING CALL: Prestige 7745
Coltrane (tenor sax); Tadd Dameron (piano); John Simmons (bass); Philly Joe Jones (drums).
"Mating Call"; "Gnid"; "Soultrane"; "On a Misty Night"; "Romas"; "Super Jet" (November 30, 1956).

INTERPLAY FOR TWO TRUMPETS AND TWO TENORS: Prestige 7341
Webster Young, Idrees Sulieman (trumpet); Coltrane, Bobby Jaspar (tenor sax); Mal Waldron (piano); Kenny Burrell (guitar); Paul Chambers (bass); Art Taylor (drums).
"Anatomy"; "Interplay"; "Light Blue"; "Soul Blue"; "Soul Eyes" (March 22, 1957).

JOHNNY GRIFFIN — A BLOWING SESSION: Blue Note 1559
Lee Morgan (trumpet); Coltrane, Johnny Griffin, Hank Mobley (tenor sax); Wynton Kelly (piano); Paul Chambers (bass); Art Blakey (drums).
"The Way You Look Tonight"; "Ball Bearing"; "All the Things You Are"; "Smoke Stack" (April 6, 1957).

THELONIOUS MONK WITH JOHN COLTRANE: Jazzland 46; Milestone M 47011
Coltrane (tenor sax); Thelonious Monk (piano); Wilbur Ware (bass); Shadow Wilson (drums).
"Ruby, MynDear"; "Trinkle, Tinkle"; "Off Minor" (April 16, 1957).
Art Blakey for Wilson; add Colemann Hawkins (tenor sax); Gigi Gryce (alto sax); Ray Copeland (trumpet).
"Nutty"; "Epistrophy"; "Functional" (June 26, 1957).

THE CATS: New Jazz 8217
Idrees Sulieman (trumpet); Coltrane (tenor sax); Tommy Flanagan (piano); Kenny Burrell (guitar); Doug Watkins (bass); Louis Haves (drums).
"Eclypso"; "Solacium"; "Minor Mishap"; "Tommy's Time" (April 18, 1957).

MAL WALDRON SEXTET: Prestige 7341
Bill Hardman (trumpet); Jackie McLean (alto sax); Coltrane (tenor sax); Mal Waldron (piano); Julian Euell (bass); Art Taylor (drums).
"Potpourri"; "J. M.'s Dream Doll"; "Don't Explain" (April 19, 1957).
Idrees Sulieman for Hardman; Sahib Shihab for McLean; Ed Thigpen for Taylor.
"The Way You Look Tonight"; "From This Moment On"; "One by One" (May 17, 1957).

JOHN COLTRANE — DAKAR: Prestige 7280
Coltrane (tenor sax); Cecil Payne, Pepper Adams (baritone sax); Mal Waldron (piano); Doug Watkins (bass); Art Taylor (drums).
"Dakar"; "Mary's Blues"; "Route 4"; "Velvet Scene"; "Witches' Pits"; "Cat Walk" (April 20, 1957).

JOHN COLTRANE — PAUL QUINICHETTE QUINTET: Prestige 7158
Coltrane, Paul Quinichette (tenor sax); Mal Waldron (piano); Julian Euell (bass); Ed Thigpen (drums).
"Cattin'"; "Anatomy"; "Vodka"; "Sunday"; "Exactly Like You" (April 17, 1957).

COLTRANE PLAYS FOR LOVERS: Prestige 7426
Coltrane (tenor sax); Tadd Dameron (piano); John Simmons (bass); Philly Joe Jones (drums).
"On a Misty Night" (November 30, 1956).
Red Garland for Dameron; Paul Chambers for Simmons; Al Heath for Jones; add John Splawn (trumpet); Sahib Shihab (baritone sax).
"Violets for Your Furs" (May 31, 1957).
Earl May for Chambers; Art Taylor for Heath; omit Garland, Splawn, Shihab.
"I Love You"; "Like Someone in Love" (August 16, 1957).
Paul Chambers for May; add Red Garland (piano).
"You Leave Me Breathless" (August 23, 1957); "Time After Time" (December 26, 1958).

JOHN COLTRANE — THE FIRST TRANE: Prestige 7609
John Splawn (trumpet); Coltrane (tenor sax); Sahib Shihab (baritone sax); Red Garland (piano); Paul Chambers (bass); Al Heath (drums).
"Bakai"; "Straight Street"; "While My Lady Sleeps"; "Chronic Blues" (May 31, 1957).
Omit Splawn and Shihab.
"Time Was"; "Violets for Your Furs" (May 31, 1957).

JOHN COLTRANE — LUSH LIFE: Prestige 7581
Coltrane (tenor sax); Red Garland (piano); Paul Chambrs (bass); Al Heath (drums).
"I Hear a Rhapsody" (May 31, 1957).
Earl May for Chambers; Art Taylor for Heath; omit Garland.
"Like Someone in Love"; "I Love You"; "Trane's Slow Blues" (August 16, 1957).
Paul Chambers for May; Louis Hayes for Taylor; add Red Garland (piano), Donald Byrd (trumpet).
"Lush Life" (January 10, 1958).

NOTE: Prestige 7609 and 7581 combined in Prestige 24014 — MORE LASTING THAN BRONZE

JOHN COLTRANE — TRANEING IN: Prestige 7651
Coltrane (tenor sax); Red Garland (piano); Paul Chambers (bass); Taylor (drums).
"Traneing In"; "Slow Dance"; "Boss Blues"; "You Leave Me Breathless"; "Soft Lights and Sweet Music" (August 23, 1957).

JOHN COLTRANE — BLUE TRAIN: Blue Note 1577
Lee Morgan (trumpet); Curtis Fuller (trombone); Coltrane (tenor sax); Kenny Drew (piano); Paul Chambers (bass); Philly Joe Jones (drums).
"Blue Train"; "Moment's Notice"; "Locomotion"; "I'm Old Fashioned"; "Lazy Bird" (September 15, 1957).

PRESTIGE ALL STARS — WHEELIN' AND DEALIN': Prestige 8327
Coltrane, Paul Quinichette (tenor sax); Frank Wess (flute); Mal Waldrom (piano); Doug Watkins (bass); Art Taylor (drums).
"Things Ain't What They Used to Be"; "Wheelin'"; "Robbins' Nest"; "Dealin'" (September 20, 1957).

SONNY CLARK — SONNY'S CRIB: Blue Note 1756
Donald Byrd (trumpet); Curtis Fuller (trombone); Coltrane (tenor sax); Sonny Clark (piano); Paul Chambers (bass); Art Taylor (drums).
"Sonny's Crib"; "Speak Low"; "Softly"; "With a Song in My Heart"; "Come Rain or Come Shine"; "News for Lulu"; (October 9, 1957).

WINNERS CIRCLE: Bethlehem 6024
Donald Byrd (trumpet); Frank Rehak (trombone); Gene Quill (alto sax); Coltrane (tenor sax); Al Cohn (bariton sax); Eddie Costa (piano); Freddie Green (guitar); Oscar Pettiford (bass); Philly Joe Jones (drums).
"Not So Sleepy" (October, 1957).
Ed Thigpen for Jones; omit Quill and Green.
"Love and the Weather"; "Turtle Walk"; "If I'm Lucky" (October, 1957).

RED GARLAND — ALL MORNING LONG: Prestige 7130
Donald Byrd (trumpet); Coltrane (tenor sax); Red Garland (piano); George Joyner (bass); Art Taylor (drums).
"All Morning Long"; "They Can't Take That Away from Me"; "Our Delight" (November 15, 1957).

RED GARLAND — SOUL JUNCTION: Prestige 7181
Donald Byrd (trumpet); Coltrane (tenor sax); Red Garland (piano); George Joyner (bass); Art Taylor (drums).
"Soul Junction"; "Woody'n You"; "Birks Works"; "I've Got it Bad and That Ain't Good"; "Hallelujah" (November 15, 1957).

NOTE: Prestige 7130 and 7181 combined in Prestige 24023-JUNCTION

RED GARLAND — HIGH PRESSURE: Prestige 7209
Donald Byrd (trumpet); Coltrane (tenor sax); Red Garland (piano); George Joyner (bass); Art Taylor (drums).
"Undecided"; "What Is There to Say" (November 15, 1957); "Solitude"; "Two Bass Hit"; "Soft Winds" (December 13, 1957).

RED GARLAND — DIG IT: Prestige 7229
Donald Byrd (trumpet); Coltrane (tenor sax); Red Garland (piano); George Joyner (bass); Art Taylor (drums).
"Billie's Bounce"; "Lazy Mae" (December 13, 1957).

THE RAY DRAPER QUINTET FEATURING JOHN COLTRANE: New Jazz 8228
Ray Draper (tuba); Coltrane (tenor sax); Gil Coggins (piano); Spanky DeBrest (bass); Larry Richie (drums).
"Under Paris Skies"; "Clifford's Kappa"; "Filide"; "Two Sons"; "Paul's Pal"; "I Hadn't Anyone" (December 20, 1957).

ART BLAKEY BIG BAND: Bethlehem 6027
Donald Byrd, Idrees Sulieman, Bill Hardman, Ray Copeland (trumpet); Melba Liston, Frank Rehak, Jimmy Cleveland (trombone); Sahib Shihab, Bill Graham (alto sax); Coltrane, Al Cohn (tenor sax); Bill Slapin (baritone sax); Walter Bishop (piano); Wendell Marshall (bass); Art Blakey (drums).
"Midriff"; "Ain't Life Grand"; "El Toro Valiente"; "The Kiss of No Return"; "Late Date"; "The Outer World" (December 1957).
Omit everyone except Byrd, Coltrane, Bishop, Marshall, Blakey. "Tippin'"; "Pristine" (December 1957).

GENE AMMONS AND HIS ALL STARS — GROOVE BLUES: Prestige 7201
Coltrane (alto sax); Gene Ammons, Paul Quinichette (tenor sax); Pepper Adams (baritone sax); Jerome Richardson (flute); Mal Waldron (piano); George Joyner (bass); Art Taylor (drums).
"Ammons' Joy"; "Groove Blues"; "It Might as Well Be Spring"; "Jug Handle" (January 3, 1958).

GENE AMMONS AND HIS ALL STARS — THE BIG SOUND: Prestige 7132
Coltrane (alto sax); Gene Ammons, Paul Quinichette (tenor sax); Pepper Adams (baritone sax); Jerome Richardson (flute); Mal Waldron (piano); George Joyner (bass); Art Taylor (drums).
"The Real McCoy"; "Cheek to Cheek"; "Blue Hymn"; "That's All" (January 3, 1958).

JOHN COLTRANE — THE BELIEVER: Prestige 7292
Donald Byrd (trumpet); Coltrane (tenor sax); Red Garland (piano-); Paul Chambers (bass); Louis Hayes (drums).
"The Believer"; "Nakatini Serenade" (January 10, 1958).
Freddie Hubbard for Byrd; Jimmy Cobb for Hayes.
"Do I Love You Because You're Beautiful?" (December 26, 1958).

JOHN COLTRANE — THE LAST TRANE: Prestige 7378
Donald Byrd (trumpet); Coltrane (tenor sax); Red Garland (piano); Paul Chambers (bass); Louis Hayes (drums).
"Lover"; "Come Rain or Come Shine" (January 10, 1958).
"Black Pearls"; "Lover Come Back to Mee"; "Sweet Sapphire Blues" (May 23, 1958).

MILES DAVIS — JAZZ TRACK: Columbia 1268
Miles Davis (trumpet); Cannonball Adderley (alto sax); Coltrane (tenor sax); Bill Evans (piano); Paul Chambers (bass); Jimmy Cobb (drums).
"On Green Dolphin Street"; "Put Your Little Foot Right Out"; "Stella by Starlight (May 26, 1958).

MICHEL LEGRAND — LEGRAND JAZZ: Columbia 8079
Miles Davis (trumpet); Phil Woods (alto sax); Coltrane (tenor sax); Jerome Richardson (baritone sax); Herbie Mann (flute); Betty Glamann (harp); Eddie Costa (vibes); Bill Evans (piano); Paul Chambers (bass); Kenny Dennis (drums); Michel Legrand (conductor, arranger).
"Wild Man Blues"; "Round Midnight"; "The Jitterbug Waltz" (June 25, 1958).

MILES DAVIS — MILES AND MONK AT NEWPORT: Columbia 8978
Miles Davis (trumpet); Cannonball Adderley (alto sax); Coltrane (tenor sax); Bill Evans (piano); Paul Chambers (bass); Jimmy Cobb (drums).
"Ah-Leu-Cha"; "Straight, No Chaser"; "Fran-Dance"; "Two Bass Hit" (July 3, 1958).

JOHN COLTRANE — STARDUST: Prestige 7268
Wilbur Harden (fluegelhorn); Coltrane (tenor sax); Red Garland (piano); Paul Chambers (bass); Jimmy Cobb (drums).
"Stardust"; "Love Thy Neighbor" (July 11, 1958).
Freddie Hubbard for Harden.
"Time After Time" (December 26, 1958).
Art Taylor for Cobb; omit Hubbard.
"Then I'll Be Tired of You" (December 26, 1958).

JOHN COLTRANE — STANDARD COLTRANE: Prestige 7243
(Same as THE MASTER: Prestige 7825)
Wilbur Harden (fluegelhorn); Coltrane (tenor sax); Red Garland (piano); Paul Chambers (bass); Jimmy Cobb (drums).
"Spring Is Here"; "Invitation"; "Don't Take Your Love from Me"; "I'll Get By" (July 11, 1958).
Jimmy Cobb for Hayes; omit Byrd.
"By the Numbers" (March 26, 1958).
Earl May for Chambers; Art Taylor for Cobb; omit Garland and Byrd.
"Trane's Slow Blues" (August 16, 1957).

JOHN COLTRANE — SOULTRANE: Prestige 7531
Coltrane (tenor sax); Red Garland (piano); Paul Chambers (bass); Art Taylor (drums).
"Good Bait"; "I Want to Talk About You"; "You Say You Care"; "Theme for Ernie"; "Russion Lullaby" (February 7, 1958).

NOTE: Prestige 7651 and 7531 combined in Prestige 24003 — JOHN COLTRANE

KENNY BURRELL — JOHN COLTRANE: New Jazz 8276
Coltrne (tenor sax); Tommy Flanagan (piano); Kenny Burrell (guitar); Paul Chambers (bass); Jimmy Cobb (drums).
"Lyresto"; "Why Was I Born?", "Freight Train"; "I Never Knew"; "Big Paul" (March 7, 1958).

WILBUR HARDEN QUINTET: Savoy 12127
Wilbur Harden (fluegelhorn); Coltrane (tenor sax); Tommy Flanagan (piano); Doug Watkins (bass); Louis Hayes (drums).
"Wells Fargo"; "West 42nd Street"; "W.F.F.P.H."; "Rhodomagnetics"; "Snuffy" (March 13, 1958).

JOHN COLTRANE — TRANE'S REIGN: Prestige 7746
Coltrane (tenor sax); Red Garland (piano); Paul Chambers (bass); Art Taylor (drums).
"I See Your Face Before Me"; "If There Is Someone Lovelier Than You"; "Little Melonae"; "Rise 'n' Shine" (March 26, 1958).

MILES DAVIS — MILESTONES: Columbia 1193
Miles Davis (trumpet); Cannonball Adderley (alto sax); Coltrane (tenor sax); Red Garland (piano); Paul Chambers (bass); Philly Joe Jones (drums).
"Dr. Jackle"; "Straight, No Chaser" (April 2, 1958).
"Two Bass Hit"; "Milestones" (April 2, 1958).
"Sid's Ahead" (April 3, 1958).

JOHN COLTRANE — BLACK PEARLS: Prestige 7316
Donald Byrd (trumpet); Coltrane (tenor sax); Red Garland (piano); Paul Chambers (bass); Art Taylor (drums).

JOHN COLTRANE — BAHIA: Prestige 7353
Wilbur Harden (fluegelhorn); Coltrane (tenor sax); Red Garland (piano); Paul Chambers (bass); Jimmy Cobb (drums).
"My Ideal"; "I'm a Dreamer" (July 11, 1958).
Omit Harden.
"Something I Dreamed Last Night" (December 26, 1958).
Art Taylor for Cobb.
"Bahia"; "Goldsboro Express" (December 26, 1958).

WILBUR HARDEN — JAZZ WAY OUT: Savoy 13004
Wilbur Harden (fluegelhorn); Curtis Fuller (trombone); Coltrane (tenor sax); Tommy Flanagan (piano); Alvin Jackson (bass); Art Taylor (drums).
"Dial Africa"; "Domba"; "Gold Coast" (August 18, 1958).

WILBUR HARDEN — TANGANYIKA STRUT: Savoy 13005
Wilbur Harden (fluegelhorn); Curtis Fuller (trombone); Coltrane (tenor sax); Howard Williams (piano); Alvin Jackson (bass); Art Taylor (drums).
"B. J."; "Tanganyika Strut"; "Anedao"; "Once in al While" (August 25, 1958).

GEORGE RUSSELL — NEW YORK N. Y.: Decca 9216
Doc Severinsen, Art Farmer, Ernie Royal (trumpet); Bob Brookmeyer, Frank Rehak, Tommy Mitchell (trombone); Hal McKusick (alto sax); Coltrane (tenor sax); Sol Schilinger (baritone sax); Bill Evans (piano); Barry Galbraith (guitar); Milt Hinton (bass); Charlie Persip (drums); Jon Hendricks (narrator).
"Manhattan" (September 12, 1958).

JOHN COLTRANE — COLTRANE TIME: United Artists 5638
Coltrane (tenor sax); Kenny Dorham (trumpet); Cecil Taylor (piano); Chuck Israels (bass); Louis Hayes (drums).
"Shifting Down"; "Just Friends"; "Like Someone in Love"; "Double Clutching" (October 13, 1958).

RAY DRAPER — A TUBA JAZZ: Jubilee 1090
Ray Draper (tuba); Coltrane (tenor sax); John Maher (piano); Spanky DeBrest (bass); Larry Richie (drums).
"Essil's Dance"; "Doxy"; "I Talk to the Trees"; "Yesterdays"; "Oleo"; "Angel Eyes" (November 1958).

BAGS AND TRANE: Atlantic 1368
Coltrane (tenor sax); Milt Jackson (vibes); Hank Jones (piano); Paul Chambers (bass); Connie Kay (drums).
"Bags and Trane"; "Three Little Words"; "The Night We Called It a Day"; "Be-Bop"; "The Late Late Blues" (January 15, 1959).

CANNONBALL ADDERLEY QUINTET IN CHICAGO: Mercury 20449
Cannonball Adderley (alto sax); Coltrane (tenor sax); Wynton Kelly (piano); Paul Chambers (bass); Jimmy Cobb (drums).
"Grand Central"; "The Sleeper"; "Wabash"; "Weaver of Dreams"; "Limehouse Blues" (February 3, 1959).

MILES DAVIS — KIND OF BLUE: Columbia 8163
Miles Davis (trumpet); Cannonball Adderley (alto sax); Coltrane (tenor sax); Bill Evans (piano); Paul Chambers (bass); Jimmy Cobb (drums).
"So What"; "Blues in Green" (March 2, 1959).
Wynton Kelly for Evans.
"Freddie Freeloader" (March 2, 1959).
Bill Evans for Kelly.
"Flamenco Sketches"; "All Blues"; (April 22, 1959).

JOHN COLTRANE — GIANT STEPS: Atlantic 1311
Coltrane (tenor sax); Tommy Flanagan (piano); Paul Chambers (bass); Art Taylor (drums).
"Giant Steps"; "Cousin Mary"; "Countdown"; "Spiral"; "Syeeda's" Song Flute" (May 4—5, 1959).
Wynton Kelly for Flanagan; Jimmy Cobb for Taylor.
"Naima' (December 2, 1959).

JOHN COLTRANE — COLTRANE JAZZ: Atlantic 1354
Coltrane (tenor sax); Wynton Kelly (piano); Paul Chambers (bass); Jimmy Cobb (drums).
"Little Old Lady"; "I'll Wait and Pray" (November 24, 1959).
"Harmonique"; "My Shining Hour"; "Fifth House"; "Like Sonny"; "Some Other Blues" (December 2, 1959).
McCoy Tyner for Kelly, Steve Davis for Chambers; Elvin Jones for Cobb.
"Village Blues" (October 21, 1960).

ECHOES OF AN ERA: Roulette RE-120
Coltrane (tenor sax); McCoy Tyner (piano); Steve Davis (bass); Billy Higgins (drums).
"Exotica"; "One and Four"; "Simple Like" (1960).

JOHN COLTRANE AND DON CHERRY — THE AVANTGARDE: Atlantic 1451
Don Cherry (trumpet); Coltrane (tenor, soprano sax); Charlie Haden (bass); Ed Blackwell (drums).
"Cherryco"; "The Blessing" (July 1960).
Percy Heath for Haden.
"Focus on Sanity"; "The Invisible"; "Bemsha Swing" (July 1960).

JOHN COLTRANE — MY FAVORITE THINGS: Atlantic 1361
Coltrane (tenor, soprano sax); McCoy Tyner (piano); Steve Davis (bass); Elvin Jones (drums).
"My Favorite Things" (October 21, 1960). "Ev'rytime We Say Goodbye"; "But Not for Me" (October 26, 1960); ,,Summertime" (October 24, 1960).

JOHN COLTRANE — COLTRANE PLAYS THE BLUES: Atlantic 1382
Coltrane (tenor, soprano); McCoy Tyner (piano); Steve Davis (bass); Elvin Jones (drums).
"Blues to Elvin"; "Blues to Bechet"; "Blues to You"; "Mr. Day"; "Mr. Syms"; "Mr. Knight" (October 24, 1960).

JOHN COLTRANE — COLTRANE'S SOUND: Atlantic 1419
Coltrane (tenor, soprano); McCoy Tyner (piano); Steve Davis (bass); Elvin Jones (drums).
"Central Park West"; "Body and Soul"; "Satellite" (October 24, 1960); "The Night Has a Thousand Eyes"; "Liberia"; "Equinox" (October 26, 1960).

JOHN COLTRANE — THE COLTRANE LEGACY: Atlantic 1553
Coltrane (tenor, soprano); McCoy Tyner (piano); Steve Davis (bass); Elvin Jones (drums).
"Unitled Original"; (October 24—26, 1960).
Hank Jones for Tyner; Paul Chambers for Davis; Connie Kay for Jones; add Milt Jackson (vibes).

"Centerpiece"; "Stairway to the Stars"; "Blues Legacy" (January 15, 1959).
McCoy for Jones; Art Davis for Chambers; Elvin Jones for Kay; omit Jackson; add Eric Dolphy (flute), Freddie Hubbard (trumpet).
"Original Untitled Ballad" (May 25, 1961).

THE BEST OF JOHN COLTRANE: Atlantic 1541
Coltrane (tenor, soprano); McCoy Tyner, Tommy Flanagan, Winton Kelly (piano); Steve Davis, Paul Chambers (bass); Elvin Jones, Jimmy Cobb, Art Taylor (drums).
"My Favorite Things"; "Naima"; "Giant Steps"; "Equinox"; "Cousin Mary"; "Central Park West".

THE ART OF JOHN COLTRANE — THE ATLANTIC YEARS: Atlantic 2—313
Coltrane (tenor, soprano); McCoy Tyner, Tommy Flanagan, Wynton Kelly (piano); Steve Davis, Paul Chambers (bass); Elvin Jones, Art Taylor, Jimmy Cobb (drums); Don Cherry (trumpet); Percy Heath (bass); Ed Blackwell (drums).
"Syeeda's Song Flute"; "Aisha"; "Countdown"; "Mr. Knight"; "My Shining Hour"; "Blues to Bechet"; "The Invisible"; "My Favorite Things"; "Giant Steps"; "Central Park West"; "Like Sonny"; "Body and Soul".

MILES DAVIS — SOMEDAY MY PRINCE WILL COME: Columbia 8456
Miles Davis (trumpet); Coltrane, Hank Mobley (tenor sax); Wynton Kelly (piano); Paul Chambers (bass); Jimmy Cobb (drums);
"Someday My Prince Will Come" (March 20, 1961).
Omit Mobley.
"Teo" (March 21, 1961).

JOHN COLTRANE — AFRICA/BRASS: Impulse 6
Booker Little (trumpet); Britt Woodman (trombone); Carl Bowman (euphonium); Julius Watkins, Donald Corrado, Bob Northern, Robert Swisshel (French horn); Bill Barber (tuba); Eric Dolphy (alto sax, flute, bass clarinet); Coltrane (tenor, soprano, sax); Pat Patrick (baritone sax); McCoy Tyner (piano); Reggie Workman, Art Davis (bass); Elvin Jones (drums).
"Greensleeves" (May 23, 1961); "Africa"; "Blues Minor" (June 7, 1961).

JOHN COLTRANE — OLE COLTRANE: Atlantic 1373
Freddie Hubbard (trumpet); Eric Dolphy (alto sax, flute); Coltrane (tenor, soprano sax); McCoy Tyner (piano); Reggie Workman, Art Davis (bass); Elvin Jones (drums).
"Olé"; "Dahomey Dance"; "Aisha" (May 25, 1961).

JOHN COLTRANE — COLTRANE "LIVE" AT THE VILLAGE VANGUARD: Impulse 10
Coltrane (tenor, soprano sax); McCoy Tyner (piano); Reggie Workman (bass); Elvin Jones (drums).
"Softly as in a Morning Sunrise"; "Chasin' the Trane" (November 2—3, 1961).
Add Eric Dolphy (bass clarinet).
"Spiritual" (November 23, 1961).

JOHN COLTRANE — IMPRESSIONS: Impulse 42
Coltrane (tenor, soprano sax); Eric Dolphy (bass clarinet); McCoy Tyner (piano); Reggie Workman, Jimmy Garrison (bass); Elvin Jones (drums).
"India" (November 5, 1961).
Omit Dolphy and Workman.
"Impressions" (November 5, 1961); "Up 'Gainst the Wall" (September 18, 1962).
Roy Haynes for Jones.
"After the Rain" (April 29, 1963).

JOHN COLTRANE QUARTET: Impulse 203 (Extended Play; Sample Album) Coltrane (tenor, soprano sax); McCoy Tyner (piano); Jimmy Garrison (bass); Elvin Jones (drums).
"Greensleeves"; "It's Easy to Remember" (December 21, 1961).

JOHN COLTRANE — COLTRANE: Impulse 21
Coltrane (tenor, soprano, sax); McCoy Tyner (piano); Jimmy Garrison (bass); Elvin Jones (drums).

"Soul Eyes"; "The Inch Worm" (April 11, 1962); "Miles' Mode" (June 21, 1962); "Tunji"; "Out of This World" (June 29, 1962).

JOHN COLTRANE — BALLADS: Impulse 32
Coltrane (tenor sax); McCoy Tyner (piano); Jimmy Garrison (bass); Elvin Jones (drums); "It's Easy to Remember" (December 21, 1961); "What's New"; "Nancy" (September 18, 1962); "Say It Over and Over Again"; "You Don't Know What Love Is"; "Too Young to Go Steady"; "All or Nothing At All"; "I Wish I Knew" (November 13, 1962).

DUKE ELLINGTON AND JOHN COLTRANE: Impulse 30
Coltrane (tenor, soprano sax); Duke Ellington (piano); Jimmy Garrison (bass); Elvin Jones (drums).
"Angelica", "Big Nick"; "Take the Coltrane" (September 26, 1962). Aaron Bell for Garrison.
"In a Sentimental Mood" (September 26, 1962).
Sam Woodyard for Jones.
"Stevie"; "My Little Brown Book"; "The Feeling of Jazz" (September 26, 1962).

JOHN COLTRANE — THE PARIS CONCERT: Pablo Live 2308217
Coltrane (tenor, soprano sax); McCoy Tyner (piano); Jimmy Garrison (bass); Elvin Jones (drums). "Mr, P. C."; "The Inch Worm"; "Every Time We Say Goodbye" (November 1962).

JOHN COLTRANE — THE EUROPEAN TOUR: Pablo Live 2308222
Same as above. "The Promise"; "I Want to Talk About You"; "Naima"; "Mr. P. C."; (November 1962).

JOHN COLTRANE — BYE BYE BLACKBIRD: Pablo Live 2308227
Same as above. "Bye Bye Blackbird"; "Traneing In" (November 1962).

JOHN COLTRANE WITH JOHNNY HARTMAN: Impulse 40
Coltrane (tenor sax); McCoy Tyner (piano); Jimmy Garrison (bass); Elvin Jones (drums); Johnny Hartman (vocal).
"The Say It's Wonderful"; "Lush Life"; "My One and Only Love"; "Autumn Serenade"; "Dedicated to You"; "You Are Too Beautiful" (March 6—7, 1963).

THE DEFINITIVE JAZZ SCENE: Impulse 9101 — Volume 3
Coltrane (tenor sax); McCoy Tyner (piano); Jimmy Garrison (bass); Elvin Jones (drums). "Vilia" (March 6, 1963).

JOHN COLTRANE — AFRO BLUE IMPRESSIONS: Pablo Live 2620101
Coltrane (tenor sax); McCoy Tyner (piano); Jimmy Garrison (bass); Elvin Jones (drums). "Lonnie's Lament"; "Naima"; "Chasin' the Trane"; "My Favorite Things"; "Afro Blue"; "Cousin Mary"; "I Want to Talk About You"; "Spiritual"; "Impressions"; (April/October 1963).

SELFLESSNESS — JOHN COLTRANE: Impulse 9161
Coltrane (tenor, soprano sax); McCoy Tyner (piano); Jimmy Garrison (bass); Roy Haynes (drums).
"My Favorite Things"; "I Want to Talk About You" (July 7, 1963).
Elvin Jones for Haynes; add Pharoah Sanders (tenor sax); Donald Garrett (bass, clarinet); Frank Butler (drums); Juno Lewis (percussion).
"Selflessness" (October, 1965).

JOHN COLTRANE — COLTRANE "LIVE" AT BIRDLAND: Impulse 50
Coltrane (tenor, soprano sax); McCoy Tyner (piano); Jimmy Garrison (bass); Elvin Jones (drums).
"Afro-Blue"; "I Want to Talk About You"; "The Promise" (October 8, 1963); "Alabama"; "Your Lady" (November 18, 1963).

JOHN COLTRANE — CRESCENT: Impulse 66
Coltrane (tenor sax); McCoy Tyner (piano); Jimmy Garrison (bass); Elvin Jones (drums).
"Crescent"; "Wise One"; "Bessie's Blues"; "Lonnie's Lament"; "The Drum Thing" (April 27, June 1, 1964).

JOHN COLTRANE — A LOVE SUPREME: Impulse 77
Coltrane (tenor sax); McCoy Tyner (piano); Jimmy Garrison (bass); Elvin Jones (drums).
"Acknowledgement"; "Resolution"; "Pursuance"; "Psalm" (December 9, 1964).

THE JOHN COLTRANE QUARTET PLAYS: Impulse 85
Coltrane (tenor, soprano sax); McCoy Tyner (piano); Jimmy Garrison (bass); Elvin Jones (drums);
"Nature Boy"; "Brazilia"; "Chin Chim Cheree"; "Song of Praise" (February 17—18, 1965).

THE NEW WAVE IN JAZZ: Impulse 90
Coltrane (tenor, soprano sax); McCoy Tyner (piano); Jimmy Garrison (bass); Elvin Jones (drums).
"Nature Boy" (March 28, 1965).

JOHN COLTRANE — KULU SE MAMA: Impulse 9106
Coltrane (tenor sax); McCoy Tyner (piano); Jimmy Garrison (bass); Elvin Jones (drums).
"Virgil"; "Welcome" (June 28, 1965).
Add Pharoah Sanders (tenor sax), Donald Garrett (bass, bass clarinet), Frank Butler (drums), Juno Lewis (percussion, vocal).
"Kulu Se Mama" (October, 1965).

JOHN COLTRANE — ASCENSION: Impulse 95
Coltrane, Archie Shepp, Pharoah Sanders (tenor sax); John Tchicai, Marion Brown (alto sax); Freddie Hubbard. Dewey Johnson (trumpet); McCoy Tyner (piano); Jimmy Garrison, Art Davis (bass); Elvin Jones (drums).
"Ascension" (June 28, 1965).

NEW THING AT NEWPORT: Impulse 94
Coltrane (tenor sax); McCoy Tyner (piano); Jimmy Garrison (bass); Elvin Jones (drums).
"One Down, One Up" (July 2, 1965).

JOHN COLTRANE — TRANSITION: Impulse 9195
Coltrane (tenor sax); McCoy Tyner (piano); Jimmy Garrison (bass); Elvin Jones (drums).
"Dear Lord" (May, 1965); "Transition, Suite-Prayer and Meditation: Day, Peace and After, Prayer and Meditation: Evening, Affirmation, Prayer and Meditation: 4 AM" (June, 1965).

JOHN COLTRANE — SUN SHIP: Impulse 9211
Coltrane (tenor sax); McCoy Tyner (piano); Jimmy Garrison (bass); Elvin Jones (drums).
"Sun Ship"; "Dearly Beloved"; "Amen"; "Attaining"; "Ascent" (August 26, 1965).

JOHN COLTRANE — INFINITY: Impulse 9225
Coltrane (tenor sax); McCoy Tyner (piano); Jimmy Garrison (bass); Elvin Jones (drums).
"Living Space" (June 16, 1965); "Joy" (September 22, 1965).
Alice Coltrane for Tyner; Charlie Haden for Garrison; Rashied Ali for Jones, add Ray Appleton (percussion), Pharoah Sanders (tenor sax), Joan Chapman (tamboura).
"Peace on Earth"; "Leo" (February 2, 1966).

JOHN COLTRANE — LIVE IN SEATTLE: Impulse 9202-2
Coltrane, Pharoah Sanders (tenor sax); McCoy Tyner (piano); Jimmy Garrison, Donald Garrett (bass); Elvin Jones (drums).
"Cosmos"; "Out of This World"; "Evolution"; "Tapestry in Sound" (September 30, 1965).

JOHN COLTRANE — OM: Impulse 9140
Coltrane, Pharoah Sanders (tenor sax); Joe Brazil (flute); McCoy Tyner (piano); Jimmy Garrison, Donald Garrett (bass); Elvin Jones (drums).
"Om" (October 1, 1965).

JOHN COLTRANE — MEDITATIONS: Impulse 9110
Coltrane, Pharoah Sanders (tenor sax); McCoy Tyner (piano); Jimmy Garrison (bass); Elvin Jones, Rashied Ali (drums).
"The Father and the Son and the Holy Ghost"; "Compassion"; "Love"; "Consequences"; "Serenity" (November 23, 1965).

JOHN COLTRANE — COSMIC MUSIC: Impulse 9148
Coltrane (tenor sax, bass clarinet); Pharoah Sanders (tenor sax, flute); Alice Coltrane (piano); Jimmy Garrison (bass); Rashied Ali (drums); Ray Appleton, Ben Riley (percussion).
"Manifestation"; "Reverend King"; (February 2, 1966).

JOHN COLTRANE — "LIVE" AT THE VILLAGE VANGUARD AGAIN: Impulse 9124
Coltrane (tenor, soprano sax); Pharoah Sanders (tenor sax); Alice Coltrane (piano); Jimmy Garrison (bass); Rashied Ali (drums); Emanuel Rahim (percussion).
"Naima"; "My Favorite Things" (May 28, 1966).

JOHN COLTRANE — CONCERT IN JAPAN: Impulse 9246-2
Coltrane, Pharoah Sanders (tenor, alto sax, bass clarinet); Alice Coltrane (piano); Jimmy Garrison (bass); Rashied Ali (drums).
"Meditations"; "Leo"; "Peace on Earth" (July 22, 1966).

JOHN COLTRANE — EXPRESSION: Impulse 9120
Coltrane (tenor sax, flute); Pharoah Sanders (tenor sax, piccolo); Alice Coltrane (piano); Jimmy Garrison (bass); Rashied Ali, (drums).
"To Be"; "Offering" (February 15, 1967); "Expression"; "Ogunde" (March 7, 1967).

THE BEST OF JOHN COLTRANE VOL. 1: Impulse 9200-2
"Africa"; "Softly as in a Morning Sunrise"; "Soul Eyes"; "After the Rain"; "Afro-Blue"; "Alabama"; "My Favorite Things"; "Bessie's Blues"; "Psalm"; "Kulu Se Mama"; "Naima"; "Om".

THE BEST OF JOHN COLTRANE VOL. 2: Impulse 9223-2
"Greensleeves"; "India"; "Miles' Mode"; "Big Nick"; "The Promise"; "Chim Chim Cheree"; "Ascension"; "The Father and the Son and the Holy Ghost"; "Manifestation"; "Ogunde".

THE BEST OF JOHN COLTRANE VOL. 3: Impulse 9278-2
"Dear Lord"; "Chasin' the Trane"; "Up 'Gainst the Wall"; "Crescent"; "Nature Boy"; "Welcome"; "Cosmos"; "Dedicated to You"; "Expression"; "Living Space".

JOHN COLTRANE — AFRICA/BRASS VOL. 2: Impulse 9273
"Africa"; "Greensleves"; "Song of the Underground Railroad".

JOHN COLTRANE — INTERSTELLAR SPACE: Impulse 9277
Coltrane (tenor sax); Rashied Ali (drums).
"Mars"; "Venus"; "Jupiter"; "Saturn" (February 22, 1967).

THE MASTERY OF JOHN COLTRANE, VOL. 1 — FEELING GOOD: Impulse 9345
Coltrane (tenor, soprano sax); McCoy Tyner (piano); Jimmy Garrison (bass), Elvin Jones (drums) "My Favorite Things"; "Living Space"; "Untitled 90320"; "Nature Boy"; "Joy".
Same as above; add Art Davis (bass); "Feeling Good"; "Untitled 90314".

THE MASTERY OF JOHN COLTRANE, VOL 2 — TO THE BEAT OF A DIFFERENT DRUM: Impulse 9346

Coltrane (tenor, soprano sax); McCoy Tyner (piano); Jimmy Garrison (bass); Roy Haynes (drums).
"Impressions"; "I Want To Talk About You"; "My Favorite Things"; "After the Rain"; "Dear Old Stockholm"; "After the Crescent"; "One Down, One Up"; "Dear Lord".

THE MASTERY OF JOHN COLTRANE, VOL. 3 — JUPITER VARIATION: Impulse 9360
Coltrane (tenor sax); Alice Coltrane (piano); Jimmy Garrison (bass); Rashied Ali (drums). "Number One".
Omit Garrison; add Charlie Haden (bass); Pharoah Sanders (flute, tambourin); Ray Appleton (shakers). "Peace On Earth".
Coltrane (tenor sax, bells); Rashied Ali (drums); "Jupiter"; "Leo".

THE MASTERY OF JOHN COLTRANE, VOL. 4 — TRANE'S MODES: Impulse 9361
Coltrane (tenor, soprano sax); Eric Dolphy (alto sax, bass clarinet); McCoy Tyner (piano); Jimmy Garrison (bass); Elvin Jones (drums).
"Impressions" (two takes); "Miles' Mode".
Omit Garrison; add Reggie Workman (bass);
"Greensleeves" (2rd take); "Naima".
Some as above; Roy Haynes (drums) for Jones. "Chasin' Another Trane".
Some as above' Elvin Jones (drums) for Haynes; add Pat Patrick, Garrin Bushell (reeds); Booker Little, Freddie Hubbard (trumpet); Hernifan Majeed, Julian Priester (euphonium); Jimmy Buffington, Julius Watkins, Donald Corrado, Bob Northern, Robert Swisshel (french horns). Paul Chambers (bass).
"Africa" (1st version); "The Damned Don't Cry".

FOR JOHN COLTRANE

They should have
shown you to the sun,
so he could know
his rival

you might have
made the world go mellow,

turned empty tables
golden with your sound

we are lucky, I suppose,
they let you blow at all
their love is gold
that turns to dollars

yours streamed from your mouth
as free as air,
as rare as free

still I can say
to childen I don't have yet
Once upon a time, a Coltrane
walked the earth,

and hope
that they grow ears

DEBORAH D'AMICO

HERE WHERE COLTRANE IS

Soul and race
are private dominions,
memories and modal
songs, a tenor blossoming,
which would paint suffering
a clear color but is not in
this Victorian no use
without oil in zero degree
weather and a forty-mile-an-hour wind;
it is all a well-knit family:
a love supreme.

Oak leaves pile up on walkway
and steps, catholic as apples
in a special mist of clear white
children who love my children.
I play *Alabama*
an a warped record player
skipping the scratches
on your faces over the fibrous
conical hairs of plastic
under the wooden floors.

Dreaming on a train from New York
to Philly, you hand out six
notes which become an anthem
to our memories of you:
oak, birch, maple,
apple, cocoa, rubber.

For this reason Martin is dead;
for this reason Malcolm is dead;
for this reason Coltrane is dead;
in the eyes of my first son are the browns
of these men and their music.

MICHAEL S. HARPER

AUSGEWÄHLTE CD-DISCOGRAPHIE

Nachstehend aufgelistete Compact-Discs dokumentieren im wesentlichen John Coltranes musikalische Entwicklung vom Mitglied des Dizzy Gillespie Sextetts (1951) über das Miles Davis Quintett bis zu seiner Duo-Arbeit mit dem Drummer Rashied Ali (1967). Die Auflistung der CD's erfolgte chronologisch, wobei der jeweils am frühesten aufgenommene Musiktitel eines Albums für den Fortlauf der Chronologie maßgebend ist. Da die meisten CD's die Albumtitel der früheren Langspielplatten übernommen haben, wurde von Besetzungs- und Titelangaben abgesehen. Lediglich die Aufnahmedaten sind angegeben, um das Auffinden der Sitzung(en) innerhalb einer vollständigen Discographie zu erleichtern. Die sechzehnteilige CD-Box der Firma "Fantasy" enthält sämtliche Einspielungen John Coltranes (mit Ausnahme dreier Sitzungen des Miles Davis Quintetts), die in den Jahren 1956 bis 1958 für "Prestige" gemacht wurden. Da aber angenommen werden kann, daß nicht jeder Plattensammler diese aufwendige – wenn auch vorzügliche – CD-Box erwerben will, wurden auch einige wichtige CD's der Marke "Original Jazz Classics" (OJCCD) in diese Auswahldiscographie aufgenommen, obwohl diese Plattensitzungen in der Fantasy-16 CD-Box enthalten sind. Das Gleiche gilt für die Fantasy-8 CD-Box mit Miles Davis' vollständigen "Prestige"-Aufnahmen, an denen John Coltrane allerdings nur teilweise beteiligt war. Die Aufnahmen, die Coltrane im Juni und Juli 1957 mit Thelonius Monk gemacht hat, sind zur Zeit als Compact-Discs nur innerhalb der fünfzehnteiligen CD-Box "Riverside" 022-2 erhältlich. Es ist allerdings anzunehmen, daß in der nächsten Zeit (während der Drucklegung dieses Buches) ständig CD-Neuerscheinungen von John Coltrane-Aufnahmen zu erwarten sind. Vor allem GRP-Records plant die Herausgabe weiterer Coltrane-"Impulse"-Einspielungen aus den Jahren 1961 bis 1967.

Klaus Schulz, Dezember 1992

Dizzy Gillespie Sextett — 1. 3.1951 — Savoy 650101 (881901)
"Dee Gee Days"

Miles Davis Quintet — 27. 10. 1955, 5.– 6. / 10. 9. 1956 — CBS 460605-2
"Round About Midnight"

Miles Davis Quintet — 27. 10. 1955, 26. 5. 1958 — CBS 467898-2
"Circle In Round"

Miles Davis Quintet — 11. 5. / 26. 10. 1956 — OJCCD 190-2
"Relaxin'"

The "New" Miles Davis Quintet — 11. 5. / 26. 10. 1956 — OJCCD 296-2
"Workin'"

Miles Davis Quintet — 11. 5. / 26. 10. 1956 — OJCCD 391-2
"Steamin'"

Prestige All Stars — 7. 9. 1956 — OJCCD 127-2
"Tenor Conclave"

The "New" Miles Davis Quintet — 16. 11. 1955 — OJCCD 006-2
"Miles"

Miles Davis — 16. 11. 1955, 11. 5. / 26. 10. 1956
"The Complete Prestige Recordings 1951–1956" (Record 6 bis 8) — Fantasy 8 CD-Box

John Coltrane Groups incl. Miles Davis, Tadd Dameron,
Thelonius Monk, Mal Waldron u.a. — 1956/1959
"Soultrane" — Jazz Roots 56018

Miles Davis Quintet "Cookin' With The Miles Davis Quintett"	26. 10. 1956 OJCCD 128-2
Thelonius Monk Quartet "Thelonius Monk With John Coltrane"	12. und 16. 4. 1957, 26. 6. 1957 OJCCD 039-2
John Coltrane All Stars "Dakar"	20. 4. 1957 OJCCD 393-2
John Coltrane With The Red Garland Trio "Dig it!"	22. 3. 1957, 2. 2. 1958 OJCCD 392-2
John Coltrane – Paul Quinichette Quintet "Cattin'"	17. 5. 1957 OJCCD 460-2
John Coltrane Trio, Quartet, Quintet "Lush Life"	24. 5. / 16. 8. 1957, 10. 1. 1958 OJCCD 131-2
John Coltrane Quartet "Coltrane"	31. 5. 1957 OJCCD 020-2
Thelonius Monk "The Complete Riverside Recordings"	25. und 26. 6. 1957, Juli 1957 Riverside RCD 022-2 15 CD Box
John Coltrane Trio, Quintet / Red Garland Trio "The Last Trane"	16. 8. 1957, 10.1. / 26. 3. 1958 OJCCD 394-2
John Coltrane With The Red Garland Trio "Traneing In"	23. 8. 1957 OJCCD 189-2
Red Garland Quintet "All Morning Long"	5. 11. 1957 OJCCD 293-2
Red Garland Quintet "Soul Junction"	15. 11. 1957 OJCCD 481-2
Kenny Burrell – John Coltrane Quintet "Kenny Burrell & John Coltrane"	7. 3. 1958 OJCCD 300-2
Miles Davis Sextett "Milestones"	2. und 3. 4. 1958 CBS 460827-2
Wilbur Harden – John Coltrane Sextet "Tanganyika Strut"	13. 5. / 24. 6. 1958 Savoy SV 0125 (MG 12134)
Miles Davis Quintet, Sextet "'58 Miles"	26. 5. / 28. 7. 1958 CBS 467918-2
John Coltrane Trio, Quartet, Quintet "Bahaia"	11. 7. / 26. 12. 1958 OJCCD 415-2
Miles Davis All Stars "Live In 1958–59"	August, November 1958, 3. 1. 1959, Februar 1959 JB Records EB 2101-2
Ray Draper Quintet "A Tuba Jazz"	1958 Fresh Sound Records FRS CD 20
John Coltrane "The Prestige Recordings"	24. 5. 1956 bis 26. 12. 1958 Fantasy 16 CD Box

Diese 16 CD-Box beinhaltet sämtliche John Coltrane Aufnahmen für "Prestige" mit Ausnahme der drei Miles Davis Sitzungen (siehe "Miles Davis – The Complete Prestige Recordings"). Es sind darin folgende LP-Album-Titel bzw. OJC CD's includiert: "Cattin' With Coltrane & Qunichette", "Coltrane", "Lush Life", "Soultrane", "Settin' The Pace", "Black Pearls", "Traneing In", "The Believer", "The Last Trane", "Standard Coltrane", "Stardust", "Bahaia", "Informa Jazz" (Elmo Hope), "Tenor Madness" (Sonny Rollins), "Tenor Conclave" (Prestige All Stars), "Mating Call" (Tadd Dameron), "Interplay For 2 Trumpets And 2 Tenors", "Taylors Wailes" (Arthur Taylor), "The Cats" (Tommy Flanagan), "Mal 2" (Mal Waldron), "The Dealers" (Mal Waldron), "Dakar", "Wheelin' and Dealin'" (Frank Wess), "All Morning Long" (Red Garland), "Soul Junction" (Red Garland), "High Pressur" (Red Garland), "Dig It!" (Red Garland), "The Ray Draper Quintet Featuring John Coltrane", "The Big Sound" (Gene Ammons), "Groove Blues" (Gene Ammons), "Kenny Burrell & John Coltrane".

John Coltrane – Milt Jackson Quintet "Bags & Trane"	15. 1. 1959	Atlantic SD 1368-2
Cannonball Adderley "Compact Jazz"	3. 2. 1959	Emarcy 842930-2
Cannonball Adderley Quintet "Saxophones"	3. 2. 1959	West Wind WW 2013
Miles Davis Sextett "Kind Of Blue"	2. 3. / 22. 4. 1959	CBS 460603-2
John Coltrane Quartet "Giant Steps"	1. 4. / 4. 5. / 5. 5. / 2. 12. 1959	Atlantic 7567-81337-2
Don Cherry – John Coltrane Quartet "The Avant – Garde"	28. 6. / 8. 7. 1960	Atlantic 790041-2
John Coltrane Quartet "May Favorite Things"	21. / 24. / 26. 10. 1960	Atlantic 781 346-2
John Coltrane Trio, Quartet "Coltrane's Sound"	24. 10. / 26. 10. 1960	Altantic 7567 81358-2
John Coltrane Quartet "Coltrane Plays The Blues"	24. 10. 1960	Atlantic 1382-2
Miles Davis Quintet "Someday My Prince Will Come"	21. 3. 1961	CBS 466312-2
Miles Davis Quintet	20. / 21. 3. 1961	Mobile Fidelity MFCD 828
John Coltrane Group "Ole Coltrane"	25. 5. 1961	Atlantic SD 1373-2
John Coltrane Quartet, Quintet, Sextet "Impressions"	2. / 3. / 5. 11. 1961, 18. 9. 1962, 24. 9. 1963	Impulse MCD 05887
John Coltrane Quartet "Ballads"	21. 12. 1961, 18. 9. / 13. 11. 1962	Impulse MCD 05885
John Coltrane Quartet "The European Tour"	November 1962	Pablo Live 2308 222-2
John Coltrane Quartet "The Paris Concert"	1962	Pablo Live 2308 217-2

John Coltrane Quartet "Bye Bye Blackbird	1962	Pablo Live 2308 227-2
John Coltrane Quartet "The Complete Graz Concert"	28. 11. 1962	Magnetic Records MRCD 104, 105
John Coltrane Quartet, Johnny Hartman John Coltrane – Duke Ellington Quartet "The Gentle Side Of John Coltrane"	1962/1963	Impulse GRP 11072 2CD
John Coltrane Quartet "Afro Blue Impressions"	22. 10. / Oktober 1963	Pablo Live 2620101 2CD
John Coltrane Quartet "Crescent"	27. 4. / 1. 6. 1964	Impulse MCD 05889
John Coltrane Quartet "A Love Supreme"	9. 12. 1964	Impulse MCD 01648
John Coltrane Quartet "Live In Antibes, 1965"	27. / 28. 7. 1965	France Concert FCD 119
John Coltrane – Rasied Ali Duo "Interstellar Space"	22. 2. 1967	Impulse GRP 11102

IN THE MOMENT, Jazz der 80er Jahre, von Francis Davis Broschur, 270 Seiten + 8 Seiten s/w Photos incl. Discographie, Format 13,5 x 20 cm	**DM 35,–**
DER TOD DES RHYTHM & BLUES von Nelson George Hardcover, 255 Seiten + 21 Seiten s/w Photos incl. Discographie, Format 17 x 24 cm	**DM 40,–**
SWING UNTER DEN NAZIS, LA TRISTESSE DE SAINT LOUIS von Mike Zwerin Hardcover, 212 Seiten + 45 Seiten s/w Photos, Format 17 x 24 cm	**DM 38,–**
RED AND HOT, Jazz in Rußland von 1917–1990 – von S. Frederick Starr Hardcover, 331 Seiten + 24 Seiten s/w Photos, Format 17 x 24 cm	**DM 52,–**
NIGHTS IN BIRDLAND, Jazz-Fotos von 1954–1960 mit einem Essay von Jack Kerouac, von Carole Reiff Broschur, 128 Seiten, Photos meist ganzseitig s/w auf Kunstdruckpapier, Format 21 x 27,5 cm	**DM 42,–**
ELLA FITZGERALD, Sing Me A Swing Song And Let Me Dance von Jim Haskins Hardcover, 264 Seiten incl. 20 s/w Photos + Discographie, Format 17 x 24 cm	**DM 45,–**
CHET BAKER BLUE NOTE, Engel mit gebrochenen Flügeln Eine Hommage von Lothar Lewien Hardcover, 171 Seiten incl. 16 Seiten s/w Photos, incl. einer vom Autor ausgewählten und kommentierten CD-Discographie, Format 17 x 24 cm	**DM 40,–**
SWINGING VOICES OF AMERICA, Ein Kompendium großer Stimmen von Will Friedwald. Hardcover, 335 Seiten + 16 Seiten s/w Photos, Auswahldiskographie, Format 17 x 24 cm	**DM 54,–**
BENNY GOODMAN – KING OF SWING, Virtuoses Spiegelbild einer Epoche von James Lincoln Collier Hardcover, 384 Seiten incl. ausführlicher CD-Diskographie, Format 17 x 24 cm	**DM 54,–**
NAT KING COLE – UNFORGETTABLE, Das Pianowunder mit der Samtstimme von Leslie Gourse. Gebunden, ca. 300 Seiten incl. 16 Seiten s/w Photos incl. CD-Diskographie, Format 17 x 24 cm	**ca. DM 45,–**

Kataloge mit Kurzbeschreibungen der einzelnen Titel liegen kostenlos im gutsortierten Buchhandel auf

In der Reihe: **Jazz- und Swingbiographien – Jazzgeschichte**

BLUES FELL THIS MORNING, Die Bedeutung des Blues – von Paul Oliver
Hardcover, 392 Seiten + 25 Seiten s/w Photos incl. Discographie,
Format 17 x 24 cm **DM 52,–**

FRAUEN IM JAZZ, Von der Jahrhundertwende bis zur Gegenwart
von Sally Placksin – Hardcover, 375 Seiten + 43 Seiten s/w Photos
incl. Bibliographie und Discographie, Format 17 x 24 cm **DM 52,–**

DUKE ELLINGTON, Genius des Jazz
von James Lincoln Collier
Hardcover, 326 Seiten + 27 Seiten s/w Photos, Format 17 x 24 cm **DM 50,–**

GLENN MILLER, Sein Leben, seine Musik
von George T. Simon
Hardcover, 480 Seiten + 230 Seiten s/w Photos, Format 17 x 24 cm **DM 50,–**

GEORGE GERSHWIN, Vom Erfolg zur Größe
von Davis Ewen
Hardcover, 390 Seiten + 48 Seiten s/w Photos, Format 17 x 24 cm **DM 50,–**

THE WOODCHOPPER's BALL, Woody Herman
von Woody Herman und Stuart Troup
Hardcover, 175 Seiten + 16 Seiten s/w Photos incl. Discographie, Format 17 x 24 cm **DM 40,–**

THE WILL TO SWING, Oscar Peterson, Ein Leben für die Musik – von Gene Lees
Hardcover, 272 Seiten + 8 Seiten s/w Photos incl. Discographie, Format 17 x 24 cm **DM 45,–**

ROUND MIDNIGHT, Dexter Gordon, ... nicht nur um Mitternacht – von Stan Britt
Hardcover, 200 Seiten + 16 Seiten s/w Photos incl. Discographie,
Format 17 x 24 cm **DM 40,–**

TO BE OR NOT TO BOP, Dizzy Gillespie und Al Frazer
Hardcover, 505 Seiten incl. 106 s/w Photos, incl. Discographie
und Filmographie, Format 17 x 24 cm **DM 52,–**

ROUND ABOUT MIDNIGHT, Miles Davis – von Eric Nisenson
Hardcover, 206 Seiten + 24 Seiten s/w Photos incl. Discographie, Format 17 x 24 cm **DM 42,–**

BIRD LEBT, Charlie Parker – von Ross Russell
Hardcover, 255 Seiten + 30 Seiten s/w Photos incl. Discographie, Format 17 x 24 cm **DM 42,–**

CHASIN THE TRANE, John Coltrane – von J. C. Thomas
Broschur, 214 Seiten + 20 Seiten s/w Photos incl. Discographie
Format 17 x 24 cm **ca. DM 32,–**

JAZZ ON RECORD, Die Geschichte des Jazz auf Schallplatte, von Brian Priestley
Hardcover, 214 Seiten + 16 Seiten s/w Photos incl. Discographie
Format 13,5 x 21 cm **DM 35,–**